Rafael Seligmann

MIT BESCHRÄNKTER HOFFNUNG

Juden, Deutsche, Israelis

Hoffmann und Campe

Die Deutsche Bibliothek – CIP-Einheitsaufnahme

Seligmann, Rafael:
Mit beschränkter Hoffnung: Juden, Deutsche, Israelis / Rafael Seligmann.
– 1. Aufl. – Hamburg: Hoffmann und Campe, 1991
ISBN 3-455-08420-6

Schutzumschlaggestaltung: Lo Breier
Gesetzt aus der Goudy Old-Style
Satz: Dörlemann-Satz, Lemförde
Druck und Bindung: Ebner Ulm
Printed in Germany

INHALT

II
TUCHOLSKYS UND ANDERER ENKEL
Polemisches zur
jüdischen Nach-Auschwitz-Literatur

III
»SONDERVERHÄLTNIS«
DIE DEUTSCH-ISRAELISCHEN BEZIEHUNGEN

IV
DEUTSCHLANDS ERWACHEN

V
GRENZEN DER ZUMUTBARKEIT?

Plädoyer für die Aufnahme
sowjetischer Juden in Deutschland

»Ich bin kein ›Freund‹ der Juden, ich bin es ebensowenig, wie ich ein Freund der sogenannten ›nordischen Menschen‹, der Slawen, der Chinesen, der Neger bin! . . . Ich habe mich immer nur zu den Menschen gezählt, die das Volk in allen Ländern ausmachen, und sonst zu niemandem!«

Oskar Maria Graf

PROLOG
ABSTIEG INS LAND DER MÖRDER

An der Seite meiner Eltern wanderte ich 1957 notgedrungen von Israel nach Deutschland aus. Es war ein Abstieg im wortwörtlichen Sinn. Denn Emigration heißt im Hebräischen *Jerida*, was nichts anderes als Abstieg bedeutet. Dennoch hat bislang fast jeder zehnte Israeli seiner Heimat den Rücken gekehrt. Fast alle von ihnen heimlich, denn niemand möchte als Absteiger gelten oder, wie es der frühere israelische Ministerpräsident Yitzhak Rabin formulierte, »Abschaum« sein. Auch meine Eltern mochten nicht so genannt werden. Aber sie sahen keine Wahl. Sie waren nach mehr als zwanzig Jahren im Lande am israelischen Klima gescheitert – doppelt sogar: Meine Mutter litt an chronischer Amöbenruhr, Linderung konnte sie nur im milderen europäischen Klima erhoffen. Dennoch sträubte sie sich beharrlich gegen einen »Abstieg« nach Deutschland, von wo aus sie 1934 nach Palästina ausgewandert war. Die treibende Kraft für die Rückkehr war mein Vater. Zwar bekam ihm die subtropische Witterung des Gelobten Landes hervorragend, an das gesellschaftlich-mentale Klima Israels hingegen konnte er sich nie gewöhnen. Kein Wunder, denn mein Vater war *Jecke*. Dies ist die in Israel gebräuchliche Bezeichnung für die deutschen Juden.

Ein Blick auf die Etymologie des Wortes erweist die Einschätzung der Jeckes durch die übrigen Israelis. *Jecke*, so heißt es, setze sich aus den Anfangsbuchstaben der hebräischen Bezeichnung *Jehudi kashe hawana* zusammen, was soviel heißt wie »ein Jude, der schwer von Begriff ist«. Für diese Interpretation spricht auch, daß *Jecke* meist in

Verbindung mit *Potz* und *Schmock* gebraucht wird. Kurz, mein jeckischer Vater war den Fährnissen des Pionierlands Israel nicht gewachsen. Ein israelischer Steuerbeamter sagte meiner Mutter einmal: »Ihr Mann versucht immer päpstlicher zu sein als der Papst, dafür sind unsere Gesetze nicht geschaffen, sondern für unsere gewitzten Jidn.«

Da also Ludwig Seligmann kein gewitzter Jid, sondern ein »Jecke« war, glaubte er in der wirtschaftlichen Rezession der späten fünfziger Jahre seine Segel in Israel streichen zu müssen. Als Auswanderungsland kam nur Deutschland in Frage, da kaum ein Staat außer Israel freiwillig Juden aufnimmt, wie zahllose Juden beispielsweise vor, während und nach dem nazistischen Völkermord erfahren mußten. Für meine Eltern war jedoch entscheidend, daß Deutschland einst ihre Heimat war. Die Familie Seligmann lebte seit 1707 in der bayerischen Gemeinde Ichenhausen bei Günzburg. Auch nach dem Bekanntwerden des »Holocaust« sprach man bei den Seligmanns, im Gegensatz zu vielen anderen Israelis, weiterhin deutsch. So wurde Deutsch auch zu meiner Muttersprache, obgleich ich die ersten zehn Jahre meines Lebens in Israel verbrachte.

Eine gewöhnliche Jerida war schlimm genug. Der »Abstieg« nach Deutschland jedoch war auch ein Dutzend Jahre nach dem Erkalten der Krematorien von Auschwitz stigmatisierend. Die Familie meines Vaters hatte Glück gehabt. Von einem Freund gewarnt, er würde am nächsten Tag verhaftet, war mein Vater bereits 1933 nach Frankreich geflüchtet, von wo aus er im darauffolgenden Jahr nach Palästina auswanderte. Obgleich von Naturell unverwüstlicher Optimist, ahnte er Schlimmes und drängte so Eltern und Geschwister, ihm nach Palästina zu folgen. Erfolgreich. 1935 verließen die Seligmanns Ichenhausen und immigrierten ins Gelobte Land. Zuvor hatte mein Großvater, ein Veteran des Ersten Weltkriegs, seine Orden, einschließlich des 1935 »Im Namen des Führers und Reichskanzlers, dem Kaufmann Isaak Seligmann« verliehenen »Ehrenkreuzes für Frontkämpfer«, ins Flüßchen Günz gekippt. So waren die Seligmanns ohne Menschenopfer durch die Hitlerjahre gekommen.

Dagegen waren mehrere Geschwister und deren Kinder meiner

Mutter von den Nazis ermordet worden. Verzweifelt, aber vergeblich versuchte sie daher der Schande zu entrinnen, nach »Naziland« absteigen zu müssen. Ihr einziger Trost blieb schließlich, daß es ja »nur für wenige Jahre« sein würde, um sich »finanziell zu sanieren«. Am schlimmsten für mich war damals, ständig lügen zu müssen. Von früh an hatten mich meine Eltern dazu erzogen, nicht zu schwindeln. Mit einemmal aber verlangten sie von mir, die Unwahrheit zu sagen: Niemand sollte erfahren, daß wir auswanderten. Und dies, obgleich sich die Vorbereitungen für die Jerida kaum verbergen ließen, da wir einen Käufer für unsere Wohnung suchten, um auf diese Weise unseren Umzug zu finanzieren. So log ich standhaft, allerdings nicht, weil meine Eltern dies von mir forderten, sondern um die Schande des »Abstiegs« zu kaschieren: »Wir ziehen nur nach Tel Aviv um.«

»Das kannst du deiner Großmutter erzählen. Ihr habt gar nicht das Geld, euch dort eine Wohnung zu kaufen. Ihr geht nach *Jecke*-Land, gib's zu!«

Als ich daraufhin verkündete, wir würden in einen Kibbuz ziehen, wurde mir ebenfalls nicht geglaubt. »Lüg nicht! Wer will denn schon alte Jeckes aufnehmen. (Meine Eltern waren damals beide fünfzig, die Kibbuzim aber waren nur an jüngeren Genossen interessiert.) Ihr geht zurück zu den Nazis.«

So empfand ich den Umzug nach Deutschland schließlich als Erlösung von ständiger Schande. Tatsächlich hatte das Lügen und Schämen in Deutschland zunächst ein Ende. Die Erleichterung darüber machte jedoch bald einer Traurigkeit Platz, die im Verlauf der folgenden Jahre allmählich abnahm, mich als Grundstimmung jedoch seither nie vollständig verlassen hat. Von heute auf morgen hatte ich all meine Freunde und, von meinen Eltern abgesehen, Verwandten verloren, ebenso mein Zuhause, eine Wohnung mit Garten in Herzliya bei Tel Aviv.

Im ersten Münchner Jahr wohnten wir zur Untermiete in einem Zimmer mit Küchenbenutzung. Statt im Garten zu spielen, hatte ich fortan ruhig zu sein – die Vermieterin »verbat« sich Lärm. Auch vermißte ich die Wärme und Helligkeit Israels. Am schlimmsten jedoch war, daß ich zum Außenseiter wurde. Dies fühlte ich besonders stark in der Schule. In Israel galt ich als relativ guter Schüler. In Deutschland dagegen war ich der Klassenletzte. Denn ich sprach zwar Deutsch, konnte es aber weder schreiben noch lesen. Mühsam zeichnete ich die fremden Schriftzeichen in mein Heft, ohne etwas zu begreifen. Die Nachmittage verbrachte ich bei einem Nachhilfelehrer, der sich redlich anstrengte, mich in die Grundkenntnisse deutscher Orthographie einzuführen, danach paukte meine Mutter mit viel gutem Willen und betonter Geduld, aber wenig didaktischem Einfühlungsvermögen mit mir weiter. Ich begann die Schule zu hassen. Damals lernte ich ein Phänomen kennen, das mich fortan wie ein Buckel begleiten sollte – mein Judentum. Dadurch war ich in Deutschland von vornherein ein Außenseiter.

Wohlmeinend, aber dumm – wie kann man unter diesen Umständen klug sein? – versuchten meine Eltern mich auf die neue Lage vorzubereiten:»Du mußt nicht traurig sein, Rafi«, meinte meine Mamme traurig.»Natürlich bist du den anderen Kindern noch fremd, weil sie dich nicht kennen. Und du wirst ihnen auch *immer* etwas fremd bleiben, weil sie Gojim sind. Aber dafür hast du schon jetzt drei Freunde in der Klasse. Dein Schuldirektor hat mir gesagt, daß er dich in eine Klasse einteilen wird, in der noch ein anderer Jude ist. Er heißt Edwin Butterstein[1]. Außerdem sind auch zwei *Mamserim* in eurer Klasse.«

Ich mußte lachen. Auch meine Mutter grinste.»Nein, Rafi, Mamserim sind nicht nur Bastarde bei Hunden und Katzen, wie man in Israel sagt. In der Diaspora versteht man ›Halbjuden‹ darunter, also Kinder, deren Vater Jude ist und die Mutter eine Schickse oder umgekehrt. Aber um Gottes willen sage zu ihnen nie Mamser, sonst werden sie böse.«

Mir war damals noch unbekannt, daß die jüdische Religion den Begriff des»Halbjuden« nicht kennt. Es gibt nur vollwertige Juden, die eine Jüdin zur Mutter haben, und Gojim, also Nichtjuden. Kinder mit christlicher Mutter und jüdischem Vater sind also Nichtjuden,

---

[1] Der Name ist geändert.

im Verständnis der Diasporajuden jedoch keine »richtigen« Gojim, daher bezeichnet man sie als »Bastarde«, eben Mamserim.

»Also, wie gesagt, sage den Mamserim nie, daß sie Mamserim sind. Manche von ihnen sind übrigens ganz nett. Andere aber sind schlimmer als Gojim. Sie schämen sich nämlich, daß sie Halbjuden sind, und möchten deswegen zeigen, daß sie gar keine Juden sind. Vor allem dadurch, daß sie die Juden hassen.«

Ich war vollkommen verwirrt. Juden, Bastarde, die sich ihres Judentums schämten und deshalb Juden hassen? In Israel war alles so einfach gewesen. Alle sind Juden, und damit basta, und Mamserim sind ausschließlich Tiere.

Meine Mutter spürte meine Konfusion. »Mach dir keine Sorgen, Rafi. Das hört sich alles komplizierter an, als es in Wirklichkeit ist. Und außerdem hast du sofort einen Freund, nämlich den Edwin Butterstein.«

»Wieso?«

»Weil er Jude ist, genau wie du.«

Da war er zum erstenmal, der Appell an die »jüdische Solidarität«. Ich kannte meinen »neuen Freund« noch nicht. Er konnte nett oder dumm sein. Dennoch waren wir zum Zusammenhalt verurteilt. Von wem? Vom Gesetz der Diaspora, neben dem sich die Regeln des Dschungels wie Kindergartenvorschriften ausnehmen. Jahrtausendelang hatte man, zumindest als »auserwähltes Volk« nur überleben können, weil man stets zusammengestanden war. Jeglicher »Bruderkrieg« führt, wie den Judenkindern bereits mit der Muttermilch eingeflößt wird, unweigerlich für alle ins Verderben. Indessen, was in Notsituationen durchaus seine Berechtigung haben mag, erweist sich im Alltag oft als paranoide Last. Eine erste Kostprobe sollte mir bald beschieden sein. Mein jüdischer Klassenkamerad und »Freund« Edwin erwies sich als Egoist und Heulsuse, bei Jud' und Christ gleichermaßen verhaßt. Dies hatte Folgen für mich.

Unmittelbar nach dem Ende des Unterrichts wurde Edwin auf dem Schulhof von mehreren aufgehetzten Klassen»kameraden« verprügelt. Statt sich zu wehren, heulte Edwin sogleich los und rief dazwischen gellend um »Hilfe«. Mir blieb nichts übrig, als meinem

»Mit«juden zu helfen. Kaum hatte ich mich widerwillig ins raufende Getümmel gestürzt, erschien Edwins Mutter auf dem Schulhof. »Edwinchen, Edwinchen. Laßt sofort mein Edwinchen in Frieden, er tut euch doch nichts!« zeterte sie.

Sogleich flüchtete sich Edwinchen in die schutzbereit ausgebreiteten Arme seiner Mamme, worauf beide schleunigst die Stätte verließen. Hier hatte die jüdische Solidarität ein Ende – ich blieb allein zurück. Die Wut der enttäuschten Raufbolde konzentrierte sich nun auf mich. Ich wurde nach Strich und Faden verdroschen.

Als ich eine Stunde später verstört zu Hause auftauchte, merkte *meine* Mamme sogleich, daß »etwas mit mir nicht stimmte«. Ungeduldig drängte sie mich, ihr »die ganze Geschichte von A bis Z zu erzählen«. Wer kann schon seiner Mamme widerstehen? Ich schilderte ihr mein Solidaritätserlebnis. Mit den Worten »diese Schweine«, wobei unklar blieb, ob sie allein meine Mitschüler meinte oder auch Lehrer Wald und die unsolidarischen Buttersteins, ließ sie alles stehen und liegen und machte sich auf den Weg zum Schuldirektor. Dessen »Feinfühligkeit« bei meiner Einschulung – »Am besten, wir stecken ihn zu den anderen mosaischen Knaben in eine Klasse!« – ließ sie erneut auf Verständnis hoffen. Tatsächlich aber hatte der Schulleiter nichts anderes getan, als die Judenschüler unter Aufsicht des ausgewiesenen Antisemiten Wald zu ghettoisieren.

Die Reaktion des Direktors – »Wenn es Ihnen nicht paßt, dann nehmen Sie Ihren Knaben und verschwinden Sie wieder nach Palästina!« – klärte meine Mutter sogleich über dessen »Verständnis« auf. Verbittert machte sie sich nun auf den Weg zum damaligen Münchner Stadtschulrat, Anton Fingerle. Dieser geriet ob der geschilderten Haltung des Direktors in »heiligen Zorn« und rief noch im Beisein meiner Mutter den Pädagogen fernmündlich »zur Ordnung«:

»Es ist nicht das erste Mal, daß mir derartiges über Sie zu Ohren kommt, aber gewiß das letzte! Wenn ich noch das Kleinste höre, lasse ich Sie sofort vom Schuldienst suspendieren!« Dann wandte sich Herr Fingerle meiner Mutter zu: »Liebe Frau Seligmann. Unsere jüdischen Mitbürger sind uns natürlich willkommen, hochwillkommen! Scheuen Sie sich nicht, mich wissen zu lassen, wenn noch mal auch nur die kleinste Kleinigkeit in dieser Richtung passieren sollte. Sie haben ja selbst gehört, daß ich in dieser Hinsicht keinen Spaß verstehe. Ihr Volk (*Ihr* Volk oder *unsere* Mitbürger? R. S.) hat unter diesen Verbrechern genug zu leiden gehabt.«

Naiv befriedigt verließ meine Mutter Fingerles Büro.

Nicht ohne Stolz auf ihre Zivilcourage erzählte sie mir von der Reaktion des Stadtschulrats. »Gott sei Dank gibt es wieder anständige Deutsche«, meinte sie und zeigte sich überzeugt, »daß du in Zukunft von diesen Lausbuben nicht mehr geschlagen wirst, weil du und dein Freund (nebbich) Edwin Juden seid.«

Die Einfalt meiner Mutter läßt sich nur mit der mehr als zwanzigjährigen Diaspora-Abstinenz meiner Eltern erklären. Tatsächlich aber führte mein »Gepetze« lediglich zu einer antisemitischen Eskalation im Mikrokosmos der Schule.

Am nächsten Morgen stürmte unser Schuldirektor ins Klassenzimmer. Sein erstes Opfer war unser Türöffner Fritzi, der ohne ersichtlichen Grund vom Schulleiter eine »Ordentliche« an die Bakken verpaßt bekam. Danach kam Klassenlehrer Wald an die Reihe.

»Sie scheinen auch nach dreißig Jahren Schuldienst immer noch nicht Ihre Pflichten zu kennen!« tobte der Chef.

»Wieso?«

»Halten Sie gefälligst den Mund, wenn ich mit Ihnen rede!« Das Beisein der Klasse störte den Rektor nicht – im Gegenteil. »Wissen Sie nicht, daß Sie für alle Schüler Ihrer Klasse verantwortlich sind, solange diese sich auf dem Schulgelände befinden?«

»Doch«, entgegnete Wald kleinlaut.

»Eben nicht! Einige von *Ihren* Früchtchen, immer sind es Ihre Rotzbuben«, brüllte der Schulleiter mit hochrotem Kopf, »haben ihre mosaischen – Fingerles Philippika ließ ihn sogar vor dem schieren Wort »Jude« zurückschrecken – Mitschüler geschlagen. Und Sie pflichtvergessener Geselle scheren sich keinen Deut drum.«

»Bisher ist so was nie passiert, Herr Direktor.«

»Seien Sie gefälligst still, wenn ich rede, statt mich ständig zu unterbrechen! Sie sind für Ihre Schüler verantwortlich! Wenn noch einmal das Kleinste in Ihrer Klasse passiert, dann werde ich dafür sorgen, daß Sie sofort aus dem Schuldienst entlassen werden. Verstanden?«

»Jawohl, Herr Direktor.«

»Was gedenken Sie jetzt zu tun, Wald?« Er ersparte seinem »Judenlehrer« keine Demütigung.

Mit um Festigkeit bemühter Stimme antwortete der Gescholtene: »Zukünftig die Schüler bis zum Schultor begleiten und dafür sorgen, daß sich solche Vorfälle nicht mehr ereignen.«

»Das genügt nicht! Ich verlange, daß die beteiligten Schüler bestraft werden, und zwar so, daß sie tagelang schmerzhaft an ihre Lumpereien denken müssen«, raunzte der Schulleiter und zog ab.

Dieser Hinweis war überflüssig, denn auch ohne dazu in Gegenwart seiner Schüler ermahnt zu werden, hätte Wald gewiß sogleich versucht, sein verletztes Selbstwertgefühl mittels schwingendem Rohrstock – in Bayern »Tatzenstecken« genannt – zurückzugewinnen. Und wie!

»Drecksäcke! Lumpenpack! Verräter! Na wartet, ihr Verbrecher! Wer von euch hat die Hebräer-Buben geschlagen? Sagt es lieber gleich, freiwillig! Ich krieg's ja doch heraus, aber dann gnade euch Gott!«

Walds Metamorphose, vom geknickten Untergebenen zum zornbebenden (alttestamentarischen?) Klassen- und Rachegott, dessen Gebrüll gewiß auch im einen Stock höher gelegenen Rektorat gehört werden sollte, war bemerkenswert.

»Zum letztenmal, ihr Lumpen, wer waren die Verbrecher?« kreischte der Lehrer.

Kein Schüler war dumm genug, sich freiwillig windelweich schlagen zu lassen. Ebendies aber brachte Wald zunehmend in Wallung. Was tun? Nachdem er sich eine Weile brüllend abreagiert hatte, jedoch an der Charakterfestigkeit der *deutschen* Schüler gescheitert war, setzte der antisemitische Pädagoge auf *jüdischen* Verrat.

»Butterstein! Wer hat euch geprügelt?«

Edwin war nicht töricht. Er wollte sich nicht der geballten Rachsucht seiner arischen Klassen»kameraden« aussetzen: »Ich weiß nicht mehr, Herr Lehrer.«

18

»So, so. Du kannst also nicht nur nicht rechnen, sondern leidest auch schon an Gedächtnisschwund, Butterstein.«

»Und du, Seligmann?« fragte Wald, ohne große Hoffnung auf meine selbstzerstörerischen Talente.

»Der Gruber und der Moser und der Riedler«, antwortete ich unsicher. Ich ahnte, daß meine Mitschüler wenig Freude über mein Gepetze empfinden würden. Größer als meine Angst jedoch war das Bedürfnis, mich an meinen Quälgeistern zu rächen. Dies ist eine israelische Einstellung. Bei den verschüchterten Diaspora-Juden wiegt die allgegenwärtige Angst fast immer schwerer als jeglicher Rachedurst.

Wald lachte auf. Ungläubig, daß ich so dumm war, mir die ganze Klasse zum Feind zu machen. »Saupack! Ihr drei bleibt am Ende des Unterrichts da. Ich werde euch Mores lehren! Ich werde euch so behandeln (!), daß ihr diesen Tag nie vergessen werdet, ihr Verbrecher. Und noch was! Wenn einer von euch oder irgendein anderer es wagen sollte, unsere tapferen Hebräer zu schlagen oder ihnen auch nur ein Haar zu krümmen, dem breche ich persönlich das Genick.«

War damit endlich das Ende der »Drohleiter« erreicht, oder würden nun die jüngeren Geschwister drankommen und danach die Haustiere?

Von dem Tag an war ich Klassenparia. Meine Mitschüler wagten aus Angst vor Strafe nicht, sich prügelnd für meinen »Verrat« zu revanchieren. So beschränkten sie sich darauf, mich aus ihrer Mitte zu verbannen und bei jeder Gelegenheit anzuschwärzen – was in ihren Augen kein gemeines Petzen, sondern »gerechte Rache« war. Natürlich wurden Edwin, der unfreiwillig Anlaß zur »Aktion Tatzenstekken« gegeben hatte, genauso wie die völlig unbeteiligten »Bastarde« Benno und Günter (!) in Isolations-Sippenhaft genommen.

Auf diese Weise erhielt ich, ohne mir dessen damals bewußt zu sein, meine erste Lektion über Antisemiten und über Juden, die versuchen, den Antisemitismus zu »bewältigen« – zumeist ebenso erfolgreich wie die Deutschen ihre Vergangenheit. Zahlreiche weitere Lehrstunden sollten folgen. Das vorliegende Buch ist der Versuch, sich damit als Erwachsener auseinanderzusetzen.

VORWORT
EIN BLEIBENDER TRIUMPH HITLERS?

Am 30. Oktober 1990, nur wenige Wochen nach der Wiedervereinigung, veranstalteten die Berliner Philharmoniker auf Wunsch des Bundespräsidenten in der altneuen deutschen Hauptstadt ein Benefizkonzert. Der Erlös sollte der Restaurierung und Pflege jüdischer Grabstätten zugute kommen.

Das Publikum in der ausverkauften Philharmonie spendete dem Orchester unter der Leitung des jüdischen Dirigenten Daniel Barenboim, nach einer Meldung der Deutschen Presse-Agentur, »minutenlang begeisterten Applaus«. Zu den Gästen zählten neben Richard von Weizsäcker die damaligen Bürgermeister Walter Momper und Tino Schwierzina sowie viel Berliner Prominenz. Im Programmheft wies der Bundespräsident darauf hin, daß allein auf dem Ost-Berliner jüdischen Friedhof Weißensee 115 000 Menschen begraben sind.

Worauf weder der Bundespräsident noch die Deutsche Presse-Agentur hinwiesen, war der Umstand, daß, während wohlwollende Deutsche Ludwig van Beethovens Missa solemnis lauschten und damit Geld für tote Juden spendeten, mehreren tausend *lebenden*, vom Antisemitismus in ihrer sowjetischen Heimat bedrohten Juden die Einreise nach Deutschland verwehrt wurde.

Sorgen sich die Deutschen mehr um tote als um lebende Juden? Die Fakten sprechen dafür.

Einst, vor Hitler, lebten mehr als eine halbe Million Juden in Deutschland. Heute sind es rund 30 000. Ebenso viele jüdische Friedhöfe gibt es. Deutschland ist knapp ein halbes Jahrhundert nach dem Ende des »Dritten Reiches« *fast* »judenrein«. Adolf Hitlers

»Endlösung« hat also Bestand. Nicht minder schlimm und nachhaltig als die physische Vernichtung ist die geistige Auslöschung.

Seit Beginn der Judenemanzipation zu Anfang des 19. Jahrhunderts war »Deutschtum« das vornehmste Bekenntnis der Juden dieses Landes. Die »mosaische« Religion wurde meist zur unwichtig scheinenden Privatangelegenheit erklärt, der man sich erst in zweiter Linie verpflichtet fühlte. Diese Rangordnung wurde unter anderem sprachlich ausgedrückt. So nannte sich beispielsweise die 1893 gegründete wichtigste jüdische Organisation »Centralverein *Deutscher* Staatsbürger jüdischen Glaubens«.

Unglücklicherweise teilten die »christlichen Mitbürger« diese jüdische Selbsteinschätzung nicht. Für sie blieben die Juden in erster Linie Juden. Nicht zuletzt um den Juden den Hochmut ihres okkupierten Deutschtums auszutreiben und sie wieder in ihre angestammte Rolle eines allzeit präsenten Sündenbocks zu nötigen, hatten die Deutschen Adolf Hitler zu ihrem »Führer« gewählt. Hitler hielt, was er versprach. Kaum an der Macht, erzwang er die Entlassung jüdischer Beamter. Über die Festschreibung ihrer »rassischen« Minderwertigkeit in den »Nürnberger Gesetzen« »zum Schutz der deutschen Ehre und des deutschen Blutes« bis zur »Endlösung« zog sich ein brauner Faden.

Die Vielfalt der Schreckensdaten läßt freilich meist einen Termin übersehen, der bis heute am nachhaltigsten seine Gültigkeit bewahrt hat: Am 4. Juli 1939 wurden, gemäß der 10. Verordnung zum Reichsbürgergesetz von 1935, alle organisierten Juden Deutschlands zur Mitgliedschaft in der »Reichsvereinigung der Juden *in* Deutschland« gezwungen. Juden durften nicht länger Deutsche sein – damit stand gemäß der nazistischen Logik der Ausrottung nichts mehr im Weg.

Elf Jahre und Millionen Tote später gaben sich die Juden (West-) Deutschlands erneut eine Dachorganisation, ihr Name lautete »Zentralrat der Juden *in* Deutschland«. Verständlich, denn nach dem größten, kaltblütig inszenierten Massenmord der Geschichte hatte selbst in den Augen des einst deutsch-patriotischen Rabbiners Leo Baeck »die mehr als tausendjährige Geschichte des deutschen Judentums ihr Ende gefunden«. Die Juden, die 1950 in diesem Land lebten, fühlten sich daher mit dem Recht der geschichtlichen Erfahrung zum überwiegenden Teil nicht mehr als Deutsche, sondern als Juden *in* Deutschland – womit sie sich zumindest in diesem Punkt in Übereinstimmung mit den Antisemiten befanden.

Was 1950 recht und billig war, verfestigt sich allerdings mehr als vier Jahrzehnte später zur Lebenslüge der Juden Nach-Auschwitz-Deutschlands. Nach fast einem halben Jahrhundert Aufenthalt in den Landen dieser Republik ist die Aussage, man sitze nach wie vor »auf gepackten Koffern«, sei also jederzeit fluchtbereit, schlicht unwahr. Deutschlands Juden reden sich auf diese Weise ein, nicht im Land der Mörder seßhaft geworden zu sein, obgleich die meisten von ihnen den größten Teil ihres Lebens hier verbracht haben. Damit machen sie sich vor ihrer »deutschen«, also nichtjüdischen Umgebung unglaubwürdig, die davon überzeugt ist, »daß die Juden nicht im Traum daran denken, Deutschland zu verlassen«. Irrtum, im Traum verlassen »die« Juden seit 1945 Deutschland ständig, vorzugsweise in Richtung Gelobtes Land, Israel. In der Realität aber bleiben sie »schweren Herzens« und Geldbeutels hier. Sie begnügen sich mit der Rolle des unbequemen Mahners, der nicht dazugehören will, sich aber dennoch über sein Abseitsstehen beschwert.

Mit der schulterzuckenden Erklärung vieler Nichtjuden, das sei infolge der Schoa »ganz normal«, möchte ich mich nicht zufriedengeben. Denn dies zeugt von Gleichgültigkeit, zumindest jedoch von Desinteresse am Schicksal der Juden. Diese Haltung ist aber auch ein Zeichen der Unkenntnis und Indifferenz gegenüber der *deutschen* Geschichte. Denn nicht zuletzt dem Zusammenwirken von Juden und Nichtjuden in Deutschland war es zu verdanken, daß Deutschland in den ersten Dekaden dieses Jahrhunderts eine führende Position in Wissenschaft, Wirtschaft und Kultur erlangen konnte. Damit gewann auch das deutsche Judentum eine hervorragende Bedeutung in der Diaspora. Die Zweitrangigkeit der deutschen Nachkriegskultur ist nicht zuletzt Ergebnis des Fehlens eines jüdischen Elements, der unbewältigbaren Trauer darüber sowie des Nichtbegreifenwollens, daß das Judentum bei aller Anfeindung zu einem schier unverzichtbaren Teil Deutschlands, seiner Gesellschaft und Kultur geworden war.

Ist Auschwitz der Endpunkt der deutsch-jüdischen Geschichte, wie Adolf Hitler und seine Anhänger es wollten und dies heute viele aus Desinteresse oder Angst akzeptieren? Besteht trotz der mörderischen Vergangenheit nicht zumindest die vage Aussicht auf ein allmähliches Aufleben des deutschen Judentums und damit auf ein Anknüpfen an ein deutsch-jüdisches Zusammenraufen? Denn die vielbeschworene Symbiose zwischen Juden und Deutschen hat es zumindest im großen Maßstab nie gegeben.

Um Ansatzpunkte für eine Antwort zu finden, ist es notwendig, sich neben der *unbewältigbaren* Vergangenheit vor allem mit der *Gegenwart* des deutsch-jüdisch-israelischen »Sonderverhältnisses« auseinanderzusetzen und nach dem Selbstverständnis von Juden, Antisemiten, Deutschen und Israelis zu fragen. Dies soll im folgenden geschehen, ohne Respekt vor geheuchelter Betroffenheit, sogenannten großen Tieren und kleinen Geistern.

I

EIN ZEITLOSES PROBLEM

WER JUDE IST,
BESTIMMT DER ANTISEMIT

Jude oder Antisemit?
Wen gab's zuerst – Huhn oder Ei?

Geschichte und Gegenwart der Juden Deutschlands sind weitgehend auch Historie und Präsenz des deutschen Antisemitismus. Diese Binsenweisheit – denn Judenfeindschaft gab es fast immer und überall und keineswegs nur an Orten, in denen Juden in nennenswerter Zahl lebten – läßt viele Untersuchungen, Essays und Bücher, die sich mit dem deutsch-jüdischen Verhältnis auseinandersetzen, weitgehend in der Historie verharren. Stichwort: »Bewältigung der Vergangenheit«. Verständlich, wie es auf den ersten Blick scheint, denn gerade die »jüngste Vergangenheit«, wie der nazistische Völkermord hier mitunter tarnend umschrieben wird, erscheint so unfaßbar bestialisch, daß sich viele berufen fühlten, fühlen und fühlen werden, nach dessen historischen und sonstigen Ursachen zu forschen. Ergebnis sind Bibliotheken voller mehr oder minder inhaltsreicher Untersuchungen, die sich redlich bemühen, das Unfaßbare begreiflich zu machen – also »die Vergangenheit zu bewältigen«. Über all diesem Bewältigen wird jedoch übersehen, daß Vergangenheit sich nicht bewältigen läßt! Zu bewältigen sind vielmehr Gegenwart und Zukunft – dazu wiederum ist es notwendig, aus der Geschichte zu lernen. Aber das Studium der Vergangenheit hat als Theorie zur Bewältigung der Gegenwart zu dienen und nicht als deren Ersatz. Verharren in der Vergangenheit kann zu ähnlichen Ergebnissen führen wie ein Negieren der Vergangenheit: Unfähigkeit, den Erfordernissen des Jetzt nachzukommen. Daher wird sich dieses Buch auf Gegenwart und Zukunft des deutschen Judentums konzentrieren und sich mit der Vergangenheit nur dort beschäftigen, wo es notwendig erscheint.

27

Setzt man sich mit Juden in Deutschland und damit notwendigerweise auch mit ihren Feinden auseinander, so scheint zunächst eine klare Begriffsdefinition geboten – unsere fröhliche wissenschaftliche Schulung erheischt es. Dieses Buch wird jedoch rasch klarmachen, daß die Definitionsgläubigkeit zumindest in unserem Fall vergebliche Liebesmüh ist.

»Wer ist Jude?« – »Wer Antisemit?« – »Wer war zunächst da, Jude oder Antisemit?« Die Beantwortung der letzten Frage ist etwa so ergiebig wie das Rätsel, wer war zuerst da, Huhn oder Ei?

Jeder Einsichtige begreift sogleich, nur viele Forscher nicht: Egal, wer zunächst da war, heute sind beide aufeinander angewiesen, das eine wächst aus dem anderen und umgekehrt.

Ähnlich verhält es sich mit Juden und Antisemiten. Ist es wirklich so wichtig zu wissen, ob vor undenklichen Zeiten zunächst ein Judenfeind, etwa ein Pharao, haßerfüllt auf einen Juden wartete, um an diesem sein Mütchen zu kühlen? Frei nach Hermann Bahrs Motto: »Wenn es keine Juden gäbe, müßten die Antisemiten sie erfinden, sie wären sonst um den Genuß einer kräftigen Erregung gebracht.« Oder ob die Juden ihre Feinde und deren Untaten so internalisiert haben, daß sie sich ein Leben ohne Antisemiten kaum vorstellen können und ihre Identität als »eingebildete Juden« weitgehend dem von Antisemiten verursachten Leid verdanken, wie etwa Alain Finkielkraut[1] und Michael Wolffsohn[2] meinen? All das sei dahingestellt.

Tatsache ist, daß jüdische Existenz seit Jahrtausenden ohne den Haß ihrer Peiniger unvollständig erscheint. Es ist bemerkenswert, daß diese Feindschaft der Bevölkerung vielfach sogar weiter besteht, wenn die Juden aus den betreffenden Ländern vertrieben wurden, wie etwa in Spanien und Portugal, oder wenn die jüdische Population ausgerottet wurde, wie in Polen, oder ob dort zu keinem Zeitpunkt eine nennenswerte jüdische Gemeinde existiert hat, wie etwa in Japan.

---

[1] Der eingebildete Jude, Frankfurt/M. 1982
[2] Ewige Schuld? 40 Jahre deutsch-jüdisch-israelische Beziehungen, München 1988

Einen Schritt weiter geht der Schweizer Dramatiker Max Frisch[3], wenn er Juden als Produkte ihrer antisemitischen Umwelt zeigt.

Fazit: Juden sind seit Jahrtausenden ohne Antisemitismus undenkbar. In welcher Weise die Juden sich damit auseinandersetzen, durch Stillhalten oder heftigen Widerstand, die antisemitische Plage wurden sie nie los. Da also jüdisches Verhalten gegen den Antisemitismus zwangsläufig reaktiv – oder reaktionär? – ist, auch wenn es mitunter präventiv taktiert, wollen wir, die leidige Huhn-Ei-Frage beiseite lassend, uns zunächst den Antisemiten zuwenden.

Eine geniale Strategie

Der Antisemitismus bedient sich einer flexiblen Taktik und verfügt über eine variable Logik. Während die Juden seit jeher verbissen über die prinzipielle »Wer ist Jude?«-Frage streiten und mehr oder minder kluge Forscher über die Ursachen der Judenfeindschaft brüten, bleibt der Antisemit von solchen Zweifeln unberührt, denn er weiß genau, wen er zu hassen und zu verfolgen hat. Sein Haß hat ein klares Ziel: »Wer Jude ist, bestimme ich!«

Diese genial elastische Strategie hat die Philosophie der Antisemiten geformt. Sie als erster griffig formuliert zu haben ist das bleibende Verdienst des populären, christlich-sozialen Wiener Bürgermeisters Karl Lueger. Dieses Motto erlaubte Lueger, sich gelegentlich auch eines Juden zu bedienen, wenn es ihm opportun erschien. In erster Linie nutzte der beliebte Politiker diese Formel jedoch, um die latent vorhandene Judenfeindschaft der Wiener für seine Zwecke gegen die Juden zu mobilisieren. Eifrige Adepten Luegers waren vor allem Hitler, der zu Luegers Amtszeit (1897–1910) in Wien lebte, und Hermann Göring, der die Parole Luegers in Deutschland bekannt machte.

Taktische Flexibilität bei unbeirrter Prinzipientreue haben die Judenfeinde im vermeintlich aufgeklärten, wissenschaftsgläubigen

---

[3] Andorra. Stück in zwölf Bildern, Frankfurt/M. 1962

19. Jahrhundert veranlaßt, ihre Hebräerfeindschaft neu zu begründen. Im christlichen Abendland, das vorgab, der Nächstenliebe verpflichtet zu sein, hatte es jahrhundertelang genügt, seinen Judenhaß mit der Verstocktheit des »Gottesmördervolkes« zu begründen. Damit kam man in einem Zeitalter, dessen führende Geister die Religion zum Aberglauben erklärten, nicht weiter. Die »Judenfrage« benötigte ein wissenschaftliches Gewand.

Der erste, noch ein wenig hilflose Schneider war Wilhelm Marr (1818–1904), Rebell und Publizist aus Passion. Nach dem Scheitern der Revolution von 1848, an der sich auch viele Juden beteiligt hatten, machte sich Herr Marr daran, Volkes Zorn auf die Hebräer zu mobilisieren. In seiner Schrift »Der Sieg des Judentums über das Germanentum. Betrachtungen von einem nichtreligiösen Standpunkt« entwickelte Marr eine neue Strategie, die den Antisemitismus der folgenden hundert Jahre prägen sollte. Das Bild des gottesmörderischen, blut- und geldgierigen »ewigen Juden« wirft Marr mitsamt der christlichen Religion auf den Müllhaufen der Geschichte. Als altneuer Feind tritt der *Semit* an die Stelle des Juden. Dieser bedient sich seines Glaubens als Mittel zum Zweck der Unterjochung anderer Völker – vor allem der Germanen.

Der Verschwörungsansatz Marrs war logisch und sprachlich noch ein wenig holprig, er bedurfte erst der Globalisierung durch die sogenannten »Protokolle der Weisen von Zion«, um weltweit Gehör zu finden. Immerhin, mit der Mutation der Religionsjuden in blutsaugende Rassesemiten hatte Marr den vielgerühmten »Zeitgeist« erhascht.

Innerhalb weniger Jahre mußten zwölf Auflagen des »Judensiegs« gedruckt werden, um der Nachfrage gerecht zu werden – mit bleibenden Folgen. Der Judenfeind war nicht länger Rächer eines von Hebräern gemeuchelten Gottes, sondern Rassehygieniker, eben Antisemit.

Diese Camouflage hatte auf den ersten Blick eine gewisse Logik für sich: Das Dilemma, im Namen der Nächstenliebe und Gewaltlosigkeit Andersgläubige zu massakrieren, hatte den objektiven Nachteil, daß vereinzelte Christen, welche die humanen Gebote ihrer Religion ernst nahmen, sich nicht zum Judenhaß aufraffen konnten. Ein »schmarotzender« Rassefeind dagegen konnte, ja mußte guten Glaubens im Namen einer imaginären Volksgesundheit, deren Bedingungen den Judenfeind definierte, »ausgemerzt« werden. Der Antisemit und der Antisemitismus waren geboren.

Ersetzt man den Begriff Judenfeindschaft durch Antisemitismus, was neben Judengegnern vielfach auch Juden und ihre wenigen Freunde tun, so läßt sich damit trefflich das beweisen, was einem gerade lieb ist. Beispielsweise, daß die spanischen Judenfeinde, die während und in der Folge der Inquisition Zehntausende von Juden auf Scheiterhaufen verbrannten, zur Taufe zwangen oder vertrieben, keine Antisemiten waren, ja überhaupt nicht sein konnten, da es den Begriff Rasse damals – zumindest in bezug auf Menschen – noch gar nicht gab. Nur, ob ein Jude damals verbrannt wurde, weil er zum »falschen«, weil »rächenden« Gott betete oder später der falschen Rasse angehören sollte, war weder für die ermordeten Juden noch für ihre Mörder von Belang – Hauptsache, »der Jud' war tot«.

Daß Spaniens religiöse Saubermänner sich lediglich des christlichen Glaubens als Vehikel ihres Hasses bedienten, bedarf ebensowenig eines näheren Beweises wie bei den Judenmorden, die zuvor in Europa die Kreuzzüge begleiteten. Während sich jedoch die Kreuzritter und der rasende Mob im mittelalterlichen Europa mit ekstatischen Pogromen und Zwangstaufen zufriedengaben, ließ der Judenhaß der allerkatholischsten spanischen Glaubenswächter selbst dann nicht nach, wenn Juden aus Todesangst zum Christentum übertraten. Mit der Begründung, die getauften »Schweine« (span. *maraños*) würden heimlich weiter ihrem Glauben anhängen, wurden erneut Zehntausende Juden massakriert. Nicht aus Antisemitismus, denn diesen gab's damals noch nicht, sondern lediglich aus christlicher »Nächstenliebe«.

Im Gegensatz zur religiösen Judenfeindschaft, die sich vorwiegend auf emotionale und transzendentale Bedürfnisse und Erläuterungen stützte, gibt sich der Antisemitismus wissenschaftlich, rationalistisch. Die semitische Rasse sei minderwertig und parasitär, schalte man sie nicht aus, so vergifte sie unabwendbar die höherwertigen

Rassen, vor allem die Krönung der Schöpfung, den germanischen Herrenmenschen.

Die »wissenschaftliche« Begründung macht so den »Antisemiten« zum Gefangenen seiner Weltanschauung. Ihm bleibt quasi nichts übrig, er »muß« sich als Rassescharfrichter betätigen. Sind damit die Zeiten des »Wer Jude ist, bestimme ich!« vorbei? Ein Blick auf die Nazis zeigt, daß alles beim »Altbewährten« geblieben war.

Anders als ihre christlichen Vorläufer, die ihren Haß mit Nächstenliebe zu verbrämen hatten, sowie ihren antizionistischen Nachfolgern, die Gefangene ihrer pseudohumanen Ideologie sind, konnten die Nazis ihrem antijüdischen »Rassenhaß« freien Lauf lassen – ja, sie mußten es, denn die Judenfeindschaft diente ihnen als Instrument zur Mobilisierung ihrer Anhänger. So ist die Ehrlichkeit des nazistischen Judenhasses geradezu erfrischend. Sie hätte, wären viele Juden nicht so überzeugt gewesen, »auch diesen Verrückten werden wir überstehen«, zahlreichen Juden das Leben retten können. Denn über seine Absichten ließ Hitler niemanden im unklaren.

So tönte er bereits 1922: »Wenn ich einmal wirklich an der Macht bin, dann wird die Vernichtung der Juden meine erste und wichtigste Aufgabe sein. Sobald ich die Macht dazu habe, werde ich zum Beispiel in München auf dem Marienplatz Galgen neben Galgen aufstellen lassen. Dann werden die Juden gehängt, einer wie der andere, und sie bleiben hängen, bis sie stinken. So lange bleiben sie hängen, wie es nach den Gesetzen der Hygiene möglich ist, sobald man sie abgeknüpft hat, kommen die nächsten dran, und das geschieht so lange, bis der letzte Jude in München ausgetilgt ist. Genauso wird in anderen Städten verfahren, bis Deutschland vom letzten Juden gereinigt ist.«

Hinterher wußte natürlich niemand Bescheid, jedenfalls keiner, der Hitler wegen dessen Judenfeindschaft gewählt und unterstützt hatte. Nahm Hitler, der sich selbst als »fanatischen Rassisten und Antisemiten« apostrophierte, die von ihm gepredigten Rassedogmen ernst? Die Beziehung Hitlers zu den Arabern macht deutlich, daß »der Führer« persönlich sich keinen Deut um diese Glaubenssätze scherte, wenn es ihm notwendig erschien. Als überzeugter Rassist hätte Hitler die Araber, die semitischen Vettern der Juden, zumindest ebenso verabscheuen müssen wie die Hebräer. Hitler aber schätzte die Araber, denn sie machten den germanisch-keltischen Briten, denen sich Hitler »rassisch« verbunden fühlte, das Leben schwer. Ein gerngesehener Gast des »Führers« etwa war der Mufti von Jerusalem, Hadsch Amin al-Husseini. Auf Hitlers »Berghof«, umgeben von der Idylle der Alpen, beriet sich der »fanatisch antisemitische« »Führer« der germanischen Herrenmenschen, Adolf Hitler, mit dem semitischen Palästinenser-Führer, al-Husseini, wie man die Juden am effektivsten ausrotten könne. Bei ergänzenden Gesprächen mit den Nazibehörden bewies der Mufti einen Tatendrang zum Judenmord, der selbst die Nazis in Erstaunen setzte. So drängte al-Husseini unter anderem SS-Chef Himmler, das Auswärtige Amt und andere Stellen zu einer beschleunigten Judenvernichtung. Im Gegensatz zu Hitler war sich der Mufti auch nicht zu schade, die Vernichtungslager Auschwitz und Maidanek persönlich zu inspizieren.

Über die Ergebnisse der Interventionen Husseinis schreibt »Die Zeit«: »Nach grober Übersicht hat Hadsch Amin bis zu 100 000 slowakische, rumänische, bulgarische und insbesondere ungarische Juden ... direkt an der Flucht vor der Gaskammer gehindert. Auch jüdische Kinder aus Frankreich und Belgien waren dabei. Die wahre Zahl muß viel höher gewesen sein. Nur in einer einzigen Verhandlungsrunde (im Juli 1944) ist von rund 40 000 Personen zuzüglich 1000 Kindern unter zehn Jahren die Rede, deren Auswanderungsverbot letztlich mit ›Rücksicht auf die arabische Sache‹ begründet wurde.«

Soviel zum »unbeugsamen« Antisemitismus Hitlers sowie dem Argument, Araber könnten keine »Antisemiten« sein, da sie doch selbst Semiten wären. »Die« Araber hassen die »semitische Rasse« keineswegs pauschal – sowenig wie es Hitler tat. Aber viele arabische Politiker haßten und hassen die Juden, und sie wissen sich dabei von großen Teilen der arabischen Bevölkerung unterstützt.

Als der amerikanische Außenminister Henry Kissinger 1973 Saudi-Arabien besuchte, überreichte ihm König Feisal als Begrüßungsgabe eine Broschüre mit dem Titel: »Die Protokolle der Weisen von Zion«. Jeder Antizionist konnte da nur sein Haupt schütteln. Erstens: Kissinger ist Jude. Wie konnte Feisal da erwarten, daß der Amerikaner sich die Erkenntnisse dieser Schrift, die vor einer jüdischen Weltverschwörung warnt, zu Herzen nehmen würde? Zudem hat es sich mittlerweile herumgesprochen, daß die »Protokolle« nichts weiter sind als eine Fälschung der zaristischen Geheimpolizei Ochrana, die erstmals 1905 publiziert wurde: just zu dem Zeitpunkt, als die revolutionären Arbeiterräte unter Führung des Juden Leo Trotzki sich anschickten, das korrupte Zarenregime zu stürzen. Wie günstig, daß acht Jahre zuvor in Basel auf Anregung des Wiener Journalisten Theodor Herzl (1860–1904) der erste Zionistische Weltkongreß abgehalten worden war.

Herzl und mehrere hundert Delegierte aus aller Welt hatten dabei beraten, wie und wo die nationale Heimstätte für das jüdische Volk geschaffen werden könnte, in der die Juden endlich und endgültig dem Antisemitismus zu entfliehen hofften. Dies gab den Ochrana-Fälschern Gelegenheit, Marrs erfolgsbewährtes jüdisches Konspirationskonzept aufzugreifen und zu einer »Weltverschwörung« aufzublasen. Selbst der paranoid antisemitische Zar Nikolaus II. hatte die »Protokolle« zunächst als Humbug abgetan. Auch Lenin bezeichnete sie als blühenden, antisemitischen Unsinn. Ebenso vergeblich wie der gestürzte Zar.

Konjunktur hatten die »Protokolle« mittlerweile vor allem in Deutschland, dessen Bevölkerungsmehrheit die Niederlage im Ersten Weltkrieg nicht verkraften wollte. Prompt boten Deutschlands Rechte, die ihr Land zuvor in den Ersten und wenige Jahre darauf in den nächsten Weltkrieg hetzen sollten, den bewährten Sündenbock an: die Juden. Sie hätten die Völker »gegeneinander in den Krieg gehetzt«, um als Drückeberger, Dolchstößler, Ausbeuter und vieles Üble mehr dem Reich den verdienten Sieg zu rauben. Wer's nicht glaube, könne sich in den *jüdischen* »Protokollen der Weisen von Zion« selbst überzeugen. Das Ergebnis ist bekannt.

In der Sowjetunion bemühte sich unterdessen Lenin – wie einst Mohammed und Luther – redlich, die Juden für *seine* gerechte Sache zu gewinnen. So machte er etwa in der Schrift »Kritische Anmerkungen zur Nationalitätenfrage« deutlich, daß die sogenannte »jüdische Frage« nichts anderes sei als Schwindel: Um von ihrer wirtschaftlichen Ausbeutung abzulenken, schürten die Kapitalisten Volkes Zorn gegen die jüdischen Sündenböcke. Sei erst einmal der Sozialismus errungen, so würde dem Antisemitismus der *kapitalistische* Boden entzogen; die »jüdische Frage« würde sich von selbst lösen.

Nicht wenige Juden zeigten sich von dieser Logik angetan, denn sie verhieß eine Befreiung von der Last Jahrtausende währender antisemitischer Verfolgung. Freudig schlüpften Zehntausende Juden in den Schoß der kommunistischen Partei – wo sie willkommen geheißen wurden. Zunächst! Denn gleichzeitig verweigerten sich viele Juden dem kommunistischen Paradies. Ihre Erfahrung mit anderen weltbeglückenden Systemen hatte sie mißtrauisch gemacht; sie wollten dem Antisemitismus schlichtweg entfliehen – ins eigene Land, nach Zion. Dies zwang Lenin aus ideologischen Gründen, den kleinbürgerlichen jüdischen Nationalismus zu bekämpfen.

Lenins Nachfolger, der ehemalige Priesterseminarist Stalin, haßte die Juden, wie der spätere KP-Chef Nikita Chruschtschow[4] bezeugt: Auch Väterchen Stalin verstand sich als Marxist/Leninist – zumindest gab er es vor. Deshalb durfte er die Juden nicht aufgrund ihrer Abstammung verfolgen. Also lernte Stalin von seinen nationalsozialistischen Vertragspartnern. Die »Verschwörung des internationalen Judentums« benannten Stalin und seine Helfershelfer als »Internationalismus« und »Kosmopolitismus« – todeswürdige Verbrechen, wie zunächst der Jude Trotzki und in der Folge unzählige andere jüdischstämmige Kommunisten in aller Welt erfahren mußten.

Nach der Niederringung der »faschistischen Bestie« konnte Stalin, als unumschränkter Führer des Weltkommunismus, seinem Judenhaß unverbrämter frönen als zuvor; der Vorwurf des Kosmopolitismus, zu abstrakt für viele schlichte Gemüter, wurde konkretisiert zur »zionistischen Verschwörung«. Diese Beschuldigung kostete unter anderem den jüdischstämmigen tschechoslowakischen KP-Gene-

---

[4] Chruschtschow erinnert sich, Hamburg 1971

ralsekretär Rudolf Slanski und sieben seiner Mitarbeiter 1952 das Leben. Unter demselben Vorwurf ließ Stalin sogleich danach eine Reihe jüdischer Kremlärzte festnehmen. Ihre »Überführung« des Hochverrats einer »zionistischen Verschwörung« in einem Schauprozeß sollte Auftakt zu großangelegten »Zionisten«-Pogromen sein. Ehe es soweit war, verstarb Josef Stalin. Weil ihm die medizinische Betreuung der »zionistischen« Ärzte fehlte?

Rußlands Juden waren noch einmal davongekommen. Nach Stalins Tod ließ man sie eine Weile in Frieden, ehe eine Verschlechterung der sowjetisch-israelischen Beziehungen ab Mitte der fünfziger Jahre die sowjetischen »Zionisten«, also die Juden, immer schärferen Diskriminierungen in Privatleben und Beruf aussetzte. Ein Kommunist darf kein Rassist und folglich kein Antisemit sein. Andererseits ist er als Internationalist und Atheist verpflichtet, Aberglauben und Nationalismus, zumal den Zionismus, der per se aggressiv nationalistisch ist, zu bekämpfen. Wie aber können Juden, selbst wenn sie überzeugte Leninisten sind, wie etwa Slansky, beweisen, daß sie *keine* Zionisten sind?

Somit wären wir wieder bei der alt-antisemitischen Strategie angelangt: Wer Jude ist, bestimme ich, der Judenfeind! Einerlei, ob sich der Hebräer nun als Kommunist, Atheist, Anarchist oder anderes empfindet, für den Antisemiten gilt »Jud' bleibt Jud'«, egal wie angestrengt dieser seiner jüdischen Identität zu entfliehen sucht. Im Gegenteil, gerade diese »Tarnungsversuche« machen ihn dem Judenfeind besonders verdächtig.

Natürlich blieben die Erkenntnisse und Strategien des Antizionismus nicht auf die Sowjetunion und ihre sozialistischen Bruderstaaten beschränkt. Auch in der arabischen Welt leisteten die »Protokolle der Weisen von Zion« bahnbrechende *Antisemitismus*-Dienste. Die Einsichten und die erbauliche Sprache dieser alten Schrift beeindruckten vor allem Ägyptens »sozialistisch-progressiven« Staatspräsidenten Gamal Abdel Nasser. Ihm – nicht etwa einem reaktionären arabischen Herrscher – gebührt in erster Linie das Verdienst, mittels kräftiger Staatspropaganda die Lehren der »Protokolle« in der arabischen Welt verbreitet zu haben, die hirnringend nach den Gründen ihrer militärischen Niederlagen (von 1948 und 1956) gegen die Juden suchte.

Nach der Gründung Israels (1948) hatten die Araber unisono in die Welt posaunt, nun werde man »die Juden (*nicht* die Zionisten) ins Meer werfen«, und Judenfeinden in aller Welt mit ihrem blanken Judenhaß die Herzen gewärmt. Als die arabischen Armeen im Sechs-Tage-Krieg von 1967 ihr Versprechen: »Jetzt werden die Juden (*nicht* die Zionisten) abgeschlachtet!«, nicht realisieren konnten, wurden zumindest die »sozialistischen« Regime der Region von ihren Bruderländern in Ost-Europa zur Kursänderung genötigt. Mit offenem Judenhaß sei in den kapitalistischen Staaten des Westens, deren Wirtschaft von »zionistischen« Finanziers und deren öffentliche Meinung von »zionistischen« Verlegern und Journalisten beherrscht würden, kein Staat zu machen. Wozu auch? Schließlich habe man im Arsenal des internationalen Klassenkampfes eine scharfe Waffe, die im Zeitalter der Ideologie ungleich wirksamer sei als der obsolete »Antisemitismus«, den man zudem als Sozialist abzulehnen gezwungen sei: »Antizionismus«.

Fortan gab sich Ägypten als furchtloser Streiter gegen den imperialistischen Zionismus, jedenfalls gegenüber den Genossen in Ost und West. Im Inneren freilich sprach die vom Regime kontrollierte Presse die altvertraute judenfeindliche Sprache. Jeder Orienttourist wird bestätigen können, daß Hitlers Beliebtheit in den arabischen Ländern nach wie vor ungebrochen ist. Der Grund: »Er ist als einziger richtig mit den Juden umgegangen. Er hat in fünf Jahren Millionen von ihnen beseitigt. Und unsere Politiker sind unfähig, in vierzig Jahren auch nur ein paar tausend von ihnen zu vernichten«, so etwa ein libanesischer Journalist gegenüber dem deutschen Fernsehen.

Im Schlepptau Ägyptens machte auch die PLO, ein Ziehkind Nassers, dessen »antizionistischen« Schwenk mit. Vor dem Sechs-Tage-Krieg war der damalige PLO-Chef und Nasser-Vertraute Achmed Shukeiri vor allem durch antisemitische Haßtiraden aufgefallen. Sein Nachfolger Yassir Arafat dagegen setzte von Anbeginn auf die Zusammenarbeit mit den sozialistischen Staaten. Von dort bezog die PLO ihr Kriegsgerät, und hier – unter anderem in der DDR – wurden ihre Kämpfer geschult. Daher können Arafat und seine Anhänger nicht offen gegen Juden Stellung nehmen. Also kämpft die Palästinensische Befreiungsorganisation »lediglich« für die Beseitigung des »zionistischen Gebildes«, wie Israel in der PLO-Charta tituliert wird.

An seine Stelle soll ein laizistischer Staat treten, in dem neben Christen und Moslems prinzipiell auch Juden willkommen seien – verständlicherweise jedoch nur jene, die vor der »zionistischen Invasion«, also vor 1917, im Lande Palästina lebten. Die übrigen zionistischen Eindringlinge, also rund 99 Prozent der jüdischen Bevölkerung Israels, hätten in ihre Herkunftsländer zurückzukehren. Dies mag einzelnen Betroffenen hart erscheinen, sei jedoch historisch gerecht, da niemand von den Palästinern verlangen könne, die Zeche der europäischen Antisemiten mit lebenslanger Vertreibung aus der Heimat zu zahlen.

So sieht sich die PLO, allen unverbindlichen Friedensschalmeien und »Zurkenntnisnahmen« des »zionistischen Gebildes« zum Trotz, gezwungen, weiterhin für die Rückkehr der Palästinenser in ihr okkupiertes Vaterland zu kämpfen. Dies geschieht auf der Grundlage der nach wie vor verbindlichen PLO-Charta von 1964, die eine »Beseitigung des zionistischen Gebildes . . . allein mit militärischer Gewalt« verlangt.

Prinzipiell hat man also nichts gegen Juden. Als Araber, also Semit, kann man gar kein Antisemit sein, man fühlt sich den Juden irgendwie nahe – allein die heimaträuberischen Zionisten müssen bekämpft und besiegt werden. Beispielsweise, indem PLO-Kampfkommandos »Zionisten« mittels deren jüdisch klingenden Namen entlarven und nach bewährter Nazi-Art (von den übrigen Passagieren) selektieren. So geschehen 1974 in Entebbe. Das Makabre an dieser »antizionistischen« Aktion war, daß sie von *deutschen* PLO-Kadern durchgeführt wurde, einschließlich der Juden- bzw. Zionisten-Selektion.

Andere PLO-Kämpfer stellten ihren Antizionismus unter Beweis, indem sie zionistische Schüler in isrealischen Schulen massakrierten (z. B. in Maalot) oder »zionistische« Synagogen-Besucher in zionismus-freundlichen Staaten, wie in Belgien (Antwerpen 1981), Türkei (Istanbul 1982) oder Italien (Rom 1982), »liquidierten«. Ein

Beispiel für besonders couragiertes Vorgehen war die »Hinrichtung« des querschnittgelähmten 68jährigen amerikanischen »Zionisten« Leon Klinghofer auf dem Schiff »Achille Lauro« im Jahre 1985. Diese Aktionen dienten allesamt der Befreiung Palästinas vom zionistischen Joch, hatten also mit »Antisemitismus« nicht das geringste zu tun. Wie aber sollen un- oder gar antizionistische Juden ihre politische Gesinnung beweisen, um so vom berechtigten Zorn der Antizionisten verschont zu bleiben? Indem sie Synagogen meiden? Ihre jüdischen Namen ablegen?

Ein spezifisches »antizionistisches« Vorgehen wurde, ebenfalls unter Nasser, entwickelt. »Reaktionäre« arabische Regime, die der »fortschrittlichen« Politik Kairos zeitweilig im Wege standen, etwa der Jemen, Saudi-Arabien oder Jordanien, wurden von Ägyptens Presse und Diplomatie regelmäßig als »Lakaien der Zionisten« beschimpft. Eine Taktik, die besonders von den revolutionären Regimen in Syrien und Libyen sowie von der PLO adaptiert wurde. So bezichtigte die PLO wechselweise Syrien, Ägypten und Jordanien als »Agenten des Zionismus . . ., die schmutzige Mordarbeit am palästinensischen Volk zu verrichten«.

Unbestrittener Champion der »antizionistischen« Paranoia- und Diffamierungsliga ist indessen die Islamische Republik Iran. Glaubt man den offiziellen Erklärungen der persischen Regierung und der von ihr kontrollierten Presse, so befinden sich die Vereinigten Staaten *und* Moskau fest in der Hand des internationalen Zionismus. Allein Persien ist der Fels in der Brandung *arabisch-zionistischer* Staaten. Von Khaddhafis Libyen abgesehen, blieb bislang kein arabischer Staat vom Vorwurf Teherans verschont, »zionistischer Vasall«, »Agent« oder gar »Verbündeter« Israels zu sein. Am heftigsten sah sich bislang der Irak diesem Vorwurf ausgesetzt, denn Bagdad hatte es gewagt, Iran, den Hort des antizionistischen Kampfes, anzugreifen. Iraks Präsident Saddam Hussein, jahrelang von den Persern als Zionistenfreund oder gar »Zionist« beschimpft, erwies sich jedoch als gelehriger Schüler der Mullahs. Da Saudi-Arabien nach der Invasion Kuwaits 1990 amerikanische *und* arabische Truppen ins Land rief, zögerte der irakische Diktator nicht, die Saudis als »willfährige Helfer der Zionisten« zu beschimpfen und zu deren Sturz aufzurufen. Just jene Saudis, die bis zum heutigen Tage von jedem Besucher ihres Landes eine Geburtsurkunde verlangen, um sich die »unreinen« Juden vom Leib zu halten – es sei denn, sie wären amerikanische Außenminister. Womit wiederum die Wahrheit des antisemitischen Dogmas bestätigt wäre: »Wer Jude ist, bestimme ich!«

Ob all dieses antizionistischen Markenschwindels beschleicht einen gelegentlich ein Hauch von Nostalgie nach dem »ehrlichen« Judenhaß der Nazis. Da wußten die Juden – und ihre Feinde – wenigstens, was Sache war. Diese Sehnsüchte verfliegen jedoch, sobald man die eindeutige Sprache des islamischen Fundamentalismus zur Kenntnis nimmt, der in der gesamten Region rapide an Einfluß gewinnt. Als Beispiel sei hier aus der »Deklaration der islamischen Revolution in Syrien« zitiert:[5]

»Vom islamischen Standpunkt aus betrachtet ist das Palästina-Problem nicht die Sache gestohlenen Landes, sondern die Sache einer Religion und einer Glaubenslehre. *Jedem* vernünftigen Menschen wird eindeutig klar sein, daß kein aufrichtiger Araber und kein wahrheitsliebender Moslim [sic!] auch nur auf den Gedanken käme, von einem israelischen Staat zu sprechen, nachdem er die Worte Gottes vernommen hat: ›Du wirst sicherlich finden, daß unter allen Menschen die Juden und die Götzendiener die erbittertsten Gegner der Gläubigen sind.‹ (Qur'an S: 85)«

Wie sich »die Islamische Revolution« die »Lösung des Palästina-Problems« vorstellt, wird ebenfalls nicht verschwiegen: »Indem wir klar und standhaft unsere kategorische Weigerung kundtun, die Anwesenheit des zionistischen Staatsgebildes ganz oder teilweise zu akzeptieren...« (und) »unter dem Banner des Dschihad nach Jerusalem und in das Land Palästina zurückkehren und dem Islam das Recht zugestehen, den Kampf aufzunehmen..., denn der Sieg läßt sich nur durch den Islam und den Dschihad für die Sache Gottes erringen. Der Gesandte Gottes (Friede sei mit Ihm) hat gesagt: ›Der

---

[5] Deklaration und Programm der islamischen Revolution in Syrien, Damaskus 1980 (in deutscher Sprache)

Tag des Jüngsten Gerichts wird nicht kommen, ehe die Muslime gegen die Juden kämpfen.‹ «

Diese unzweideutige Sprache und das klare (Endlösungs-)Ziel haben, wie Meinungsumfragen und Wahlen an arabischen Hochschulen belegen, auch in Israel und den besetzten Gebieten die Mehrheit der arabischen Bevölkerung überzeugt: Sie bekennt sich zur islamisch-fundamentalistischen »Chamas«-Bewegung. Denn die unter dem Joch der jüdischen Besatzung leidenden Araber haben genug von den semantischen Roßtäuschertricks der PLO. Deren antizionistische Tarnkappe hat die Palästinenser ihrem Ziel, die Juden ins Meer zu werfen, keinen Schritt näher gebracht – im Gegenteil. So mancher verräterische Araber versuchte sich im Lauf der Jahre mit den zionistischen Juden zu arrangieren. Der Volksaufstand der Intifada gibt arabischen Patrioten Gelegenheit, mit diesen Verrätern »abzurechnen«. Bislang sind etwa 200 derartige Kollaborateure von Rechtsgläubigen liquidiert worden.

Auch in der Sowjetunion, vor allem in Mütterchen Rußlands Schoß, hat die Bevölkerung genug vom Antizionismus – sie sehnt sich wieder nach den klaren Worten *und Taten* der traditionellen Judenfeindschaft. Reaktionäre Bewegungen wie »Pamjat« (= Andenken), »Patrioti« und andere unterstützen und fördern Antijudaismus in Wort und Tat. Bislang standen die marxistische Ideologie und Verfassung einem offenen Antisemitismus im Wege. Nun müssen die patriotischen Streiter wider Juda aus ihren Gefühlen und Zielen keine Mördergrube mehr machen. Im Gegenteil, die Judenfeindschaft gilt ihnen, wie einst Hitler, als Vehikel zur Erlangung von Popularität, da man sich eines breitgestreuten Antisemitismus in der Bevölkerung bewußt ist und diesen für die eigenen Ziele nutzen will.

So bestehen die Gruppen von Smirnow und Ostaschwili darauf, die Hebräer nicht ausreisen zu lassen und sie sobald wie möglich »zur Verantwortung zu ziehen für ihre Verbrechen am russischen Volk«. Es bedarf keiner großen Phantasie, um sich Urteil und Strafe vorzustellen. Wer meint, die Anhänger von Pamjat rekrutierten sich größtenteils aus der Unterschicht – antisemitisches Lumpenproletariat sozusagen –, sieht sich getäuscht. Der Judenhaß ist in allen Gesellschaftskreisen verwurzelt.

Dies wird etwa im Erlebnisbericht einer russischen Jüdin deutlich, die Pamjat-Sympathisanten beschreibt: »Vor mir waren doch keine unwissenden, beschränkten Banausen, sondern Intellektuelle mit interessanten Gesichtern, feinen Händen, gepflegter Sprache, locker, gebildet, überzeugt ... Wovon?« Etwa davon: »Warten Sie nur ab, wir werden sie (die Juden) alle im Namen Christi vernichten, dann kommt alles wieder in Ordnung.«

Als die Jüdin nachfragt: »Im Namen Christi – und vernichten? Wo ist da die Logik?«, erhält sie die Antwort: »Erst wenn wir sie loshaben, können wir uns erlauben, wieder logisch zu sein.« Auch die Berufung auf die gemeinsame Geschichte und Kultur führt zu nichts. Der Hebräerin wird beschieden: »Gewiß sind die Juden, die mit der russischen Kultur verwachsen sind, die gefährlichsten, da sie von innen her wirken.«

Dies ist pure antisemitische Logik. Wie immer die Juden sich verhalten: defätistisch, internationalistisch, gleichgültig oder assimilatorisch-getarnt, alles dient gleichermaßen dazu, die russische Gesellschaft zu zerstören.

Von einer derart günstigen offensiven Ausgangssituation können die deutschen Antisemiten der Nach-Auschwitz-Zeit nur träumen. Zu stark bedrückt der jüngste Völkermord die kollektive deutsche Psyche. Darauf ist Rücksicht zu nehmen. Also gilt es, die eigenen Haßgefühle zu tarnen. Dies geschieht in einer christlich geprägten, gewissensinstrumentalisierenden Gesellschaft am besten mit den Mitteln der Nächstenliebe beziehungsweise Verantwortungsethik. Daher muß offene Judenfeindschaft getarnt werden – nach dem Motto: »Some of my best friends are Jews.« Das »but« folgt auf dem Fuß.

Die mörderische Vergangenheit hindert Deutschlands Antisemiten, sich offen zu artikulieren und so die breite Masse der Judenfeinde dieses Landes, etwa ein Viertel der erwachsenen Bevölkerung, direkt für das gemeinsame Ziel zu aktivieren. Sie sehen sich daher gezwungen, einen Zeit- und energieraubenden Umweg zu beschreiten. Das Zauberwort heißt »Antizionismus« – keineswegs originell, aber jahrzehntelang bewährt. Es gilt lediglich, die alles andere als unfehlbare Politik des jüdischen Staates so lange zu dessavouieren, bis auch der Gutmütigste davon überzeugt ist, daß dieses Land aufgrund seiner »zionistischen« Ideologie geradezu gezwungen ist, eine Politik von Mord und Totschlag gegenüber den Arabern in seinem Herrschaftsbereich zu exekutieren.

Da diese »unmenschliche Politik« von der breiten Bevölkerungsmehrheit Israels getragen wird und auch die Diasporajuden vermeintlich alle Israel bedingungslos unterstützen, stempeln sich die Hebräer so selbst zu Unmenschen – womit wir wieder beim Feindvolk sind. Gegen das Nazis und andere Judenfeinde früher nach Herzenslust offen hetzen durften, während man heute lediglich »warnen« darf.

Kaum einer wagt da zu fragen, was es mit dem »Antizionismus« tatsächlich auf sich hat. Denn ob Israel nun eine humane oder, wie die meisten Staaten, eine interessenorientierte – mal mehr, mal weniger skrupellose – Politik betreibt, ist eine Sache. Daß jedermann das Recht hat, Jerusalems Politik zu kritisieren, ebenso wie die jedes anderen Staates auch, bedarf keiner Begründung. Allerdings besteht ein Unterschied, die konkrete Politik von Staaten wie China, Vietnam, Irak, Chile, Iran, Deutschland, den USA und anderen zu kritisieren oder ihre Lebensberechtigung zu verneinen. Denn ebendies ist »Antizionismus«.

Kein politisch oder ethisch Verantwortlicher käme auf die Idee, »Antiiraner«, »Antichinese« oder »Antichilene« zu sein, »nur« weil durch die Politik dieses Staates Tausende oder Hunderttausende von Menschen massakriert werden. Man kritisiert die betreffende Regierung, notfalls bekriegt man diesen Staat , aber die schiere Existenz des Landes und seiner Einwohner wird nicht in Frage gestellt, selbst wenn sich die Bevölkerung in freien demokratischen Wahlen für eine notorisch verbrecherische Führung wie die Nazis entscheidet – frei nach Stalin: »Die Hitlers kommen und gehen. Das deutsche Volk bleibt.«

Dies ist politisch und moralisch richtig, denn andernfalls würde die Weltordnung zusammenbrechen, und Millionen Menschen würden zumindest aus ihrer Heimat vertrieben. Aus diesem Grund wird die Souveränität und territoriale Unversehrbarkeit aller Staaten geachtet – aller außer dem einen: Israel. Denn Israels Entstehung ist mit der Vertreibung Hunderttausender Palästinenser verbunden. Also sind Israel und die »aggressive« zionistische Ideologie, auf die es sich beruft, schreiendes Unrecht, das zu bekämpfen ist.

Übersehen wird bei dieser von falscher Moral triefenden Rechnung allerdings, daß fast jedes Land irgendwann vom gegenwärtigen Staatsvolk erobert wurde. Die eingeborene Bevölkerung wurde oftmals ausgerottet, so auch in der Region Palästina, in biblischen Zeiten von Juden, Philistern, Assyrern, Römern, später von Arabern, Kreuzrittern, Osmanen. Dennoch wird, von politischen Extremisten abgesehen, niemand von den US-Amerikanern, Australiern, Russen, Polen oder Deutschen verlangen, ganz oder teilweise auf ihre Heimat zu verzichten. Wohin etwa sollen 250 Millionen nicht-indianische Amerikaner nach der Räumung ihres Landes verschwinden? Wohin vier Millionen Juden?

Dies ist aber die unweigerliche Konsequenz, wenn man den Zionismus ablehnt. Denn ohne Zionismus kein Israel, ohne Israel Vertreibung von Juden. Die Logik dieser Gleichung ist den Antisemiten natürlich bekannt, deshalb stellen sie sie ja auf.

Gleichzeitig müssen sie, zumindest in der Bundesrepublik, darauf achten, nicht in den Verwesungsgeruch des Antisemitismus zu geraten. Also gibt man sich als Judenfreund, der von Zeit zu Zeit Israel wegen seiner »unmenschlichen Politik« – tatsächlich ist sie mitunter eher hirnlos – kritisiert, darüber entdeckt, daß Jerusalems Regierung als Gefangene der zionistischen Ideologie nicht anders kann, und wird somit nolens volens zum Antizionisten.

Mit Judenfeindschaft hat das alles nichts zu tun – im Gegenteil. Mit den Worten Rudolf Augsteins: »Inzwischen nehmen wir die Formel ›Israel-Kritiker = Antizionist = Antisemit‹ als unvermeidlich hin. Viele, auch und vor allem die Israelis, werden die Unversöhnlichkeit ihrer Regierungen, so muß man fürchten, zu spüren kriegen.«

44

Diese Sätze stehen unter der fürsorglichen Überschrift: »Ist Israel noch zu retten?«[6]

Der aggressive-missionarische Ton der antizionistischen Antisemiten liegt den aufklärerisch-orientierten Antisemiten der Nachkriegszeit fern. Sie sind zutiefst überzeugt, daß allein ihr humanistisches Welt- und Menschenbild sie gegen die Todsünde der Judenfeindschaft feit. Daher weisen sie im Brustton ehrlicher Überzeugung jeglichen Antisemitismus-Vorwurf empört zurück. Einige *ihrer* besten Freunde sind Juden. Allein der moralische Impetus ihrer ethisch bedingten Wahrheitssucht treibt sie dazu, *auch* auf die »Ungereimtheiten« in der jüdischen Geschichte hinzuweisen. Die Gründe, weshalb sie sich de facto fast ausschließlich mit jüdischen Problemen beschäftigen und sich ihr moralisierender Wahrheitstrieb nicht auf anderen Feldern austobt, sind eher psychopathologischer (antisemitischer) Natur.

Die notwendigerweise indirekte Kampfform des »Antizionismus« ist dem modernen, sich christlich gebenden Rigorismus fremd. Man schert sich nicht darum, daß etwa das II. Vatikanische Konzil die Versöhnung mit den Juden anstrebte, und sagt wieder, was Sache ist. Die Juden sind nun mal unstreitig Gottesmörder. Von dieser wenig originellen, aber äußerst wirksamen Prämisse ausgehend, setzte sich in den siebziger und achtziger Jahren zunächst die sogenannte feministische Theologie mit der christlichen Religion ohne antisemitische Hintergedanken auseinander. Dabei fiel den forschenden Frauen der vermeintlich gravierende Unterschied zwischen Altem und Neuem Testament auf. Das Alte, jüdische Testament wird von einem männlichen Rachegott bestimmt. Unumwunden ruft dieser »Herr« sein jüdisches Volk zur Rache auf: »Auge um Auge, Zahn um Zahn, Hand um Hand, Fuß um Fuß.«[7] Die Juden bejahen scheinbar den Revanche-Gedanken ihres rächenden Gottes, wenn sie beten: »Gott der Rache. Ewiger Gott

---

[6] Der Spiegel 42/1990
[7] Exodus 21, 24

der Rache, erscheine! Erhebe dich, Richter der Erde und vergelte den Hochmütigen.«[8]

Seit Jahrhunderten dienten diese Zitate Christen, Moslems, Antisemiten und nicht zuletzt den Nazis dazu, die teuflische Rache-Fratze der Juden hinter der heuchlerischen Humanitätsmaske zu entlarven. Obgleich sie den Antijudaismus, besonders jenen maskulin-gewalttätigen der Nazis ablehnen, sehen sich viele feministische Theologinnen veranlaßt, die aggressiv-maskuline jüdische Religion und ihren männlichen Rachegott anzuprangern. Ihm gegenüber stellen sie die christliche Göttin oder den Gott der Nächstenliebe. Dabei übersehen sie allerdings einige nicht unwichtige Details, etwa daß das Gebot: »Liebe deinen Nächsten wie dich selbst« Teil des Alten, nicht des Neuen Testaments ist.[9] Und daß der Talmud meint:

»Wie kann das sein? Auge um Auge, sprach doch der Allbarmherzige. Sollte ich nicht sagen: wirklich das Auge? *Das komme dir ja nicht in den Sinn;* denn es wird gelehrt: man könnte meinen, wer ein Auge geblendet hat, dem blende man ein Auge, wer eine Hand abgehauen hat, dem haut man eine Hand ab, wer einen Fuß zerbrochen hat, dem zerbreche man einen Fuß – so besagt doch der Text: wer einen Menschen schlägt und wer ein Tier erschlägt. Wie derjenige, der ein Tier erschlägt, zur Ersatzleistung verpflichtet ist, so ist auch derjenige, der einen Menschen schlägt, zur Ersatzleistung verpflichtet.«

Damit wird das Talionsprinzip verbindlich: Materielle Entschädigung statt Rache. Was soll's? Würden die Antisemiten sich die Mühe machen, den Talmud zu konsultieren und auf die erwähnte Maßregel stoßen, so parierten sie gewiß mit folgender Erklärung: Da sieht man's wieder, wie geldgierig das Judentum ist. Der Mammon ist ihnen noch wichtiger als ihre heilige Rache.

Vor den Niederungen der Talmud-Exegese, in der die Juden dank jahrtausendelanger Übung ohnehin unschlagbare Goj-Täuscher sind, bewahrt wurde die deutsche Feministen-Theologie, wie könnte

[8] Psalm 94
[9] 3. Buch Mose, Kapitel 19

es anders sein, durch einen Mann. Franz Alt hatte den zündenden Gedanken. In seinem Buch »Jesus. Der erste neue Mann«[10] erfahren wir nach fast zwei Millennien endlich, wer Jesus tatsächlich war: kein zornbebender Prophet, der Nächstenliebe und Gewaltlosigkeit verkündete, im gleichen Atemzug aber Menschen mit begehrlichen Gedanken aufforderte, sich die lüsternen Augen selbst auszureißen, wie aus der Bergpredigt hervorzugehen scheint. Nein! Jesus, so Alt, war der erste »emanzipierte Mann«. Ein Softi christlicher Nächstenliebe und immerwährender Sanftheit, der sich im Namen seiner göttlichen Menschenliebe notwendigerweise gegen die rachsüchtige, geldgierige jüdische Priesterschaft und Gesellschaft wandte und mit gleicher Notwendigkeit von dieser Seite erbarmungslos vernichtet werden mußte! Durch diese historisch-theologische Trivialisierung verhalf Alt der feministischen Theologie zum Durchbruch. Sein Buch wurde zum Bestseller, seine unverhüllte antisemitische Botschaft zum Allgemeingut.[11]

Alts Erfolg animierte zahlreiche Nachahmer. Unter ihnen tat sich der Schauspieler und Showmaster Rainer Holbe durch besondere Kühnheit hervor. Er bereitete ein antisemitisches Schnellgericht, in dem die Juden, wie gehabt, als ewig verdammte Gottesmörder entlarvt werden. Seinem Machwerk fügte der unter die Schriftsteller Gegangene noch eine gute Prise antisemitische Esoterik bei. So enttarnte Holbe den verstorbenen jüdischen Showmaster Hännschen Rosenthal als transepochalen jüdischen Schurken. Womit bewiesen wäre, selbst der Tod bewahrt einen Juden nicht immer vor den Nachstellungen seiner Feinde.

Auf derartige esoterische und pseudoreligiöse Tarnung verzichtet der »Filmemacher abseitiger Exerzitien« (Der Spiegel) Hans Jürgen Syberberg. 1988 bereits hatte er in einem »Zeit«-Gespräch die Vorzüge Hitlers und der Nazis hervorgehoben: »Hitler und seine Leute wollten wenigstens etwas. Heute sehe ich so viele, die nichts

---

[10] München 1989
[11] Die antisemitischen Vorurteile und Tendenzen Alts enthüllt Micha Brumlik in seiner Streitschrift »Der Anti-Alt«, Frankfurt/M. 1991

mehr wollen.« Diesen für das deutsche Kulturleben der Nachkriegszeit bedauerlichen Zustand wollte Syberberg durch sein Werk »Vom
Unglück und Glück der Kunst in Deutschland nach dem letzten
Kriege« (1990) beenden. Etwa indem er seinen Lesern mit folgender
Aussage eine Orientierungshilfe bietet: »Ich halte ihn (Hitler) für ein
genialisches Medium des Weltgeistes, in einem dämonischen Interesse dieses technischen Jahrhunderts der Massenbewegungen.« Daß
Hitler an die Macht kam und seiner »Genialität« freien Lauf lassen
konnte, ist in Syberbergs Augen vor allem Schuld der Demokraten:
»H. wäre ohne Demokratie nicht an die Macht gekommen, und
Auschwitz ist ihr Preis.« Fazit: »Der Ermordete ist selber schuld«, wie
Hellmuth Karasek treffend feststellt.

Unser kurzer, unvollständiger Parforceritt durch die Erscheinungsformen des Antisemitismus zeigt, daß die Judenfeindschaft ihrem
Wesen nach ein uraltes Phänomen ist. Gleichwohl verstehen es die
Antisemiten, ihrer Lebensphilosophie, je nach Zeitgeschmack, die
passenden Hüte aufzusetzen: religiöse, aufgeklärte, emotionale, wissenschaftliche, rassistische, ideologische, esoterische, rationale, intellektuelle, spontane – oder was sonst immer erwünscht, modern und
wirksam ist. Dabei lassen sich die Judenfeinde vom konkreten Verhalten der Juden kaum beeindrucken, mögen die Hebräer vorgeben,
sich anpassen zu wollen oder nicht. Denn allein der Antisemit bleibt
standhaft – im Gegensatz zur Politik, Wirtschaft, Presse, öffentlichen
Meinung und sogenannten Kultur. Er allein weiß, wer Jude ist, und er
wird sich nicht von den Hebräern vorschreiben lassen, gegen wen
und auf welche Weise er seinen gerechten, unbestechlichen Zorn zu
richten hat. Da hilft kein hastig übergestülptes Christentum, auch
kein zur Schau gestellter Patriotismus, Kommunismus oder Internationalismus. Denn unumstößlich hält er an seinem Dogma fest: »Wer
Jude ist, bestimme ich!«

Und der letzte, dem der Antisemit dabei ein Mitspracherecht
einzuräumen bereit wäre, ist sein Todfeind, der Jude.

Was den Judenfeind bewegt

Wer sind die Antisemiten? Was sind ihre Motive? Was bewegt ihre Seelen? Was ist der Motor ihres Hasses? Jüdischer Reichtum etwa? Alle streben nach Geld und Besitz – auch die Juden. Was schmerzt einen Antisemiten am Immobilienvermögen eines Ignaz Bubis so sehr, während ihn der Hausbesitz der Herrn Kaußen und Schörghuber kaltläßt? Kurz, was bringt ihn in Rage gegen jüdische Millionäre und Bettler, gegen jüdische Literaten und Analphabeten?

Wer auf diese Fragen die treffende Antwort wüßte, dem würde der Friedensnobelpreis gebühren. Sind demnach alle, die eine zutreffende Beschreibung oder gar Lösung dieses Problems gefunden zu haben glauben, Scharlatane? Einige »Erkenntnisse« der »Antisemitismusforscher« sollen uns die Antwort erleichtern.

Auf einem Flug nach Tel Aviv erklärte mir ein langjähriger ARD-Korrespondent in Israel bescheiden lächelnd, er habe die Wurzel des Antisemitismus entdeckt: »Sehen Sie, Herr Seligmann, die Ursache des ganzen Antisemitismus ist die Sexualität. Die Juden sind beschnitten. Das erregt nun mal die Wut und den Haß der anderen.« Der Mann sprach in vollem Ernst, nicht erkennend, daß er mehr über sich preisgab als über das, was er unter »Antisemitismus« verstand.

Ein ernsthafter, jedoch wenig origineller Analytiker des Antisemiten-Problems dagegen war Jean-Paul Sartre. In seinem Essay »Betrachtungen zur Judenfrage« nennt der französische Philosoph »Antisemitismus ... vor allem eine Leidenschaft«, die sich wiederholt auch »in das Gewand theoretischer Vorschläge kleiden« würde. Über die Motive des Judenhassers schreibt Sartre: »Wenn es keinen Juden gäbe, der Antisemit würde ihn erfinden.« Seine Erkenntnisse bezieht Sartre ohne Quellenangabe vom österreichischen Schriftsteller Hermann Bahr. Dieser hatte ein halbes Jahrhundert vor dem Franzosen geschrieben: »Wer Antisemit ist, ist es aus Begierde nach dem Taumel und dem Rausche einer Leidenschaft ... Wenn es keine Juden gäbe, müßten die Antisemiten sie erfinden ...«

Niemand wird leugnen, daß beispielsweise Julius Streicher, der Herausgeber des Nazi-Hetzblattes »Stürmer«, ein leidenschaftlicher

Antisemit war. Dagegen läßt sich nicht bestreiten, daß SS-Chef Heinrich Himmler die Judenvernichtung als »ungeliebte, aber notwendige soldatische *Pflichterfüllung* vollzog«. Ebenso sein Zauberlehrling und Mordorganisator Adolf Eichmann, dessen buchhalterische Pedanterie Hannah Ahrendt während des Eichmann-Prozesses die treffende Bezeichnung von der »Banalität des Bösen« finden ließ.

Als eine der gravierendsten Ursachen des »Antisemitismus« wird nicht zu Unrecht der christliche Judenhaß genannt.[12] Keiner, der um die Massaker, die die Kreuzzüge begleiteten, oder von Luthers Hetztiraden gegen die Juden weiß, wird das Vorhandensein eines »christlichen« Judenhasses leugnen. Was aber hatte dieser Haß mit der Liebeslehre des Juden Jesus zu tun? Tatsächlich fehlte es im christlichen Abendland nicht an gläubigen Christen, die Juden, selbst in Zeiten wüstester antisemitischer Ausschreitungen, halfen – eben weil sie die ethischen Gebote ihrer Religion befolgten, während es gleichzeitig nicht an »antisemitischen« Atheisten oder Agnostikern mangelte und umgekehrt.

Spätestens seit Karl Marx wissen wir indessen, daß allein wirtschaftliche Motive dem »Antisemitismus« zugrunde liegen. Ungeklärt bleibt freilich, weshalb selbst nach mehr als sieben Dekaden real existierender, nivellierender Armut in der Sowjetunion und immerhin mehreren Jahrzehnten ähnlicher Zustände in Osteuropa die Judenfeindschaft in diesen Ländern eher zu- als abnahm. In diesen Staaten, vor allem in Polen und der Tschechoslowakei, war einst ein Umstand gegeben, dem – von Judenfeinden ebenso wie von so manchem Juden – große Bedeutung für die Ursache des »Antisemitismus« beigemessen wird: ein relativ hoher jüdischer Bevölkerungsanteil. Die Polen etwa, so hören wir von dieser Seite, seien gegenüber den Juden »ursprünglich recht tolerant« gewesen. Als aber Ende des vergangenen Jahrhunderts das Land immer ärmer geworden und der jüdische Bevölkerungsanteil mancherorts auf – sage und schreibe – mehr als zehn Prozent zugenommen habe, wäre vor allem

---

[12] Etwa von Leon Poliakov, in seinem Standardwerk »Geschichte des Antisemitismus«, Frankfurt/M. 1988 f.

den ärmeren Polen nicht viel übriggeblieben, als mit den Juden um das wenige vorhandene Geld und Gut zu ringen. Die Frage, warum dieses Ringen nicht querbeet, sondern ausgerechnet gegen die Juden gerichtet war, kommt dabei kaum jemandem in den Sinn.

In Österreich, namentlich in Wien, nahm der Antisemitismus Ende des 19. Jahrhunderts stark zu. Damals lebten mehr als 200 000 Juden, meist osteuropäischer Herkunft, in der Donaumetropole. Gehaßt vom Kleinstbürgertum, gefürchtet von den eingesessenen und meist etablierten Juden, die Angst hatten, »diese stinkenden Kaftanjuden« würden den »Antisemiten« neue Argumente liefern.

Benötigen die Judenfeinde Argumente? Ist nicht die schiere Existenz der Juden das glaubhafteste Motiv ihres Hasses – der tatsächliche Grund jedoch die eigene verhaßte Person?

Hat sich daran nach Auschwitz etwas geändert – etwa in Österreich? Jetzt, da dieses Land so gut wie »judenrein« ist? Keineswegs. Nicht zuletzt mit dem Slogan »Jetzt erst recht!« nämlich gegen »Anschuldigungen und Pressionen« der Juden oder »dieser Kreise«, wie der Präsidentschaftskandidat sich ausdrückte, gewann Österreichs Volkspartei 1987 die Wahlen für Kurt Waldheim.

Den Beweis, daß es nicht einmal einer Tradition jüdischer Besiedlung, wie etwa in Osteuropa, bedarf, um Judenfeindschaft hervorzurufen, liefern Schwarze und Japaner. So hatte die Bevölkerung Ugandas – weder Häuptlinge noch andere – nie unter dem Joch einer jüdischen Minderheit zu leiden. Im Gegenteil, der Staat Israel bot großzügig Entwicklungs- und Waffenhilfe an, um seine politische Isolation in der Dritten Welt zu überwinden. Als Israels Verteidigungsminister Dayan in den siebziger Jahren die Forderung des ugandischen Diktators Idi Amin nach neuen Angriffswaffen ablehnte – und die Araber in die Bresche sprangen –, sagte der schwarze Feldmarschall, was ihm auf dem Herzen lag: In einem Brief an den damaligen UN-Generalsekretär Kurt Waldheim forderte Amin die Vergasung des jüdischen Volkes. Kaum jemand hielt es für nötig, dagegen zu protestieren, schon gar nicht Kurt Waldheim. Man mag einwenden, Amin sei verrückt gewesen. Möglich. Kurt Waldheim aber ist normal. Österreichs Wähler haben 1987 *keinen* Verrückten zu ihrem Staatsoberhaupt gewählt.

Anders als 1938. Damals befürworteten und bejubelten sie den »Anschluß« ihrer Heimat an das von ihrem Landsmann Adolf Hitler regierte Nazireich mit großer Mehrheit.

Kann man aus der jüngsten Geschichte zweier Bananenrepubliken wie Uganda und Österreich generelle Rückschlüsse auf die »Logik« des »Antisemitismus« ziehen? Nein. Dennoch werfen sie bemerkenswerte Schlaglichter.

Ergänzende Impressionen finden sich auf dem Schwarzen Kontinent. Unbestritten leiden in der Republik Südafrika Millionen Schwarze unter Diskriminierung und Ausbeutung der weißen Minderheit. Dazu zählen auch etwa 50 000 Juden, die damit ebenso wie die anderen Weißen für die Unterdrückung der Schwarzen verantwortlich sind. Diese jüdische Mitschuld erklärt jedoch nicht, warum die ersten Opfer der gewaltsamen schwarzen Proteste in den sechziger und siebziger Jahren ausgerechnet Juden waren. Noch dazu jüdische Sozialarbeiter, die sich bemühten, die Lebensbedingungen der Schwarzen zu verbessern. Als Dank für die herausragende Rolle, die Juden seit je als Gegner der Apartheid in Südafrika gespielt hatten, waren die Übergriffe der Schwarzen kaum zu werten; eher als Selbstbewußtseinstraining einer bislang unterdrückten Gruppe, die ihre Kraft zunächst an jener Minderheit mißt, der sie schadlos Gewalt antun kann. Diese psychologische Interpretation würde auch die Ausschreitungen schwarzer amerikanischer Slumbewohner in den sechziger Jahren gegen Juden und deren Besitz erklären.

Aber wie ist die Politik der meisten afrikanischen Staaten gegenüber Israel zu begreifen? Jüngstes Beispiel: 1990 erlangte Namibia, das frühere Südwestafrika seine Unabhängigkeit. Zur feierlichen Staatsproklamation wurden Vertreter *aller* Staaten eingeladen. Darunter auch die Vertreter Iraks, Haitis, Nordkoreas, Äthiopiens. Ein Blick in das »Who is Who« der Folter, von amnesty international herausgegeben, förderte spielend eine Reihe weiterer menschenverachtender Regime zutage, die ebenfalls an der Unabhängigkeitszeremonie teilnahmen. Wie gesagt, Repräsentanten aller Staaten und der PLO waren anwesend – alle außer Israel. Gewiß, Israel macht Geschäfte mit Südafrika, verkauft gar Waffen ans Apartheidsregime. Dies tun aber auch Dutzende anderer Staaten, deren Vertreter mit allen proto-kollarischen Ehren in Namibia empfangen wurden.

Als Erklärung für die Verbannung Israels wird von afrikanischer Seite zumeist die Solidarität mit den Palästinensern hervorgehoben. Warum nur mit den Palästinensern? Warum nicht mit den Schwarzen der USA, den Indianern Lateinamerikas, den Eingeborenen Australiens – deren Vertreter allesamt nicht zur Feier geladen waren? Allein wegen politischer Pressionen arabischer Staaten und des hohen Ölpreises? Oder weil die Zionisten hinter fast jeder Gemeinheit vermutet werden?

Sind Schwarze demnach besondere Judenfeinde? Antisemiten ohne Juden? Kaum, wie ein kurzer Blick nach Japan lehrt. In Nippon gab es nie eine nennenswerte jüdische Gemeinde, Japan hatte auch nicht unter der Last jüdischen Kapitals oder der Bevormundung israelischer Entwicklungshelfer zu leiden. Dennoch erzielen dort seit Ende der siebziger Jahre Bücher, die sich mit der »jüdischen Weltverschwörung« befassen, vor allem mit dem infamen Versuch jüdischer Börsenspekulanten, Japan zu ruinieren, Millionenauflagen. Etwa Masami Unos 1986 publizierter Band, »Wenn Sie Juden verstehen, können Sie die Welt sehen« – ein fernöstlicher Aufguß der »Protokolle der Weisen von Zion«.

Warum sind die Japaner auf derartige antisemitische Werke versessen? Niemand weiß eine vernünftige Antwort.

Ist es nun »Leidenschaft«, die den Antisemiten umtreibt, oder kalte Berechnung, Neid oder Solidarität, ideologischer oder transzendentaler Glaube, sind es Über- oder Unterlegenheitsgefühle, ist es Idealismus oder Habgier? Haben diese Gefühle ihre Ursachen vorwiegend in frühkindlichen Traumata, sind sie Früchte nüchterner Überlegung, wissenschaftlicher Analysen oder schlicht die Folge der Bequemlichkeit der Mitläufer? Spielt es, um in der jüdischen Tradition der »Gegenfrage« zu bleiben, eine relevante Rolle, aus welchen Motiven einer Juden haßt, solange er's tut? Soviel steht immerhin fest, einen monokausalen Grund des Antijudaismus gibt es nicht – sieht man von der bloßen Tatsache der jüdischen Existenz ab.

Sigmund Freud, der sein Leben lang mit wissenschaftlicher Kühle den seelischen Antrieben auf den Grund zu kommen suchte, resignierte in der Antisemitismus-Frage.

In einem Brief an Arnold Zweig schrieb Freud am 2. Dezember 1927: »Mit Hinsicht auf den Antisemitismus möchte ich wirklich nicht nach weiteren Erklärungen suchen; ich empfinde eine starke Versuchung, mich in dieser Angelegenheit meinen Affekten hinzugeben und fühle mich selbst in meinen vollkommen unwissenschaftlichen Ansichten bestärkt, daß diese Menschheit im großen und ganzen ein erbärmlicher Haufen ist.«

Aus den zitierten Sätzen ist die Resignation eines Menschen zu ersehen, der das Unverstehbare begreifen wollte. Tatsächlich packt jeden, der sich ernsthaft mit Antisemiten und ihren Motiven auseinandersetzt, bald schiere Verzweiflung. Diese Sisyphusarbeit ist wohl nur mit der Tätigkeit eines Krebsforschers vergleichbar. Obgleich diese furchtbare Krankheit seit langem erforscht wird und unzähliges Material über ihre vielfältigsten Erscheinungsformen bekannt ist, fehlt fast jegliches Wissen über ihre Ursachen. Kein Organ, kein Mensch, der nicht davon befallen werden könnte, egal ob jung oder alt, arm oder reich. Keine Lebensweise – und sei sie noch so gesund – kann zuverlässig vor dieser Krankheit schützen. Ähnliches erfährt der Antisemitismusforscher: Je intensiver er sich mit seiner Materie auseinandersetzt, je vielfältigere Erscheinungsformen er kennenlernt, desto deutlicher muß ihm werden, daß es zahllose mögliche Gründe hierfür geben kann, daß es die *eine* leicht zu isolierende und zu behandelnde Ursache jedoch nicht gibt; zumindest wurde sie bislang, trotz aller Anstrengungen, noch nicht erkannt. Im Gegenteil! Alle vielgepriesenen Rezepte haben versagt: Sozialismus, Nationalismus, Demokratie – der Antisemitismuskrebs wuchert ungebremst weiter, sei es latent oder virulent. Ein Ende dieser Krankheit ist nicht in Sicht; kann es nach logischem Ermessen auch nicht sein, ehe man ihre Ursache oder zumindest ein wirksames Gegengift kennt.

Ein Grund zur Resignation? Keineswegs. Denn wie die Menschheit sich trotz der Krebskrankheit vermehrt hat, so besitzt auch das jüdische Volk die Chance, trotz Antisemitismus weiterzubestehen und sich zu entwickeln. Allerdings verbessert sich die Wahrscheinlichkeit des Fortbestehens nicht dadurch, daß die Juden fortwährend hypnotisiert auf die Schlange des Antisemitismus starren, wobei sie alles zu unterlassen trachten, was das Reptil zum Angriff reizen *könnte*. Klüger erscheint es da, die Antisemiten in ihrem unkurierbaren Wahn verharren zu lassen, gegen den die Juden ohnehin keine effektive Arznei besitzen, und sich auf die jüdischen Werte und Traditionen zu besinnen und diese zu pflegen. Ein erster Schritt hierzu ist das Kennenlernen des Judentums.

DIE JUDEN SIND UNEINS

Begriffswirrwarr ohne Ende

Ebenso treffsicher-arrogant, wie der Antisemit sich das Recht anmaßt, zu bestimmen, »wer Jude ist«, glaubt auch fast jeder Jude zu wissen, »wer Antisemit ist«. Von der unzweideutigen Manifestation der Judenfeindschaft über Äußerungen, die keinen Zweifel an den Anschauungen des Zeitgenossen lassen – etwa: »Alles ist wieder in jüdischer Hand, die Banken, die Presse . . .«, zur hochgezogenen Braue: »Ja, ja, die Hebräer, sie sind einfach unverwüstlich . . .«, bis hin zum willkürlichen Gefühl: »Ich weiß nicht genau, warum, aber der Kerl ist Antisemit, das *weiß* ich hundertprozentig!« –, reicht die Skala der jüdischen »Antisemiten-Entlarvung«. Daß hier auf jüdischer Seite ein gerüttelt Maß an Verfolgungswahn mitspielt – wen wundert's bei der wahnwitzigen Verfolgungsgeschichte der Juden.

Henryk M. Broder zitiert dazu einen Witz, in dem sich die Juden selbst über ihre Verfolgungsängste lustig machen: Soeben in einer fremden Stadt angekommen, fragt ein Jude eine Reihe Bahnhofsbesucher: »Sind Sie Antisemit?« Fast alle empören sich »über diese Unterstellung«. Nach langer Suche findet der Jude endlich einen Mann, der unumwunden eingesteht: »Ja, ich bin Antisemit.« Darauf der Jude: »Könnten Sie bitte einen Moment auf meinen Koffer aufpassen? Ich habe den Eindruck, Sie sind hier der einzige ehrliche Mensch . . .«

Verläßt man die meist emotionale Antisemitismusbestimmung der Juden und stellt die Uralt-Frage »Wer ist Jude?«, wird die Beantwortung zumindest von jüdischer Seite äußerst kompliziert. So schwierig, daß etwa das Parlament des *jüdischen* Staates Israel es bislang nicht gewagt hat, festzulegen, wer (nun tatsächlich) Jude ist.

Wie das? Die »Judenfrage« ist doch seit knapp zwei Jahrtausenden durch den Talmud eindeutig festgelegt: »Jude ist das Kind einer jüdischen Mutter.« Herkunft, Rasse oder Religion des Vaters dagegen sind irrelevant, sei er nun Deutscher, Indianer, Moslem, Chinese, Schintoist oder anderes.

Neben dieser eindeutigen Bestimmung gibt der Talmud aber auch Andersgläubigen Gelegenheit, die Wonnen des Judentums zu erlangen: Nach gründlicher Vorbereitung kann sich ein Anwärter einer rechtgläubigen Rabbinatskommission stellen, die darüber zu befinden hat, ob der Kandidat oder die Kandidatin das nötige Wissen und Wollen besitzt, ein Jude zu sein. Der Übertritt wird anschließend durch Taufe beziehungsweise Beschneidung besiegelt. Auch diese Bestimmung sollte eindeutig sein – vor Jahrtausenden war sie's jedenfalls. Denn wer konnte damals ahnen, daß es heutzutage zumindest drei Hauptströmungen im religiösen Judentum geben würde: Orthodoxe, Konservative und Liberale? Unnötig zu erwähnen, daß jede Richtung, für sich reklamiert, dem Geist der Thora am besten zu genügen.

Die Geschichte hat es gefügt, daß in Israel die Orthodoxie tonangebend ist. Somit ist auch das Oberrabbinat des Gelobten Landes fest in orthodoxer Hand – ebenso wie das halbe Dutzend religiöser Parteien, ohne die keine tragfähige Regierung gebildet werden kann. Im Einklang mit dem Oberrabbinat verlangen die religiösen Parteien seit Jahr und Tag, daß die »Judenfrage« endlich per Gesetz definitiv beantwortet wird, in ihrem Sinn versteht sich: Neben der jiddischen Mamme soll allein der Übertritt vor einer orthodoxen Rabbinatskommission – nach einer strengen Prüfung – Gültigkeit besitzen.

In bemerkenswerter Eintracht weisen die übrigen Regierungsparteien dieses Ansinnen zurück. Der Grund: Außerhalb Israels dominiert das liberale Judentum, vor allem in den Vereinigten Staaten. Eine Beschränkung des Judentums auf die Orthodoxie würde Hunderttausende konvertierte amerikanische Juden, man denke etwa an Samy Davis jr., Marilyn Monroe, Liz Taylor, aus dem Judentum katapultieren, ihre Kinder bastardisieren und die jüdischen Ehepartner (von Israel) abstoßen. Dies aber kann sich Israel nicht erlauben, denn die Existenz dieses Staates gründet sich zumindest theoretisch auf den Anspruch, nationale Heimstatt *aller* Juden zu sein, und praktisch auf die politische und finanzielle Solidarität der Diaspora mit Zion.

Die »Wer ist Jude?«-Frage bleibt also selbst oder gerade im jüdischen Staat offen. Konsequenz: Das Bekenntnis zum Judentum wird, von objektiven Kriterien losgelöst, zur Privatsache jedes einzelnen. Mit anderen Worten, Juden und Antisemiten sind sich wieder einmal einig: »Wer Jude ist, bestimme ich!«

Wie kann man als Jude in Deutschland leben?

Das »Wer ist Jude?«-Problem läßt die Nerven jüdischer Rabbiner, Normalbürger und Haarspalter in aller Welt vibrieren. Für die Juden Nachkriegsdeutschlands indessen steht eine andere Frage im Mittelpunkt: »Wie kann man als Jude im Nach-Auschwitz-Deutschland leben?« Alle Aspekte jüdischer Identität in Deutschland nach 1945 sind auf die eine oder andere Weise eine Funktion dieser Frage.

Seit dem Zeitalter der Aufklärung glaubten sich die Juden Deutschlands endlich auf dem Weg zur Gleichberechtigung. Zwar wurde ihnen mit der Gründung des Deutschen Reiches im Jahre 1871 die Gleichstellung gesetzlich zugestanden. Tatsächlich jedoch blieben die Juden Bürger zweiter Klasse. Ungetauften Juden war der Zugang zu politischen Ämtern ebenso verwehrt wie zum Leutnantspatent, der Egoprothese der Gesellschaft im militaristischen, preußisch dominierten Deutschen Reich. Der Antisemitismus feierte, wissenschaftlich verbrämt, in Deutschland wie in Österreich-Ungarn fröhliche Urständ. Dennoch wählte die überwiegende Mehrheit der deutschen Juden den Weg der Assimilation, von dem sie sich eine Überwindung des Antisemitismus erwartete.

Kein nationalistischer Unsinn konnte dumm genug, keine antisemitische Abfuhr zu rüde sein, um die Juden von ihrem anbiedernden »Marsch ins Deutschtum«, wo sie so gut wie niemand wollte, abzuhalten. Schlugen die Burschenschaften sie in die Flucht, so äfften die Juden in sogenannten »paritätischen Verbindungen« deren menschenverachtenden Duellritus nach. Mit verlockenden materiellen und intellektuellen Angeboten bestach man eine kleine Anzahl Gojim, die sich so bereitfanden, die Fressen ihrer jüdischen Kommilitonen nach »Deutschherrnart« zu zersäbeln. Der Mehrzahl der deutschen Hochschüler galten die Juden indessen als nicht satisfaktionsfähig. So tief unter sich wähnten sie die Hebräer, daß sie sich sogar weigerten, deren Blut zu vergießen. Diese Haltung sollte sich im Laufe der Jahre grundlegend ändern.

Allem Antisemitismus zum Trotz beharrten die deutschen Juden krampfhaft auf ihrem Assimilationskurs. Unablässig forderten sie die verstärkte »Anpassung« ans Deutschtum. Ein eloquenter Vertreter dieser Anschauung war Walter Rathenau. Der Sohn des AEG-Gründers war um die Jahrhundertwende einer der einflußreichsten Wirtschaftsführer des wilhelminischen Reiches. Dennoch litt er unter der Schmach, ein Jude zu sein. Die ungeliebte Herkunft hatte seinen Jugendtraum verhindert, preußischer Leutnant zu werden.

»In den Jugendjahren eines jeden deutschen Juden gibt es einen schmerzlichen Augenblick, an den er sich zeitlebens erinnert: Wenn ihm zum erstenmal bewußt wird, daß er als Bürger zweiter Klasse in die Welt getreten ist und daß keine Tüchtigkeit und kein Verdienst ihn aus dieser Lage befreien kann«, schrieb Rathenau über seine Antisemitismus-Prägung. Durch eine vehemente Anbiederei der deutschen Juden an ihre nichtjüdische Umgebung wollte er der Judenfeindschaft den Boden entziehen. Dabei war Rathenau fast kein antisemitisches Judenklischee zu primitiv, um es nicht zur eigenen Maxime zu machen.

Im Jahr 1905 schrieb Rathenau das Pamphlet »Höre, Israel!«, das den antisemitischen Teufel mit selbsterniedrigendem Belzebub austreiben wollte: »Was muß geschehen? Die bewußte Selbsterziehung einer Rasse zur Anpassung an fremde Anforderung . . ., eine Anartung in dem Sinne, daß Stammeseigenschaften, gleichviel ob gute oder schlechte, von denen erwiesen ist, daß sie den Landesgenossen verhaßt sind, abgelegt und durch geeignete ersetzt werden müssen.«

Rathenau wollte offenbar nicht begreifen, daß sich die deutschen Juden nach Kräften um ihre »Anartung« bemühten. Aber je mehr sich die Juden anbiedernd assimilierten, desto feindseliger wurden die Judenfeinde – denn von »Juda« wollten sie sich nicht vereinnahmen lassen. Es stimmte sie auch nicht milder, daß Rathenau als Abteilungsleiter im preußischen Kriegsministerium im Ersten Weltkrieg Deutschlands Rohstoffversorgung organisierte, während 12 000 deutsch-jüdische Soldaten den »Heldentod« fanden. Rathenau blieb für die Antisemiten die »Judensau«.

Die »Oberste Heeresleitung« hatte selbst im Krieg nichts Besseres zu tun, als durch eine sogenannte »Judenzählung« – vergeblich – zu versuchen, statistisches Beweismaterial für ihre These zu finden, Juden würden sich vorm Frontdienst drücken. Als die »Kriegskunst« des famosen Duos Hindenburg und Ludendorff »den Karren in den Dreck«, also in die bedingungslose Kapitulation gefahren hatte, wurden nicht etwa die verantwortlichen Generäle zur Rechenschaft gezogen. Die Schuld lastete man vielmehr den (politischen) »Novemberverbrechern« an, von denen etliche Juden waren.

Andere stellten sich erst nach dem Sturz der Monarchie in den Dienst der Republik von Weimar. Unter ihnen Walter Rathenau, der als Außenminister versuchte, Deutschlands politische Isolation zu überwinden. Im Juni 1922 ermordete ein Femekommando der Organisation Consul den Politiker. So verwirklichten Deutschlands extreme Rechte ihre Parole: »Schlagt tot den Walter Rathenau, die gottverdammte Judensau!«

In der »Neuen Freien Presse« hatte Rathenau 1909 geschrieben: »Dreihundert Männer, von denen jeder alle anderen kennt, die ihre Nachfolger aus ihrem Kreise wählen, bestimmen das wirtschaftliche Schicksal des Kontinents.«

Dieser Satz wurde von vielen Antisemiten als Beweis der Echtheit der »Protokolle der Weisen von Zion« gewertet. Rathenaus Schicksal war damit besiegelt – lediglich der Zeitpunkt seines Endes war *noch* offen.

Aber weder der Mord an Rathenau noch zahlreiche andere Morde, Verbrechen und Diskriminierungen konnten die »deutschen Staatsbürger jüdischen Glaubens« von der unerwiderten Liebe zu ihrer Heimat abhalten. So gut wie alle Juden bekannten sich zur »Juden-Republik« – die Feinde der Demokratie waren im allgemeinen auch Feinde der Juden. Die Parteien der Weimarer Koalition, vor allem die Sozialdemokraten und das bürgerlich-liberale Lager, wurden von vielen Juden politisch und finanziell unterstützt.

Als diese politischen Kräfte, vor allem die »Deutsche Demokratische Partei« und die SPD, Ende der zwanziger Jahre ein Erstarken des Antisemitismus registrierten, zögerten sie nicht, sich von ihren jüdischen Förderern zu distanzieren. So unterstützte beispielsweise die SPD in Bayern 1930 ein gesetzliches »Schechtverbot«. Solche »legalen« antisemitischen Maßnahmen gab es in Deutschland zuletzt im Mittelalter. Die deutschen Wähler ließen sich davon nicht beirren und stimmten für die offenen Nazi-Judenfeinde.

Auch die Juden blieben bei ihrer Einstellung – unbeirrt hielten sie Deutschland die Treue. Besonders hartnäckig gab sich in dieser Hinsicht der »Reichsbund jüdischer Frontsoldaten«, der es nicht wahrhaben wollte, daß alle jüdischen Menschenopfer umsonst waren und man allein aufgrund der jüdischen Herkunft vom Deutschtum ausgeschlossen werden sollte. Verzweifelt kämpften die jüdischen Veteranen ihr letztes Gefecht gegen die ansteigende antisemitische Springflut. Nach dem Motto: »*Zwölftausend jüdische Soldaten sind für das Vaterland auf dem Felde der Ehre gefallen.*«

Besonderes Gewicht wurde auf das Wohlwollen des alten Kommandeurs und späteren Reichspräsidenten von Hindenburg gelegt, des Erfinders der Dolchstoßlegende. 1932, pünktlich zum 85. Geburtstag des »Helden von Tannenberg«, publizierte der »Reichsbund« ein aufwendig gestaltetes Gedenkbuch, »Die jüdischen Gefallenen«, in dem die Namen von 10 154 toten jüdischen Soldaten aufgeführt waren. Auch dieser Beweis jüdischen Opfermuts fürs deutsche Vaterland blieb vergeblich. Der umworbene Hindenburg ließ sich wie die Mehrheit der Deutschen nicht von der vaterländischen Gesinnung der Israeliten überzeugen und ernannte den antisemitischen Todfeind der Juden, Adolf Hitler, zum Reichskanzler.

Die Zeit der Assimilation war nun endgültig vorbei. Hitlers Schergen stießen die Juden wieder ins Ghetto zurück. Viele deutsche Juden wollten die klare Sprache der Zeit indessen immer noch nicht verstehen und warben weiter um die Herzen der (deutschen) Unmenschen. Allen voran, mit schneidig-hirnloser Kommißköpfigkeit, der »Reichsbund jüdischer Frontsoldaten«.

So veröffentlichte der Vorsitzende dieses Verbandes, Dr. Löwenstein, noch am 27. Oktober 1933 im Organ des Reichsbundes »Der Schild« folgenden Aufruf: »Kameraden! Es geht um Deutschlands Ehre und Lebensraum(!). Da übertönt in uns ein Gefühl alles andere. In altbewährter Tradition stehen wir mit unserem deutschen Vaterland bis zum Letzten.«

Wenige Monate später, nachdem Hitler bereits länger als ein Jahr Reichskanzler war, publizierte der Historiker Hans Joachim Schoeps (bekannt als »Preußen-Schoeps«) sein Buch »Wir deutschen Juden«. Darin schreibt er unter anderem: »Wir wissen, daß es noch viel schlimmer für die deutschen Juden kommen kann. Und daß das Zusammenbrechen jetzt noch bestehender Illusionen furchtbare Folgen haben wird. Unsere Losung aber, ›Bereit für Deutschland‹, wird in Kraft bleiben.«

Es kam tatsächlich »viel schlimmer«. 1935 traten die sogenannten »Nürnberger Gesetze« in Kraft, mit deren Hilfe die Juden legal zu minderwertigen Menschen gestempelt wurden, bald sollten sie »Untermenschen« sein, die »ausgemerzt« werden mußten. Im November 1938 schließlich brannten Deutschlands Synagogen nach mehrhundertjähriger Pause erneut. Juden wurden durch die Straßen gejagt, geschlagen, verhaftet, teilweise ermordet. Erst da begriffen die meisten, aber beileibe nicht alle Juden, daß kein Beschwichtigen die Antisemiten von ihrer Hetzjagd abbringen könnte. Knapp zwei Drittel der – einst gut eine halbe Million – deutschen Juden gelang es in den folgenden Monaten bis Kriegsausbruch, ihr Land zu verlassen.

Nicht alle hatten so lange gebraucht, um zu verstehen, daß mit Hitlers Machtübernahme die Antisemitismus-Umarmungsstrategie endgültig fehlgeschlagen war und Deutschlands Juden damit ihre Heimat verloren hatten. Zu ihnen gehörte der Rabbiner Leo Baeck, der geistige Mentor des liberalen deutschen Judentums.

Baeck war keineswegs ein Zionist. Aber er erkannte, daß durch die Machtübernahme Adolf Hitlers der Identitätskonflikt des deutschen Judentums zwischen der großen assimilationswilligen Mehrheit und der zionistischen Minderheit durch k. o. zugunsten der, letzteren entschieden worden war.

Kaum jemand hatte bis kurz zuvor der winzigen zionistischen Gruppe eine reale Chance in ihrer drei Jahrzehnte währenden Auseinandersetzung gegen die Majorität der anpassungswütigen deutschen Juden eingeräumt. Am allerwenigsten die Juden dieses Landes, die zu etwa 98 Prozent »die zionistischen Hirngespinste der Herren Herzl, Wolffsohn und Konsorten« nicht nur ablehnten, sondern verbissen bekämpften. Denn die Zionisten drohten die deutschen Juden aus ihrem Wunschtraum eines gewiß langsam, aber doch stetig abnehmenden Antisemitismus zu wecken.

Die deutliche Zunahme des Antisemitismus zum Fin de siècle veranlaßte den Wiener Journalisten Theodor Herzl, nach einer radikalen Abhilfe zu suchen. In seiner Jugend hatte er die Idee vertreten, eine rasche Assimilation würde die Antisemiten der Grundlage ihres Hasses berauben. Später erfuhr Herzl jedoch, daß diese Vorstellung jüdischem Wunschdenken entsprang.

Als Korrespondent der Wiener »Neuen Freien Presse« hatte Herzl vom Dreyfus-Prozeß (1894) in Paris berichtet. Zunächst war er von der Schuld des jüdischen Offiziers überzeugt. Bei der Degradierung Dreyfus' wurde Herzl aber deutlich, daß der Mob und die »Offizierskameraden« des Hauptmanns weniger über den vermeintlichen Verrat erzürnt waren. Was die Menge in Rage brachte, war vielmehr die Tatsache, daß Dreyfus Jude war. Nie vergaß der Journalist den Aufschrei der Menge: »Tod den Juden!« Dies und seine eigenen Erfahrungen überzeugten Herzl, daß die beschwichtigende jüdische Antisemitismusprävention zum Scheitern verurteilt war. In seinem 1896 publizierten Buch »Der Judenstaat« schrieb Herzl: »Wir haben überall ehrlich versucht, in der uns umgebenden Volksgemeinschaft unterzugehen (!) und nur den Glauben der Väter zu bewahren. Man läßt es nicht zu. Vergebens sind wir treue und an manchen Orten

63

sogar überschwengliche Patrioten, vergebens bringen wir dieselben Opfer an Gut und Blut wie unsere Mitbürger, vergebens bemühten wir uns, den Ruhm unserer Vaterländer in Künsten und Wissenschaften, ihren Reichtum durch Handel und Verkehr zu erhöhen. In unseren Vaterländern, in denen wir ja auch schon seit Jahrhunderten wohnen, werden wir als Fremdlinge ausgeschrien . . . Wer der Fremde im Lande ist, das kann die Mehrheit entscheiden; es ist eine Machtfrage, wie alles im Völkerverkehr . . ., wenn man uns in Ruhe ließe . . . Aber ich glaube, man wird uns nicht in Ruhe lassen.«

Als Ausweg forderte Herzl, ganz Kind seiner Zeit, eine nationalistische (jüdische) Lösung, den Judenstaat: »Die Juden, die wollen, werden ihren Staat haben, und sie werden ihn verdienen.«

Die Forderung Herzls wurde von den unterdrückten Juden Osteuropas begeistert aufgenommen. Sie hatten – als noch niemand die systematische Bestialität der Nazis ahnen konnte – nichts zu verlieren und alles zu gewinnen: ihre Freiheit in einem eigenen Staat.

Bei Deutschlands und Österreichs anpassungswütigen Juden dagegen stießen Herzls Ideen auf fast geschlossene Ablehnung. Denn Herzl machte sich über das Weiterbestehen und Gedeihen der Judenfeindschaft keine Illusionen. Im Gegenteil, er gedachte, die antisemitische »Logik« auf den Kopf zu stellen und die Judenfeindschaft als Mittel zur Schaffung des *Judenstaates* zu nutzen – das Bedürfnis der Antisemiten, die Juden loszuwerden: »Die Judenfrage besteht. Es wäre töricht, sie zu leugnen. Sie ist ein verschlepptes Stück Mittelalter . . . Die Judenfrage besteht überall, wo Juden in merklicher Anzahl leben. Wo sie nicht ist, da wird sie durch hinwandernde Juden eingeschleppt . . . Ich halte die Judenfrage weder für eine soziale noch für eine religiöse, wenn sie sich auch so oder anders färbt. Sie ist eine nationale Frage, und um sie zu lösen, müssen wir sie vor allem zu einer politischen Weltfrage machen, die im Rate der Kulturvölker zu lösen sein wird.«

Die Aussicht, sich »ihrer« Juden zu entledigen, schmeichelte tatsächlich nicht wenigen Antisemiten und bewog sie sogar, die Pläne »dieses Herrn Herzl« zu unterstützen. Prominentester Befürworter des »Zionismus« wurde – zumindest zeitweise – der deutsche Kaiser

Wilhelm II., der sich beglückt von der Aussicht zeigte, »arbeitsscheue, geldgierige Hebräer« nach Palästina abschieben zu können. Nur politische Rücksichten auf den verbündeten türkischen Sultan Hamid konnten Wilhelm von einer tatkräftigen Förderung des Zionismus abhalten.

Die Gefahr, den mühsam erreichten Status als fast gleichberechtigte Bürger ihrer Staaten durch Herzls unbefangenen Umgang mit antisemitischen Ressentiments und Wünschen zu verlieren, machte die meisten, vor allem die einflußreichen Juden Österreichs und Deutschlands, zu unnachsichtigen Gegnern Herzls.

So verschwieg etwa die »Neue Freie Presse«, bei der Herzl über Jahrzehnte als angesehener Journalist arbeitete, ihren Lesern die Existenz und die Ideen des Zionismus vollständig. Die beiden *jüdischen* Chefredakteure Bacher und Benedikt sorgten dafür, daß kein Wort über die von ihrem Mitarbeiter Herzl ins Leben gerufene Bewegung in ihrer Zeitung erschien. Über ihre Motive machten die Chefredakteure gegenüber Herzl kein Geheimnis: »Wir galten bisher als Judenblatt, haben das aber nie zugestanden. Jetzt sollen wir plötzlich alle Deckung, hinter der wir standen, aufgeben?«

Die »Deckung« durch die Assimilation hatte keinen Schutz gegen die Judenfeinde geboten. Dagegen war es der unter Hitlers Herrschaft stetig zunehmenden Gemeinde deutsch-jüdischer Zionisten in den meisten Fällen gelungen, das eigene und oft auch das Leben der Angehörigen durch Auswanderung nach Palästina zu retten. Durch notgedrungene Zusammenarbeit mit den deutschen Behörden, unter anderem mit dem SS-Reichssicherheitshauptamt, hatten es die zionistischen Organisationen fertiggebracht, einen beträchtlichen Teil der auswanderungswilligen deutschen Juden ins Gelobte Land zu schleusen, wo sie die Errichtung eines jüdischen Staates Israel beschleunigen halfen.

Von den knapp 200 000 in Deutschland verbliebenen Juden hatten nur rund 15 000 deutsche Juden die Schoa überlebt. Die meisten von ihnen waren seelisch und körperlich ruiniert. Dennoch folgten viele dem Appell Leo Baecks, der Häftling des KZ-Theresienstadt gewesen war, sowie den zahlreichen Aufrufen jüdischer und zionistischer Organisationen und verließen so rasch wie möglich ihre Heimat.

Drei Jahre nach dem Ende des Zweiten Weltkriegs wurde die Vision der Zionisten, der Judenstaat Israel, Wirklichkeit. Die Bemühungen der meisten deutschen Juden um Assimilation und Antisemitenbeschwichtigung hatten das Entstehen des Nationalsozialismus in Deutschland und die Schoa nicht verhindern können. Dies bewirkte bei den Juden in Deutschland einen vollständigen Triumph der Zionisten. Dadurch wird vielfach übersehen, daß die Alternative Zionismus oder Assimilation unvollständig ist. Denn neben diesen Wegen gibt es für Juden durchaus die Möglichkeit, sich offen zu ihrem Glauben, ihrer Tradition, ihrem Volk zu bekennen, sich den Antisemiten entgegenzustellen und, wenn es keinen anderen Ausweg gibt, auszuwandern – zumindest theoretisch. In der Realität wollte und will kein Land die Einwanderung von Juden im großen Maßstab dulden, auch wenn diesen Juden Leid und Vernichtung droht.[1] Kein Land – außer Israel. Dies macht den Triumph des Zionismus aus, besonders für Deutschlands Juden nach Auschwitz.

Neben den deutschen Juden vegetierte 1945 im besetzten Deutschland noch rund eine Viertelmillion nichtdeutscher jüdischer KZ-Überlebender: Strandgut der annähernd vollständig erfolgreichen Vernichtungsmaschinerie der Nazis. Im Gegensatz zu den davongekommenen deutschen Juden war dieses Land nie ihre Heimat gewesen. Deutschland galt ihnen als verhaßtes Naziland. In ihre meist osteuropäischen Herkunftsländer konnten und wollten diese Menschen nicht zurückkehren. Wie auch? In der polnischen Stadt Kielce etwa waren nur wenige Monate nach Kriegsende erneut antisemitische Pogrome ausgebrochen, bei denen Juden nach jahrhundertelang »bewährtem« Muster verfolgt und ermordet wurden. Die Behörden

---

[1] Zur bedingten Aufnahmebereitschaft von Juden durch die Bundesrepublik, siehe Kapitel V: Grenzen der Zumutbarkeit?

66

sahen, ebenfalls wie einst, weg. In anderen Ländern Osteuropas war die Situation ähnlich. Weite Kreise der nichtjüdischen Bevölkerung waren bei allem Haß auf die grausamen Besatzer den Deutschen zumindest dankbar, daß sie ihnen die Juden »vom Hals geschafft« hatten, sie wollten »diese Plage« nicht erneut bei sich aufnehmen, schon gar nicht in den okkupierten Judenhäusern. So hausten die »displaced persons« (DPs) auch nach ihrer »Befreiung« notgedrungen weiter in deutschen Notunterkünften, die vielfach identisch mit den ehemaligen KZ waren. Selbst der Stacheldraht und die Bewachung waren geblieben, allerdings standen statt der SS-Leute nun amerikanische oder britische Soldaten auf den Wachtürmen.

Die Haltung mancher »Befreier« gegenüber den Juden unterschied sich nicht schwerwiegend von jener der Nazis. So bezeichnete US-General Patton, 1945 zunächst verantwortlich für die DP-Camps, die Juden als »Wanzen« oder »Ungeziefer« – für die Juden hinter dem Stacheldraht altbekannte Töne. Daher wollten fast alle jüdischen DPs Europa so schnell wie möglich verlassen und nach Übersee auswandern. Nur, wohin? Die klassischen Einwanderungsländer, wie die Vereinigten Staaten, Kanada und Australien, waren auch nach Auschwitz nicht bereit, eine größere Anzahl von Juden aufzunehmen. Argentinien zog Nazis vor. Und Großbritannien, dem 1922 vom Völkerbund das Mandat über Palästina mit der Verpflichtung übertragen worden war, dort eine »nationale Heimstätte für das jüdische Volk (zu errichten)«, unterband aus »Rücksicht auf arabische Empfindlichkeiten« seit 1939 die jüdische Einwanderung nach Zion fast vollständig.

Den »displaced persons« blieb also auch nach ihrer »Befreiung« nichts übrig, als vorläufig im »Naziland« zu verharren. Dies wiederum war den Zionisten nicht unlieb. Für die Errichtung und den Bestand des jüdischen Staates wurde jeder Jude gebraucht. Solange die DPs nicht nach Israel durften, war Deutschland aus zionistischer Sicht das ideale »Zwischenlager«. Denn, gelang den Juden einmal die Auswanderung etwa in die Vereinigten Staaten, dann waren sie zumeist für die aktive zionistische Sache verloren.

Darüber hinaus besaß die Konzentration der Überlebenden in den

DP-Camps für die zionistische Weltorganisation den Vorteil, daß die Juden für die zionistische Propaganda leicht zu erreichen waren. Die zionistische Argumentation – Stichwort: Wir sind ein Volk, nur in *unserem* eigenen Staat sind wir vor den Antisemiten sicher! – war Balsam für die Seelen der überwältigenden Mehrheit der DPs. Daher war sie überaus erfolgreich. Es dauerte nicht lange, bis die deutschen DP-Lager fest in zionistischer Hand waren. Hier wurden die Davongekommenen moralisch-zionistisch aufgebaut, indoktriniert und auf die zunächst (bis zur Staatsgründung im Mai 1948) verbotene und später legale Einwanderung nach Israel vorbereitet – sprachlich, beruflich, gesellschaftlich und *militärisch*. So konnte ein beträchtlicher Teil der eingewanderten DPs ab Mai 1948 als Soldaten direkt an die Front in Israels Unabhängigkeitskrieg geschickt werden. Hohe zionistische Funktionäre besuchten regelmäßig die deutschen DP-Lager, unter ihnen Israels späterer Staatsgründer David Ben Gurion.

Daß die meisten DPs bei der zionistischen Stange blieben, war allerdings nicht ausschließlich auf ihre Erfahrungen mit den Deutschen während des Krieges zurückzuführen. Auch nach dem »Zusammenbruch« – das Ende des Hitlerreichs war für die Juden die langersehnte *Befreiung*, vielen Deutschen gilt sie noch heute als *Zusammenbruch* – blieben manche Deutsche den Israeliten nichts schuldig. Die Tatsache, daß zahlreichen Juden nach dem Verlust ihrer Existenz – ebenso wie vielen Deutschen – nichts übrigblieb, als sich *schwarzhandelnd* durchs Leben zu schlagen, brachte in der deutschen Öffentlichkeit und bei der zuvor der SS unterstellten Polizei vertraute antisemitische Ressentiments erneut zum Vorschein. Wiederholt drang deutsche Polizei, mit Einverständnis der Alliierten, in die für sie formal nicht zugänglichen DP-Lager ein, veranstaltete Razzien und scheute sich auch nicht, verdächtige Juden zu verprügeln – weiter durfte sie nicht mehr gehen.

Die Diskriminierung der DPs beschränkte sich nicht auf die »gojische« Mehrheit – auch die deutschen Juden zeigten sich wieder von ihrer schlimmen Seite. Nach der Gründung des Deutschen Reiches hatten Teutoniens Juden mit Argusaugen die Einwanderung von »Ostjuden« beobachtet. Denn sie befürchteten, diese »dreckigen

Kaftanjuden« könnten erneut antisemitische Vorurteile wecken (!) und so ihre mühsam erreichte Teilemanzipation gefährden. Mit Argumenten, die oftmals identisch mit denen der Antisemiten waren, versuchten daher viele *deutsche Staatsbürger jüdischen Glaubens,* eine »Überfremdung« Deutschlands durch Ostjuden zu vermeiden. So wurde »Ostjuden« der Zugang zu den etablierten deutsch-jüdischen Gemeinden faktisch unmöglich gemacht.

Selbst die Schoa konnte viele deutsche Juden nicht von ihren Vorurteilen gegenüber den Ostjuden kurieren. So wollte beispielsweise noch 1947 die am 19. Juli 1945 ausschließlich von deutschen Juden gegründete »Israelitische Kultusgemeinde« Münchens »Personen, die 1938 (!) nicht einer jüdischen Gemeinde in *Deutschland* angehört haben«, das Wahlrecht in ihrer Gemeinde verweigern. Zwei Jahre nach Verlöschen der Nazi-Krematorien verweigerten wenige hundert deutsche Juden mehreren zehntausend jüdischen Schoa-Überlebenden den Zugang zur jüdischen Gemeinde ihrer Stadt mit dem Argument, sie wären keine Deutschen. Jeder Nazi, hätte er's gewußt, wäre vor Freude toll geworden. In München bedurfte es erst der inständigen Bitten von Rabbiner Ohrenstein, dessen Eltern aus Osteuropa stammten, sowie der nachdrücklichen Intervention des amerikanischen Ortskommandeurs, um die deutsch-jüdische Gemeindeführung zur Zulassung von »Ostjuden« zu nötigen. Gleichwohl behielten sich die deutschen »Israeliten« das Recht vor, die Gemeindeführung zu stellen.

Es versteht sich, daß nach den Erfahrungen von Auschwitz sowie der Einstellung der deutschen – jüdischen wie nichtjüdischen – Nachkriegsbevölkerung die Zionisten wenig tun mußten, um die DPs zur Einwanderung nach Israel zu überreden. Nachdem Israel am 14. Mai 1948 gegründet worden war, setzte von den deutschen DP-Lagern ein massiver Einwanderungsstrom nach Zion ein. Mehr als 200 000 verbliebene jüdische KZ-Überlebende »stiegen« in den folgenden zwei Jahren nach Israel »auf«.

Damit hatte Nachkriegsdeutschland für die Zionisten seinen Dienst erfüllt. Es galt nun, die verbliebenen rund 30 000 Juden in Deutschland zur Auswanderung zu bringen. Den Zionisten wie den Funktionären der ausländischen Diasporagemeinden war der allmähliche Aufbau einer jüdischen Infrastruktur in Deutschland ein Dorn im Auge. So verkündete der »Jüdische Weltkongreß«, die internationale Dachorganisation der wichtigsten Verbände, zum Abschluß seiner Tagung in Frankfurt am Main am 9. Juli 1950: »Den Vertretern der jüdischen Organisation in Deutschland ist es in Zukunft nicht mehr gestattet, stimmberechtigte Delegationen auf Tagungen des Jüdischen Weltkongresses zu entsenden.« Die jüdischen Organisationen in Deutschland hatten ihre Klientel auf den Weg nach Israel zu bringen und sich dann selbst aufzulösen.

Der letzte Auswanderer sollte das »jüdische Licht« in Deutschland endgültig löschen. Bemerkenswerterweise wagten es die jüdischen Funktionäre Deutschlands, sich diesem kategorischen moralischen und politischen Imperativ zu widersetzen. Sie reagierten prompt. Am 19. Juli 1950 wurde der »Zentralrat der Juden in Deutschland« gegründet.

Die Bezeichnung »der Juden *in* Deutschland« sollte den Israeliten hier und im Ausland signalisieren, daß die Juden dieses Landes sich *nicht* als Deutsche verstanden und ihre Gemeinschaft daher ein Provisorium sei. Dessen ungeachtet verschaffte allein die Tatsache, daß die Juden Deutschlands erstmals seit Kriegsende wieder eine politische Dachorganisation besaßen, diesem Organ ein nicht unbeträchtliches politisches und moralisches Gewicht.

Die so sich abzeichnende Institutionalisierung des deutschen Nachkriegsjudentums rief bei den jüdischen Organisationen des Auslands, vor allem bei Zionisten, Empörung hervor. Man wollte Deutschland »judenrein« halten und dabei gleichzeitig die israelische Einwanderungsstatistik mit immigrierten Juden aus diesem Land aufbessern. Diese Haltung beschränkte sich keineswegs auf jüdische und zionistische Funktionäre, sie war jüdisches Allgemeingut außerhalb Nachkriegsdeutschlands, besonders in Israel.

So schrieb beispielsweise der in Deutschland geborene, linksliberale Verleger und Journalist Gershon Schockem damals (1950) in seiner Zeitung »Ha'aretz«: »Israels Regierung und die jüdische Weltorganisation sind aufgefordert, Maßnahmen zu treffen, um die restlichen Juden aus Deutschland herauszuschaffen, so daß es dort bald keinen Juden mehr geben wird.«

Die »Maßnahmen« wurden »getroffen«: Nur einen Monat nach Gründung des »Zentralrats« stellte die von der »Zionistischen Weltorganisation« kontrollierte Einwanderungsbehörde Israels den in Deutschland lebenden Juden ein Ultimatum von sechs Wochen (!), das Land zu verlassen. Juden, die sich nach dieser Frist in Deutschland aufhielten, sollten »nicht mehr als Juden« angesehen werden und damit alle Rechte, die Juden bei der Einwanderung nach Israel zustehen, verlieren.

Diese und ähnliche Nötigungsversuche blieben ohne große Wirkung. Deutschlands Judentum konsolidierte sich seit Ende des Auszugs der DPs nach Zion und der Gründung des »Zentralrats« im Sommer 1950. Zumindest quantitativ blieb die jüdische Gemeinschaft Deutschlands konstant. Und dies, obgleich das Durchschnittsalter der hiesigen Juden damals bei 58 Jahren lag und die Sterblichkeitsrate die Geburtenziffer um das Siebenfache übertraf. Die jüdische Bevölkerungszahl Deutschlands wird seither durch Einwanderung von Israelis und osteuropäischen Juden im Gleichgewicht gehalten. Diese israelische Emigration sowie das Verharren der Juden in Deutschland führten zu immer neuen Pressionen und Diffamierungen der Zionisten und der israelischen Presse gegen die bei den »Nazimördern« verbliebenen »ehr- und gewissenlosen« Juden.

Im Laufe der Jahre lernte es der Zentralrat, darauf vorsichtig zu antworten, indem er das Verbleiben von Juden in Deutschland erklärte und dabei gleichzeitig die eigene (Zentralrats-) Existenz rechtfertigte. So schrieb das Organ des Zentralrats, die »Allgemeine Wochenzeitung der Juden in Deutschland«, etwa am 22. Februar 1952: »Es ist kein Geheimnis, daß ein großer Teil (der Juden in Deutschland) ... Rentenempfänger sind ..., diejenigen, die am schwersten gelitten haben. Menschen, die meist Zeuge der schrecklichen Geschehnisse waren und die heute zum Teil allein auf der Welt stehen. Für sie fordern wir Achtung, und für sie sorgen die jüdischen Institutionen in Deutschland.«

Diese karitative Rechtfertigung der »Allgemeinen« weicht der Grundfrage aus, die seit der Machtergreifung Hitlers lautete: Ist die jüdische Geschichte in Deutschland tatsächlich 1933 zu Ende gegangen? Und, nach dem Bekanntwerden des nazistischen Völkermords: Ist jüdisches Leben in Deutschland legitimierbar?

Ohne Zweifel war »ein großer Teil« der Juden Deutschlands in der Nachkriegszeit fürsorgebedürftig. Diese Menschen konnten Deutschland nicht verlassen. Daneben aber waren andere Juden freiwillig hiergeblieben. Und jedes Jahr kamen Tausende Juden aus aller Welt, darunter aus Zion, nach Deutschland. Warum und mit welchem moralischen Recht?

Erging es den meisten von ihnen dabei ähnlich wie meinen Eltern, die zunächst lediglich einen befristeten Deutschland-Aufenthalt planten?

In spätestens drei Jahren haben wir in Deutschland genug Geld gemacht, um damit für den Rest unseres Lebens ohne Arbeit *in Israel* leben zu können«, gaben sie sich überzeugt. Als es nach drei Jahren noch nicht soweit war, verlängerte man die Frist auf fünf, später auf sieben Jahre. Vergeblich! Mein Vater starb 1975, achtzehn Jahre nach seiner »Heimkehr«, in München. Fünfzehn Jahre später folgte ihm meine Mutter, ebenfalls in der bayerischen Landeshauptstadt. Weshalb waren sie nicht erneut ins Gelobte Land »aufgestiegen«, aus dem sie nur für einen begrenzten Zeitraum nach Germanien hatten »absteigen« wollen? Mein Vater zeigte sich ebenso wie die meisten Menschen, Juden und Nichtjuden, unfähig, seinen lebenslangen Wunschtraum zu verwirklichen, »ein Vermögen zu machen«. Aber ab Ende der sechziger Jahre waren meine Eltern beide Rentner. Sie hätten von ihrer begehrten D-Mark-Pension in Israel ebenso sorglos leben können wie in der Bundesrepublik. Wieso taten sie's nicht? Zunächst, gaben sie vor, um »zu verhindern, daß *das Kind* in Israel zum Militär muß«. Dieses Scheinargument wurde auch beibehalten, als ich mit zwanzig aus der elterlichen Wohnung ausgezogen war.

Ein Sonderfall? Keineswegs. Aufgrund der Überalterung der jüdischen Bevölkerung sind gegenwärtig etwa die Hälfte der Juden Nachkriegsdeutschlands Rentenempfänger. Die meisten von ihnen hassen Deutschland und seine Menschen. Dennoch leben sie hier. Soweit es ihre Gesundheit zuläßt, besuchen sie allerdings ein oder mehrmals im Jahr Israel, »um die Batterien (mit jüdischem Selbstwertgefühl) aufzuladen«. Die im Heiligen Land eingespeicherte Judenenergie muß dann für die Dauer der kommenden Leidenszeit im inneren Exil Germaniens ausreichen. Der judenenergetische Akkumulationsprozeß wiederholt sich aufs neue – so lange, bis unsere »jüdischen Mitbürger« zu alt für die Pilgerfahrt nach Zion sind. Danach dämmern sie, wie ihre deutschen Altersgenossen, die sie und ihre Familien vor einem halben Jahrhundert verfolgten, folterten und mordeten, auf den Tod wartend dahin. Was den alten Kameraden ihre Kriegs- und Kameradschaftsabende bedeuten, sind den wenigen ihnen entkommenen Opfern Vorträge und Filme über Israel sowie die alljährlichen Feiern zur Gründung des Judenstaates. So gewinnen die alten Juden jene Kraft, um die letzte Phase ihres Daseins in der verhaßten Fremde fristen zu können. Sobald sie der Tod vom lebenslangen Kampf in einer als feindlich empfundenen Umwelt erlöst, dürfen sie endlich für immer heimkehren ins Gelobte Land: Die meisten der in Deutschland lebenden Juden, die es sich leisten können, lassen sich in Israel zur letzten Ruhe betten.

Viele Juden aus Deutschland sorgen schon zu Lebzeiten vor. So sie es sich leisten können, erwerben sie eine Wohnung in Israel, »dem im Grunde einzigen Asyl unseres Volkes«, wie man übereinstimmend denkt. Ihre Lebensphilosophie lautet: In Deutschland wohnen und verdienen und sich gleichzeitig eine »antisemitensichere« Zuflucht in Zion aufbauen. So versucht man die Synthese zwischen emotionaler Verfolgungsangst und nüchternen politischen und wirtschaftlichen Erwägungen.

Die Ratio sagt den meisten Juden hierzulande, daß ihre Existenz in Deutschland zumindest auf absehbare Zeit sicher ist. Entscheidend sicherer als im ferngeliebten Israel, das sich seit seiner Entstehung im Kriegszustand mit fast allen seinen Nachbarn befindet; das ein halbes Dutzend Waffengänge und zahllose Scharmützel zu führen hatte oder führen wollte, wo in jeder stehengelassenen Handtasche eine

Bombe, jede Fehlzündung eine »scharfe« Explosion sein könnte. Wo über jedem das Damoklesschwert des immerwährenden Kriegs-, Reserve- oder Alarmdienstes hängt. Von den prekären ökonomischen Verhältnissen, wie niedrige Löhne, hohe Inflations- und Arbeitslosenraten, ganz zu schweigen.

Schön und gut«, mag das Gefühl erwidern, »aber was ist, wenn die unberechenbaren germanischen Antisemiten plötzlich wieder außer Rand und Band geraten? Wie schnell das geht, hast du ja bei der Wiedervereinigung gesehen. Und wer garantiert dir, daß sie uns dann nicht wieder massakrieren wollen? Was nützen da noch dein gutgehendes Geschäft und ein dicker Mercedes?«

Spätestens an diesem Punkt schlägt verstehbarer Verfolgungswahn um in moralischen Katzenjammer: »Schämst du dich nicht, Mercedes zu fahren? Ausgerechnet Mercedes, das Lieblingsauto dieses Teufels Hitler!«

Was kann man darauf antworten? Daß auch BMW für die Nazi-Kriegsindustrie produziert hat ebenso wie jedes größere deutsche Unternehmen? Und daß viele dieser Firmen »ihre« jüdischen KZ-Sklaven durch »Arbeit frei« vom Leben machten?

»Trotzdem lebst du schamloser Mensch, du Abschaum (wir erinnern uns, so lautet Expremier Rabins Etikett für Israel-Absteiger), mit diesen Mördern und besitzt auch noch Aktien von diesen Mörderfirmen! Ist dir nichts mehr heilig? Nicht einmal das Andenken deiner gemeuchelten Eltern!«

Hilft da noch die Entgegnung?: »Erst letzte Woche habe ich für 10 000 Mark Israel-Bonds gekauft und 1000 Dollar für Yad Vashem gespendet.« – »Na und? Aber *du* lebst hier unter all den Nazis und läßt es dir auch noch gutgehen!«

Wird das Gewissen andere Ausflüchte akzeptieren? Hinweise wie: »In Israel lebt sich's gefährlich. Ich selbst habe keine besondere Angst. Aber habe ich das Recht, meine Kinder zu gefährden, die einzigen Nachkommen unserer Familie?«

Die Antwort des Gewissens läßt sich unschwer erraten: »Sind Millionen Israelis keine Menschen, deren Leben und das ihrer Kinder es wert sind, erhalten zu bleiben? Setzen sie nicht immer wieder ihr Leben aufs Spiel, nicht nur für sich, sondern auch für alle miesen Diaspora-Juden, sogar die miesesten unter ihnen, die Juden, die in Naziland wohnen und Geschäfte machen?«

Mit keiner noch so hohen Spende läßt sich dieses Holocaust-Über-Ich dauerhaft zum Verstummen bringen. Womit wir erneut bei der Grundfrage wären. Läßt sich jüdisches Leben im Nach-Auschwitz-Deutschland legitimieren?

Deutschland ist einmalig. In keinem Land des Erdkreises – Deutschland ausgenommen – bedarf jüdisches Leben einer Hinterfragung. Die Gebote der Thora, die Bestimmungen des Talmud und seine Auslegung: »*Allein die Luft im Heiligen Land macht schlau*«, drängen einen, in Zion zu leben – sofern man gläubig ist. Fehlt diese religiöse Bindung, so bewirken vielfach jüdische Tradition und Antisemitismus, vor allem der Holocaust, eine starke Affinität gegenüber Israel. Außerhalb Deutschlands jedoch sind diese Bindungen und das vielfach daraus resultierende Bedürfnis, »eines Tages« nach Israel auszuwandern, psychologisch erträglich, ja fast reizvoll. Vergleichbar etwa dem Wunsch, aus der »verlogenen Zivilisation« mit ihren vielfachen seelischen und physischen Giften »auszusteigen«. Trotz dieses verbreiteten Begehrens bleibt in den sogenannten zivilisierten Staaten der überwiegende Teil der Bevölkerung im Rahmen ihrer »korrumpierenden« bürgerlichen Existenz. Durch einen gelegentlichen »alternativen« Urlaub oder mittels Spenden für den als richtig erkannten Zweck versucht man den eigenen Idealen treu zu bleiben.

Ähnlich verhält es sich mit der überwiegenden Mehrheit der Diaspora-Juden: Hin und wieder reist man nach Israel, und mitunter spendet man dorthin, um sich ein »gutes Gewissen« zu erkaufen. Dies wissen zionistische Fundraiser, israelische Touristik-Unternehmer und, so vorhanden, die eigene Mischpoche im Gelobten Land zu schätzen. Bei diesem passiven Zionismus bleibt es im allgemeinen so lange, bis die Antisemiten oder die schiere Not die Zionsliebe aktivieren.

Dies war auch nach dem Zweiten Weltkrieg wiederholt der Fall. So flüchteten in der Folge der Gründung Israels etwa 600 000 Juden aus den arabischen Ländern nach Zion. Polnische Judenfeindschaft nach 1945 und in den sechziger Jahren zwang circa 200 000 Menschen nach Israel. Russischer Antisemitismus hat dem Judenstaat mehr als 300 000 Einwanderer beschert. Der Bürgerkrieg in Äthiopien und die islamische Judenfeindschaft im Iran nötigten rund 50 000 zur Flucht nach Israel.

Von diesen Erschütterungen in der Zweiten und Dritten Welt blieb das Gros der Juden in den Demokratien des Westens ungefährdet. Daher wanderten sie nicht nach Israel ein.

Anders verhält es sich mit Deutschlands Nachkriegsjuden. Sie leben nicht mit der für gewöhnlich tolerierten antisemitischen Umweltverschmutzung, sie verharren sozusagen vor Ort, am Tschernobyl des Antisemitismus, in Deutschland, dessen Boden vom systematischen Völkermord »auf ewige Zeiten« antisemitisch kontaminiert bleibt. Mehr noch, die meisten Juden sind überzeugt, daß unter dem porösen, von außen übergestülpten Betonsarg der Demokratie der havarierte deutsche Antisemitismusreaktor weiterblubbert. Jederzeit könne er erneut explodieren, den mühsam errichteten Schutzschild durchbrechen und sein tödliches antisemitisches Gift in nah und fern schleudern. Wie bringen es die Juden Deutschlands fertig, weiterhin im Mörderland zu verharren, fragen viele Diasporajuden und nicht wenige Deutsche. Haben sie kein Gewissen, keinen warnenden Verstand?

Eindeutige Antworten sind allein deshalb unmöglich, weil Deutschlands Nachkriegsjudentum nicht homogen ist. Es gilt, zwischen mehreren Gruppen zu unterscheiden.

Die deutschen Juden. Etwa 15 000 Menschen, die entweder die Konzentrationslager überlebt, sich verborgen gehalten oder dank ihrer »arischen« Ehepartner nicht deportiert worden waren. Die meisten von ihnen besaßen weder die Kraft, noch hatten sie die Möglichkeit, Deutschland zu verlassen, wie etwa der berühmte Rabbiner Leo Baeck. In Deutschland hatten sie wenigstens ihre Bleibe, die vertraut-schuldig gewordene Umgebung, vor allem aber ihre

deutsche *Muttersprache*. Die Sehnsucht nach deutscher Sprache und
Kultur ließ im Laufe der Jahre etwa 10 000 weitere deutsche Juden in
ihre Heimat zurückkehren. War diesen Juden ihre deutsche Muttersprache wichtiger als ihre jüdische »Ehre«, wenn sie etwa aus dem
»Gelobten« Staat oder aus »Gottes eigenem Land« ins »Mörder-
reich« zurückkehrten? Wie sind die etwa 10 000 ehemaligen DPs zu
beurteilen, die »einfach« in Deutschland blieben, »sogar« in historischen Städten der »Bewegung« wie Dachau, München, Nürnberg?
  Bemerkenswerterweise verachten etwa die Münchner Juden ihre
Glaubensgenossen in Dachau: »Wie könnt ihr es bloß dort aushalten, im Angesicht der Mörder und des KZ?«, werden die bemitleidenswerten Dachauer Juden von den Münchnern gefragt, die immerhin fünfzehn Kilometer entfernt wohnen. Es versteht sich, daß die
Juden der bayerischen Landeshauptstadt gekränkt sind, wenn man
ihnen die gleiche Frage in Holland oder Israel stellt. Was hätten sie
1950 tun sollen? *Freiwillig* – diesmal, ihre mühsam etablierte Existenz
in Deutschland beenden, das endlich gefundene Heim, das unter
Schwierigkeiten aufgebaute Geschäft, gar die Ehe mit einer oder
einem Deutschen beenden und erneut in ein Lager, diesmal ein
Flüchtlingslager in Israel, ziehen? Wer will hier Moralrichter spielen?
  Wie aber sind jene Juden zu beurteilen, die gar nicht in Deutschland aus der Hand der Nazis befreit wurden, die, obgleich keine
Deutschen, aus aller Welt, auch aus Israel nach Deutschland einwan-
derten, als Anfang der fünfziger Jahre der wirtschaftliche Erfolg dieses
Landes absehbar wurde? Haben diese Juden schlicht das Andenken
an ihre ermordeten Glaubensbrüder gegen die reichen Fleischtöpfe
Germaniens verkauft? Oder noch schlimmer: Berührt sie der nazistische Judenmord nicht? Ebensowenig wie die Mehrheit der deutschen
Bevölkerung und ihre Politiker, denen wegen ihrer gewollten Vergan-
genheitsblindheit von jüdischen Funktionären und Politikern aus
aller Welt – besonders aus Israel *und* Deutschland – zu Recht die
Leviten gelesen werden?
  Ein einheitliches Urteil ist hier, wie die Aufzählung mehrerer, aber
bei weitem nicht aller Judengruppen zeigt, kaum möglich. Ein derartiges moralisches Verdikt ist darüber hinaus illegitim – weil niemand

die Autorität besitzt, über die Motive der Angehörigen der Opfer zu rechten.

Dagegen ist es notwendig, nach dem seelischen Befinden der Juden Deutschlands zu fragen. Wie verkraften sie es, im Land der Mörder zu leben? Was empfinden ältere Juden, etwa ehemalige KZ-Insassen, wenn sie mit Ärzten, Polizisten, Juristen, Soldaten oder Geschäftsleuten zu tun haben, die »damals« hätten *dabei* sein können oder es tatsächlich waren?

Was, wenn einer voller Stolz verkündet, er sei *dabei* gewesen, bei der SS nämlich, und Hunderttausende dessen Bekenntnisbuch kaufen und diesen Mann aufgrund seiner fremdenfeindlichen Politik und seiner kaum versteckten judenfeindlichen Äußerungen, etwa: »Niemand kann mich zwingen, Galinski zu lieben«, wählen? In Bayern zwischen fünf und zehn Prozent, an manchen Orten zeitweilig sogar jeder Fünfte. Was spielt sich in ihren Seelen ab bei Ausschreitungen rechtsradikaler Skinheads? Was bei der zunehmenden Zahl von Schändungen jüdischer Friedhöfe? Was bei den immer offeneren antisemitischen Kommentaren eines Rudolf Augstein?

Es ist davon auszugehen, daß die geschilderten Phänomene jüdische Ängste vor Deutschen verstärken und die Gewissensqualen, hier zu leben, verschärfen. Hinzu kommt, daß jüdische und vor allem zionistische Funktionäre nach wie vor die Juden dieser Republik zur Auswanderung nach Israel drängen. Nicht zuletzt, indem sie vor allem in neuester Zeit jüdische Ängste vor einem vereinten Deutschland schüren. Eine traurige Meisterleistung vollbrachte dabei Israels Ministerpräsident Shamir mit seiner Äußerung: »Ein vereinigtes Deutschland« könnte sich »wieder der Judenvernichtung zuwenden«. Ähnliche Bekundungen beispielsweise von Friedensnobelpreisträger Eli Wiesel oder Großbritanniens Oberrabbiner Jacobovits machen deutlich, daß Shamirs Polemik Teil einer *jüdischen* Angstverbreitungsstrategie ist.

Diese Angstoffensive beschränkt sich nicht auf jüdische Funktionäre und ihre intellektuellen Wasserträger. Juden in aller Welt, deren Furcht durch diese Panikerzeugung stabilisiert und ausgebaut wurde, üben nun ihrerseits Druck auf das ohnehin verschreckte Häuflein der

Juden Deutschlands aus, endlich diese »antisemitische Pestbeule« zu fliehen, ehe es »wieder einmal zu spät ist«. Die Ängste werden durch Äußerungen wie: »Die Schonzeit für Juden ist vorbei«, keineswegs kleiner.

Ängste und Schuldgefühle der Juden Deutschlands sind ebenso uneinheitlich wie die der Nichtjuden. Es ist anzunehmen, daß etwa die Gewissensprobleme eines deutsch-jüdischen Kölner Soziologieprofessors, in seine Heimat zurückgekehrt zu sein, sich von den Identitätsproblemen eines aus Israel nach Frankfurt eingewanderten Zuhälters unterscheiden. Dennoch gibt es Gemeinsamkeiten. Eine davon ist die fast zwingend-notwendige Reaktion der Juden Deutschlands auf die latente Frage der wohlwollenden Deutschen: »Wie können Sie als Jude in Deutschland leben?«

So gut wie jeder Jude hat sich die gleiche Frage unzählige Male gestellt, und er wird damit bis zu seinem Tod nicht aufhören – falls er in Deutschland bleibt. Nur, es ist ein entscheidender Unterschied, ob man sich selbst damit martert oder ob einen die nichtjüdische Umwelt damit traktiert. Zumindest psychologisch ist diese Frage schwerer zu bewältigen als Judenfeindschaft. Denn dem Antisemitismus kann man entgegentreten, davor fliehen oder versuchen, ihn, so er ungefährlich erscheint, zu ignorieren. Als potentielles Opfer hat man dabei ein reines Gewissen. Die vermeintlich mitfühlende Erkundigung nach der Befindlichkeit des hier Lebenden aber verwandelt das Opfer in den Gewissenstäter. Es kann keine befriedigende Antwort von jüdischer Seite auf das »Wie hältst du's nur bei uns aus?« geben. Diese Frage hat fast bei jedem Juden eine psychische Blockade zur Folge und einen Aggressionsstau.

Die meisten Juden Deutschlands haben ebenso wie die anderen Juden des Erdkreises Haß empfunden, als sie unter Deutschen zu leiden hatten, als ihre Angehörigen umgebracht wurden, als das Ausmaß der Schoa bekannt wurde. Sie unterscheiden sich dabei nicht von den Juden in aller Welt, bei denen das Nichtverzeihenkönnen oder Nichtverzeihenwollen weit verbreitet ist. Jedes Jiskor (Totengedenkgebet), in dem die Verbrechen der deutschen Nazis verdammt und die Täter, nicht selten *die* Deutschen pauschal, verflucht werden, erinnert vor allem Deutschlands Juden an ihren unbewältigten Deutschenhaß.

Es ist nicht wahrscheinlich, daß das Leben in Deutschland mit seinem tagtäglichen Antisemitismus die Juden dieses Landes von ihrem Deutschenhaß kuriert hat. Denn der hier wie anderswo latente Antisemitismus verbindet sich mit den nicht zu bewältigenden Fragen: Wie kannst du es hier aushalten?, Wie können Sie (als Jude) in diesem (Täter-)Land leben? zu einem brisanten Gemisch. Denn welcher Jude kann darauf schon antworten? »Ich habe euch nicht verziehen. Ich werde es nie tun – ich kann es nicht, selbst wenn ich es wollte. Aber ich will es gar nicht – schon um des Andenkens meiner gemeuchelten Angehörigen nicht. Ich hasse euch! Und werde mein Lebtag nicht aufhören, euch zu hassen!« Niemand.

Dies ist weniger ein Problem des Mutes als der Logik. Denn unwillkürlich würde darauf von wohlgesonnener deutscher Seite die Frage folgen, die sich fast jeder Jude ohnehin ständig selbst stellt: »Wenn sie uns Deutsche so hassen, wieso leben sie dann hier?« Spätestens hier verließe jeden normalen Menschen der Mut. Wer besitzt schon die Ehrlichkeit, die Stärke und die Chuzpe zu antworten: »Weil ich in Deutschland besser verdiene als in Israel oder anderswo. Weil ich nur Deutsch spreche. Weil hier der Lebensstandard recht hoch ist. Weil ich mich an meine Opferrolle so gewöhnt habe, daß ich ohne sie nicht mehr leben kann. Denn allein hier bin ich aufgrund meines Judentums etwas Besonderes. Woanders, vor allem in Israel, wäre ich ein Niemand.« Keiner.

Also? Frißt man seinen Haß hinunter und wurschtelt weiter. Man balanciert zwischen schrecklicher Vergangenheit, Zukunftslosigkeit, Haß, Verdrängung, Anpassung, Larmoyanz und Selbstmitleid. Kurz, man führt ein identitätsloses Leben auf Abruf. Als einzige jüdische Gemeinde der Welt distanziert man sich von seinem Wohn-(nicht Heimat-)Land: Man ist Jude in Deutschland, nicht deutscher Jude. Das bedeutet die freiwillige Rückkehr ins Ghetto.

Nicht allein die Angst vor Hitler hat Deutschlands Juden nach 1945 wieder ins Reservat getrieben. Auch Polens und Rußlands Antisemiten stehen unsichtbar Wache am geistigen Ghetto der deutschen Nachkriegsjuden. Denn hierzulande leben kaum noch deutsche Juden, die zumindest in formaler Gleichberechtigung aufwuchsen. Deutschlands heutige Juden kommen vielmehr zumeist aus den Ländern Osteuropas, vor allem aus Polen, wo den Juden nie gleiche Rechte zugestanden worden waren.

Auch in Polens erster Republik blieben die Juden Bürger zweiter Klasse, fast nach Belieben diskriminiert. Nach 1945 wurde die Unterdrückung eher verschärft. Trotz Auschwitz, weil einige zehntausend Juden die Vermessenheit besessen hatten, die Massaker der Nazis und ihrer slawischen Helfershelfer zu überleben. Von den davongekommenen Juden Deutschlands, die sich in ihrer Heimat zumeist nicht aus dem geistigen Ghetto befreien konnten, die später von der SS in die Vernichtungsghettos getrieben wurden, zu verlangen, sich sogleich nach ihrer Befreiung im Land der Mörder wieder frei zu fühlen, ist zuviel verlangt.

Es ist allerdings auch unbillig, daß die jüdischen Funktionäre in und außerhalb Deutschlands die hiesigen Juden immer tiefer ins Angst- und Isolationsghetto getrieben haben, statt ihnen Wege aufzuzeigen, wie sie vorsichtig, Schritt für Schritt in die Freiheit einer gleichberechtigten Teilnahme in der deutschen Nachkriegsgesellschaft finden könnten, in deren Mitte zu leben sich die Juden dieses Landes entschieden haben. Dabei spiegeln die jüdischen Auslandsfunktionäre das Unverständnis fast aller Juden wider, »daß Juden wieder in Deutschland leben können«. Schlimmer noch ist aber, daß die meisten Vertreter des hiesigen Judentums ebenfalls dabei sind, ihre Klientel im geistigen Ghetto zu halten. Sie tun dies als Repräsentanten der Juden Nach-Auschwitz-Deutschlands, die aufgrund ihrer Erfahrungen in Osteuropa sowie mit den Deutschen während und nach dem Krieg lieber unter sich bleiben. Dabei mißachten die meisten Vertreter ihre Aufgabe, die psychologische Situation der Gemeindemitglieder zu erleichtern, indem sie zumindest versuchen, einen Dialog von Juden und Nichtjuden, auch außerhalb der offiziellen Judenbeschwichtigungs-Feiern wie »Woche der Brüderlichkeit« und »Reichspogromnacht«, in die Wege zu leiten.

Die Gründe für diese Ghetto-Verwahrungsstrategie der offiziellen jüdischen Repräsentanten sind vielfach. Zum einen: Auch Funktionäre sind Menschen, sie leiden unter den gleichen Ängsten und haben oft Bedürfnisse wie die Masse ihrer Wähler. Ein Abweichen von diesen Emotionen würde sie der eigenen Basis entfremden und damit ihre Machtposition gefährden. Nun kann niemand den Herren des Zentralrats oder der einzelnen Landesverbände Demokratietrunkenheit vorwerfen. Niemand von ihnen wurde von den Mitgliedern seiner Gemeinde direkt in den Zentralrat gewählt. Die Ursache für ihre Betonpolitik ist in allgemeinen Funktionsprinzipien zu sehen, durch Monopolisierung von Kommunikation, also Dummhaltung der eigenen Klientel, Macht zu akkumulieren. Diese Grundsätze sind nirgends nutzbringend. Bei den Juden Deutschlands jedoch ist diese Politik nicht tolerierbar! Ihr Leidensdruck aufgrund von Vergangenheit und Gegenwart erfordert Vertreter, die sich über die eigenen egoistischen Interessen hinwegsetzen und sich für die Bedürfnisse der von ihnen repräsentierten Menschen konsequent einsetzen.

Die Juden Nachkriegsdeutschlands hätten einen Propheten wie Leo Baeck benötigt, der ihnen Zuversicht und Orientierung bietet. Statt dessen stand mehr als ein Jahrzehnt Werner Nachmann an ihrer Spitze, der sie bestahl und ihre Interessen preisgab. Ihm folgte der kämpferische Greis Heinz Galinski. Trotzig setzt er seinen lebenslangen, ungewinnbaren verbalen Kampf gegen den Antisemitismus fort, übersieht dabei jedoch, daß es viel entscheidender wäre, zunächst den hiesigen Juden die Angst vor ihrer deutschen Umgebung zu nehmen, den meisten Nichtjuden die Scheu, mit den Israeliten ins Gespräch zu kommen und Verständnis auf beiden Seiten zu wecken. So sorgten der Gangster Nachmann und der Mahner Galinski, jeder auf seine Weise, dafür, daß die Juden Nachkriegsdeutschlands in ihrem Angstghetto blieben.

Die Angst der Juden Deutschlands kann nur mit größter Mühe und Geduld allmählich gemildert werden. Von offizieller deutsch-jüdischer Seite aber geschieht das Gegenteil: Durch ständige Angstappelle werden die Juden an vergangenes und gegenwärtiges (Antisemitismus-)Leid erinnert. Man ermuntert sie, in ihrem vertrauten Angstghetto zu verharren.

In Osteuropa, woher die meisten Juden Deutschlands stammen, war offener, gewalttätiger Antisemitismus an der Tagesordnung. Die Juden kannten nichts anderes. Da bot allein das Ghetto halbwegs Schutz.

Die gleichen Funktionen hat das neue Ghetto der hiesigen Juden zu erfüllen. In der Bundesrepublik ist das Ausmaß des gewalttätigen Antisemitismus äußerst gering. Es erstreckt sich mangels lebender Masse vor allem auf die toten Juden. Deutschlands mehr als 30 000 jüdische Friedhöfe mit mehr als einer Million Gräbern sind allemal leichter und risikoloser zu malträtieren als das verschreckte Häuflein der ebenfalls 30 000 *lebenden* Juden, die sich in der Anonymität der Großstädte Berlin, Frankfurt, München und Düsseldorf verbergen. Zudem werden ihre Versammlungslokale und Synagogen von schwerbewaffneten deutschen Polizisten und israelischen Sicherheitskräften rund um die Uhr bewacht. Aber die nichtabreißende Kette von Friedhofsschändungen, antisemitischen Schmierereien, gelegentlichen Brandstiftungen, Mordmissionen palästinensischer Widerstandskämpfer sowie der munter sprudelnde antisemitische Hetzquell aus dem Hause des Verlegers Gerhard Frey und Gesinnungsgenossen genügten, die Mehrheit der Juden in Angst vor ihren Feinden zu halten und Erinnerungen an die Mordtaten des »Herrenvolkes« wachzurufen. Einst hatte es ebenfalls mit Hetzreden des preußischen Hofpredigers Adolf Stöcker begonnen. Wie gut, daß man in dieser Situation seine Mitjuden hat, die in der Vergangenheit ähnliches durchmachen mußten wie man selbst und die daher die eigenen Ängste teilen. Die ebenfalls die Mörder und vielfach dieses Land und seine Menschen hassen, von denen man nicht weiß, ob sie oder ihre Angehörigen nicht selbst Mordhand direkt oder indirekt anlegten – etwa durch die Wahl des Mörderpacks.

Gemeinsam ist Deutschlands Juden auch, daß sie im Gegensatz zu ihren Glaubensbrüdern im Ausland ihren Deutschenhaß nicht hinauszuschreien wagen, sondern ihn in sich hineinfressen. Und auch, daß dieser Haß sich nicht allein auf die Täter erstreckt, sondern nicht minder auf das eigene Ich, weil man nicht genügend »Charakter« besitzt, um dieses Land zu verlassen. Welcher Nichtjude kann oder will diese Gewissens- und Angstfolter der Juden Deutschlands verstehen? Und welchem Nichtjuden wagt man sich zu offenbaren? Geborgenheit findet man, von sporadischen Israelbesuchen abgesehen, vor allem unter »die eigene Lejt«. Hier muß man nicht viel erläutern. Sie alle leiden unter den gleichen Ängsten und werden von den gleichen Gewissensnöten geplagt.

Mehr oder minder Trost empfängt man auch in der Synagoge. Vor allem aber kann man hier jeden Sabbat und Feiertag Angst- und Gewissensgenossen finden. Wie gut, daß die Synagogen nicht »Gottes-«, sondern Versammlungshäuser (so die Übersetzung von Beit ha Knesset) sind, wo man sich nach ostjüdischer Art schon während des Gebets leise mit seinen Nachbarn unterhalten kann. Im Angesicht der heiligen Thora-Rollen, vor dem Hintergrund der wohlbekannten jahrtausendealten Gebete, im vertrauten Gespräch mit seinen schuldhaften, weil ebenfalls hier lebenden Mitmenschen, muß man sich nicht erklären. Man wird verstanden. Sigmund Freuds klassische Frage: »Was versteht ein Goj schon von meschugge?« ist in Deutschlands Synagogen kein spitzfindiger Intellektuellenwitz, sondern lebendige Wirklichkeit. So bilden die Synagogen im Auge des – von Juden so gefühlten – deutschen Antisemitismus-Hurrikans die ruhenden Asyle der Vertrautheit. Sie sind wie seit alters die Zentren der geistigen Judenghettos.

Ghetto-Mentalität und zionistische Trockenschwimmer

Während die meisten Juden Westdeutschlands auch nach ihrer Befreiung freiwillig im Ghetto verblieben, in das sie die Nazis zunächst getrieben hatten, hielt sich die DDR eine Hofjudengemeinde. Ihre Aufgabe beschränkte sich im wesentlichen darauf, dem SED-Regime bei jeder passenden und unpassenden Gelegenheit zu bestätigen, daß der »Erste deutsche Arbeiter- und Bauernstaat« nichts mit dem faschistischen Hitlerreich gemein habe. Nichtmal die Bevölkerung? Um den totalen Bruch mit dem Faschismus glaubwürdig zu machen, weigerte sich Ost-Berlin, den überlebenden Juden Entschädigungszahlungen zu gewähren. Entsprechende Bonner Leistungen wurden vom SED-Regime folgerichtig als *Beweis* für die historische, politische und personelle Verbindung des westdeutschen Reaktionärstaates zum Hitler-Faschismus gewertet.

Diese Sorge konnte die jüdische Gemeinde der DDR nicht belasten – zumindest nach Meinung der SED-Funktionäre. Also hatten die DDR-Bürger jüdischer Abstammung die Aufgabe, den Glückszustand zu preisen, endlich in einem deutschen Staat zu leben, der dank Sozialismus gefälligst antisemitismusfrei zu sein hatte. Den Juden in der DDR hatte es gutzugehen. Ihr Los unter dem Faschismus war gewiß arg gewesen, fast so schlimm wie das der Kommunisten, daher war die Rente der »rassisch Verfolgten« in der DDR 300 Mark niedriger als die der ehemaligen politischen Häftlinge. Nun jedoch schützte sie die mächtige Faust des Sozialismus. Für jüdische Ängste bestand also *objektiv* kein Grund mehr. Wer dennoch vorgab, sich weiterhin vor Antisemitismus zu fürchten, war ein wankelmütiger Bourgeois, wenn nicht gar ein gefährlicher Verleumder des Sozialismus, der strenge Strafe verdiente.

Es mangelte nicht an jüdischen Funktionären, die diese »objektive Wahrheit« wunschgemäß vertraten. Schließlich hatten selbst die Nazis keine Schwierigkeiten gehabt, jüdische Ghetto-Polizisten zu rekrutieren, die andere Juden – hier kann nicht von »Glaubensgenossen« gesprochen werden – in die Todeszüge trieben.

In der Bundesrepublik wiederum ließ man die Juden gewähren. Deren Vertreter wußte die Bundesregierung ohnehin in der eigenen Tasche. Denn durch ihre internationale Isolation waren Deutschlands Juden auf das Wohlwollen Bonns angewiesen. Dies galt nicht allein für finanzielle Zuwendungen und politische Prämien. Als ebenso entscheidend erwies sich auch die legale Grundlage. Denn die internationalen jüdischen Verbände trachteten danach, die israelitischen Gemeinden Westdeutschlands finanziell auszutrocknen, um deren Mitglieder zum Auszug nach Israel zu bewegen. So trieb die »Jewish Restitution Successor Organisation« (JRSO), die zwanzig führende jüdische Vereinigungen außerhalb Deutschlands repräsentierte, seit Ende der vierziger Jahre beträchtliche Teile des »verlassenen, unbeanspruchten jüdischen Vermögens« in Deutschland ein. Insgesamt erzielte die JRSO dabei eine Summe von etwa sechzig Millionen Mark. Die Gelder flossen vorwiegend nach Israel und in die Vereinigten Staaten. Wohlfahrtsorganisationen, welche die Juden innerhalb Deutschlands, auch in DP-Lagern, betreuten, blieben unberücksichtigt. Als die JRSO Anfang der fünfziger Jahre auch darangehen wollte, das Vermögen der *bestehenden* jüdischen Gemeinden einzuziehen, waren Deutschlands Juden auf die Hilfe »ihrer« deutschen Justiz angewiesen: Gerichte in München und Augsburg wiesen die Ansprüche der JRSO, die ihre Forderungen auf alliierte Rechtstitel stützte (Law 49), zurück.

Damit gewann das institutionalisierte Judentum Nachkriegsdeutschlands erstmals eine legale Basis – gegen die internationalen jüdischen Verbände, allein dank der Unterstützung des offiziellen Deutschland. Anders als die Machthaber in Ost-Berlin, die »ihre« Juden mit massiven Drohungen vor antisozialistischen Verbrechen wie Kosmopolitismus und Zionismus, bewahrten, gelang es Bonn, »seine« Juden allein mit den Zuckerbroten politischer Aufwertung, finanziellen Zuwendungen und legaler Sicherheit bei der Stange zu halten. Mochten Deutschlands Juden fortan gegen Antisemitismus, Intoleranz und ähnlich schlimme Dinge protestieren. An der Loyalität der jüdischen Funktionäre gegenüber ihrem politisch-ökonomisch-legalen Energiezentrum Bonn konnte nie ein Zweifel aufkommen. Dies zwang die jüdischen Repräsentanten Nach-Auschwitz-Deutschlands zu einem prekären Balanceakt: einerseits schuldeten sie ihrem Brotherrn, dem deutschen Staat, fast bedingungslose Gefolgschaft; andererseits aber drängten die prägenden Erfahrungen der ostjüdischen Judenfeindschaft, das Trauma des Nazimords sowie der alltägliche Antisemitismus in der Bundesrepublik die Juden dieses Landes ins vertraute Angstghetto. Die jüdischen Funktionäre mußten diese Ängste vertreten, um den Kontakt zur eigenen Basis nicht zu verlieren – einerlei, ob sie diese Ängste teilten, wie etwa Heinz Galinski, der als Häftling Auschwitz überstand, während seine Familie von Nazis ermordet wurde, oder ob sie von entsprechenden Befürchtungen kaum geplagt wurden, wie Werner Nachmann, der im Krieg als französischer Partisan und später als Soldat gegen Deutschland kämpfte.

Die unterschiedliche Antisemitismusfurcht von Nachmann und Galinski hat jedoch weniger mit deren Erlebnissen während der Nazizeit zu tun als mit ihrer andersartigen Herkunft. Heinz Galinski wurde in Schlesien geboren, seine Eltern stammten aus Polen. Ihre ständige Antisemitismusangst verfestigte sich in Galinskis Bewußtsein während der Nazijahre. Nachmanns Familie dagegen lebte seit Generationen im Badischen. Seit Mitte des 19. Jahrhunderts war es dort zu keinen antisemitischen Ausschreitungen mehr gekommen. Für Nachmann wie für seine deutsch-jüdischen Altersgenossen bedeutete Antisemitismus religiöse Feindseligkeit und subtile gesellschaftliche Diskriminierung, bis 1933 jedoch keine physische Gefährdung. Nachmanns Art des bewaffneten Kampfes gegen Nazideutschland wurde von vielen deutschen Juden in den alliierten Armeen, vor allem in der »Jewish Brigade« Großbritanniens, geteilt. Die meisten osteuropäischen Juden dagegen waren durch die jahrhundertelange Einschüchterung eines gewalttätigen Antisemitismus sowie die überfallartige Invasion der Naziarmeen in ihre Länder weder seelisch noch physisch in der Lage, gegen die Deutschen zu kämpfen. Der Warschauer Ghetto-Aufstand von 1943 und vereinzelte Rebellionen in Vernichtungslagern wurden nur von wenigen tausend Juden getragen, die ohnehin den sicheren Tod vor Augen hatten.

Nach der Befreiung indessen zählte bei den Juden in aller Welt allein der zionistische Krieger – als solche verstanden sich auch die Kämpfer im Warschauer Ghetto. Der überwältigenden Mehrheit der Opfer, die sich widerstandslos von den Nazis und ihren Schergen hinschlachten ließen, schlug in der gesamten jüdischen Welt, vor allem bei denen, die sich nun als Zionisten fühlten, eine Welle der Verachtung entgegen: »Wie Schafe haben sie sich zur Schlachtbank führen lassen. Ohne den geringsten Widerstand zu leisten – obgleich sie wußten, daß sie der sichere Tod erwartete. Das hat die Mordlust der Nazis noch mehr angestachelt«, mußten sie oft von *jüdischer* Seite hören. Dieser Vorwurf ist in seiner Infamie kaum zu überbieten, denn er macht das Opfer indirekt zum Komplizen des Täters.

Im selbstgerechten internationalen Chor der jüdischen Ankläger, die damit ihr eigenes Unverständnis und vor allem ihre Untätigkeit zu verbrämen suchten und es heute immer noch tun, fehlte nur eine Stimme: die der im Nachkriegsdeutschland verbliebenen Juden. Verständlich, denn wer weiterhin unter Mördern im Mörderland lebt, dem geriete eine Anklage gegen die Opfer der Mörder zur Selbstanklage. Dies ist der Grund, weshalb selbst aktive jüdische Widerstandskämpfer wie Felix Auerbach, der den Krieg als politischer Gefangener in deutschen Zuchthäusern überstanden hatte, oder eben Werner Nachmann nach 1945 ebenfalls in die Melodie des jüdischen Angstgesangs unter der virtuosen Leitung Heinz Galinskis einstimmten, obgleich sie dessen Antisemitismusfurcht nur im beschränkten Maß teilten. Ihnen blieb nichts übrig, wenn sie weiterhin Vertreter ihrer verängstigten Klientel, der Juden Nachkriegsdeutschlands, bleiben und Privilegien und Geld einheimsen wollten.

Werner Nachmann verachtete die »Ostjuden« und ließ ihre Funktionäre spüren, daß er sie für dahergelaufene »Schtetljuden« hielt. Auch machte er sich im kleinen Kreis lustig über ihre »Ghetto-Mentalität« und hätte lieber heute als morgen den »Zentralrat« wieder in ein Gremium *deutscher* Juden verwandelt, aber seine Hände waren durch die Angst der ihn tragenden Menschen gebunden. Also sang auch Nachmann wider eigenes Fühlen und Wissen bei jeder sich bietenden Gelegenheit die Furchtarie mit und konzentrierte sich aufs Geldunterschlagen. Damit reihte sich Werner Nachmann in die Reihe unwürdiger deutscher Nachkriegsrepräsentanten ein.

Die menschlichen und politischen Qualitäten Werner Nachmanns würdigte nach dessen Ableben ein anderer typischer Vertreter dieser Republik, Bundeskanzler Helmut Kohl, mit bekannter Eindringlichkeit: »Werner Nachmann war seit vielen Jahren der herausragende Repräsentant der Juden Deutschlands (nicht etwa der deutschen

Juden, R. S.). Er war darüber hinaus eine moralische Autorität … Werner Nachmann war auch ein deutscher Patriot, der sich bei allem, was ihm in seinem Leben widerfuhr, die Liebe zu Deutschland, diesem schwierigen Vaterland, bewahrte … Wir trauern um einen Mann, der sich um unser Vaterland verdient gemacht hat.«

Einerlei, aus welchen Motiven sie handeln und welche Wirkung sie in der nicht-jüdischen Öffentlichkeit erzielen – ihren Schutzbefohlenen gegenüber haben die Repräsentanten der Juden Deutschlands vor allem in einer Funktion zu dienen: deren Angstreservat nach außen abzusichern. Allerdings darf man sich das Judenghetto Nachkriegsdeutschland ab Ende der sechziger Jahre nicht allein als enges, lichtloses Neurosen- und Psychosengewirr denken. Auch zittern Deutschlands Juden nicht ständig vor Antisemitenangst. Die Furcht ist meist eher unterschwellig vorhanden. Sie mischt sich mit rabenschwarzem Judengewissen, im Mörderland zu leben, und wagt es nicht, sich in der deutschen Öffentlichkeit zu artikulieren. Um so mehr im Nest der Gleichgestellten und -gesinnten. Diese trifft man nicht allein in der Synagoge.

Deutschlands Nachkriegsjuden haben ein engmaschiges soziales Netz in ihr Ghetto gezogen. Vor allem in den Großstädten Berlin, Frankfurt und München ist »man« von der Wiege bis zum Grab fast autark. Es gibt jüdische Kindergärten, Schulen, Hoch- und Volkshochschulen, Restaurants, koschere Metzgereien, Sozialstellen, Altersheime, Jugend-, Kultur-, Gemeinde- und sonstige Zentren. Vor allem aber, schließlich lebt man in Deutschland: Vereine, Vereine, Vereine.

Für die Körperertüchtigung und Vereinsmeierei etwa den Sportclub »Maccabi«. Einer der wenigen jüdischen Vereine, bei dem auch Gojim zugelassen sind – sofern ihre Muskeln zum Ruhme »Maccabis« beitragen können. Als Belohnung dürfen die Nichthebräer an den Maccabi-Festen teilnehmen. Aufgrund der sportlich notwendigen »Goj-Toleranz« hat sich »Maccabi« im Laufe der Jahre zur Domäne jüdisch nicht ganz »astreiner« Funktionäre entwickelt. Hier trifft man Männer, die mit Schicksen verheiratet sind oder deren eigene Herkunft nicht restlos jüdisch sein dürfte; kurz, Personen, die keine Chance besitzen, B'nai B'rith-(zu deutsch: Söhne des Bundes) Mitglieder zu werden.

Die »B'nai B'rith« ist eine leichte Mischung aus Freimaurertum, Tradition, Geschaftelhuberei, Wohlfahrtverein und gesellschaftlichem Snobismus. Dem 1843 gegründeten Bund gehören in aller Welt, vor allem in den USA, mehr als eine halbe Million »Brüder« und »Schwestern« an. Die zehn »Logen« in den Großstädten der Bundesrepublik betrachten sich als gesellschaftliche Elite der jüdischen Gemeinden. Daher hat sich jeder Kandidat vor der Aufnahme in die *deutsche* »B'nai B'rith« einer strengen »Rassen«-Selektion zu unterziehen. Nur wer nachweisen kann, daß er »reiner« Jude ist und auch sein Ehepartner keine Spur gojischen Blutes besitzt – Übertritte, selbst bei orthodoxen Rabbinern, werden nicht akzeptiert –, darf »Bruder« werden.

Zwischen vergojtem »Maccabi« und rassenreinem »B'nai B'rith« erstreckt sich das breite Spektrum der übrigen jüdischen Vereine, wie Frauen-, Kultur-, Bildungs-, Pflege-, Sterbe- und andere Traditionsvereine. Eine Sonderrolle nehmen dabei die zionistischen Institutionen ein: Dirigiert von der deutschen Hauptgeschäftsstelle der »Zionistischen Organisation« (ZO) in Frankfurt, die wiederum der Zentrale in Jerusalem verantwortlich ist, kontrolliert die ZO ein breites Netz von Vereinen und Institutionen in allen jüdischen Gemeinden der Bundesrepublik. Beginnend mit der »Zionistischen Jugend Deutschlands« (ZJD), der die meisten jüdischen Jugendlichen bis zum Abitur angehören, über örtliche ZO-Gliederungen, den Spendenorganisationen »Keren Hayesod« (= Basis Fonds) und »Keren Kajemet Le Israel« (Stiftung zur Erhaltung Israels), wird die jüdische Gemeinde der Bundesrepublik von Kindesbeinen an zionistisch indoktriniert, dabei gleichzeitig permanent angeschnorrt und zum Schnorren für den guten – zionistischen – Zweck angehalten. Ergänzt wird dieses Wirken durch die Aktivitäten der zionistisch-religiösen Jugendorganisation »B'nai Akiba«[2], der chassidischen Lubbawitscher Gemeinde sowie fliegender Schnorrer und Prediger der einzelnen Jeschitwot (= Talmud-Akademien).

---

[2] Söhne des Akiba; Rabbi Akiba (50–135) war ein jüdischer Märtyrer.

Das Wirken der unterschiedlichen Vereine dient, bei aller taktischen Varianz, einem einheitlichen strategischen Ziel: Deutschlands
Juden im Ghetto ihrer gesellschaftlichen Isolation und Angst zu
halten und ihre politische Loyalität allein auf Israel zu konzentrieren.
Die zionistische Indoktrination bestärkt die hiesigen Juden, in ihrer
Israelsehnsucht und damit indirekt nach ihrem Bedürfnis im selbstgewählten Gesellschaftsghetto zu verharren.

Zur politischen Propaganda und Antisemitenfurcht, die Deutschlands Juden ins Gewissens- und Furchtghetto pressen, kommen die
gesellschaftlichen Verlockungen des modernen Schtetls: die Feiern.
Höhepunkte im sozialen Leben der hiesigen Gemeinden sind die mit
großem Prunk zelebrierten Geburten, Beschneidungen (»Man lebt
und vermehrt sich sogar im Naziland!«), Bar-Mizwa-Feste (»Unsere
Jugend!«), vor allem aber die Hochzeiten, wo der Grund zur neuen
jüdischen Familie und damit zur Erhaltung der Ghettogemeinde
gelegt wird. Der überwiegende Teil der Jugendarbeit ist ebenfalls
diesem Ziel gewidmet.

Zahllose Seminare dienen allein dem Zweck, jüdische Jugendliche
beiderlei Geschlechts zusammenzuführen, damit sich neue jüdische
Paare finden, die ein Weiterleben im modernen Schtetl ermöglichen
sollen.

Als Vorsitzender des »Bundesverbandes Jüdischer Studenten in
Deutschland« stellte ich im Jahre 1977 dem damaligen Generalsekretär des »Zentralrats«, Alexander Ginsburg, eine zugegebenermaßen
naive Frage: »Weshalb erhält der jüdische Studentenverband praktisch keine Mittel, während ein jüdisches Jugendseminar nach dem
anderen für teures Geld und mit langweiligen Themen organisiert
wird?«

Ginsburg lächelte mich mitleidvoll an und antwortete: Die Studenten würden bloß leeres Stroh dreschen, in fruchtlosen Diskussionen. Das führe nicht weiter. Bei den Seminaren (des Zentralrats) in
Sobernheim und Wembach dagegen lernten sich die Leute wenigstens kennen und heirateten. Wenn sich pro Seminar nur ein Paar
finde, sei ihm dies hunderttausend Mark wert. Das intellektuelle
Gequatsche der Studenten dagegen keinen Pfennig.

Ginsburg hatte recht. Er wußte, daß zwei Drittel der Juden Deutschlands trotz Angst, Propaganda und schlechten Gewissens nicht jüdische Ehepartner heiraten. Wollte man aber das Ghetto und damit die »Menschenbasis« des Zentralrats erhalten, dann durfte einem kein Preis für eine Judenehe zu hoch sein. Daß der Weg mühsamen jüdischen Matchmakings aufgrund der starken Überalterung der jüdischen Gemeinschaft in Deutschland auf Dauer aussichtslos ist, wissen auch die jüdischen Funktionäre. Allein, sie weigern sich, den Weg einer größeren Öffnung zur nichtjüdischen Gesellschaft zu beschreiten, weil sie die Ängste der Mehrheit ihrer Gemeinde teilen, zu feige sind, ihnen abzuhelfen, oder von ihrer eigenen Unfehlbarkeit überzeugt sind wie Heinz Galinski.

Jüngere jüdische Intellektuelle, die vor den Folgen einer Erstarrung und Ghettoisierung des jüdischen Lebens in der Bundesrepublik warnen, wie etwa der Duisburger Historiker Julius Schoeps, werden systematisch aus den Gemeinden gedrängt. So konterte etwa Werner Nachmann 1982 den Vorwurf von Schoeps, der »Zentralrat« tue so gut wie nichts, um die kulturellen Aktivitäten der Gemeinde Düsseldorf zu unterstützen, mit dem Argument: »Herr Schoeps, Sie haben das Recht, für die Juden zu sprechen, verwirkt. Sie haben einen antiisraelischen Aufruf von Erich Fried gegen Israels Kriegführung im Libanon unterzeichnet. Ich kann mir nicht vorstellen, daß dies der jüdischen Gemeinde hier bekannt ist. Wenn ja, werden Sie sich nicht lange halten können.«

Nachmann hatte Erfolg! Statt über die Vorwürfe von Schoeps, also die Inaktivität des Zentralrats, zu sprechen, erhoben mehrere Juden massive Anklage wegen des »Verrats« von Schoeps. Die Vorwürfe gipfelten in der Philippika eines Gemeindemitglieds: »Herr Schoeps! Mit Ihrer Unterschrift unter diesem antiisraelischen Pamphlet haben Sie das Recht verloren, weiterhin Mitglied des B'nai B'rith zu sein.«

Daraufhin zog Schoeps die Konsequenz und trat aus dem »Bruderbund« aus. Gleich ihm zogen sich die wenigen kritischen Geister aus den jüdischen Gemeinden Nachkriegsdeutschlands zurück, oder sie wurden aus dem Judenghetto geworfen, wie einst Baruch Spinoza.

Deutschlands Nachkriegsjuden verstehen sich trotz ihrer Ghettophilie keineswegs als Reaktionäre – welcher Reaktionär tut dies schon? Darüber hinaus ist das öffentliche Eingeständnis von Antisemitenangst und die passive Hinnahme von Judenfeindschaft nach Bekanntwerden des Nazivölkermordes und nach dem Warschauer Ghetto-Aufstand unmöglich geworden. Seit dem Fanal dieser Revolte gibt die überwiegende Mehrheit der Juden vor zu wissen, daß die Antisemiten nur eine Sprache verstehen, die der Gewalt, und daß man im Kampf mit ihnen, selbst von den scheinbar loyalsten Gojim, stets allein gelassen werde. Dies mag in vielen Fällen zutreffen – aber nicht in allen. Als Dogma führt diese Formel zur Unterdrückung der eigenen Ängste und damit zur Depression, oder wenn entsprechender gesellschaftlicher und politischer Druck ausgeübt wird, zu gesteigerter Aggressivität. Besonders deutlich wird dies in Israel, wo die ursprüngliche Philosophie eines vor den Antisemiten ausweichenden, aufbauenden Zionismus durch einen Jahrzehnte während gewaltsamen Kampf gegen die Araber in einen militanten Zionismus mutierte. Daher wagen sich mit fortschreitender Dauer des arabisch-israelischen Konflikts immer weniger Politiker, Journalisten und vor allem Soldaten, ihre Angst vor dem realen oder so apostrophierten »Feind« einzugestehen. Alles darf man als Israeli zugeben, nur nicht, daß man sich den Antisemiten ausliefert wie die »(Diaspora-)Judenschafe ihren nazistischen Schlächtern«. Also drischt man, oft vor lauter Angst, auf die Schädel angreifender Araber ein, schießt auf sie oder gibt zumindest den Befehl dazu.

Dieses Gewalt-»Privileg« besitzen Deutschlands Juden nicht. Aber auch sie fühlen sich als Kämpfer. Ziel ihres Kampfes ist die Erhaltung des Judentums, des eigenen, das der Familie, der Juden hier sowie in aller Welt, vor allem in Israel. Kurz gesagt, sie begreifen sich als Zionisten – im Exil. Deutschlands Zionisten können im Gegensatz zu den Israelis den Gegnern nicht direkt ans Leder. Aber sie glauben dazu beitragen zu können, indem sie emsig für Israel Propaganda machen und Geld sammeln. Auf zahllosen Veranstaltungen werben die Zionisten Germaniens für die Stärkung Israels sowie die Einwanderung nach Zion.

Bemerkenswerterweise befinden sich unter den zionistischen »Aktivisten« Deutschlands ungewöhnlich viele ehemalige Israelis. Sie haben ihre geliebte Heimat verlassen, meist ohne Not die israelische Staatsbürgerschaft niedergelegt – um nicht in der israelischen Armee dienen zu müssen oder Israels Ausreisesteuer zu zahlen, wenn sie das Gelobte Land besuchen – und statt dessen den deutschen Paß angenommen, sind also formal Deutsche. Aber nur formal! Ihr Herz schlägt weiter für Zion. Jeder, der es hören will, aber auch solche, die darauf verzichten möchten, wird von ihnen über die gerechte Sache Israels »informiert«.

Allein, der »Zionismus« vieler Aktivisten in Deutschland erstreckt sich nicht auf mühseliges Fundraising und langatmiges Propagandageschwafel – man geht mit gutem Beispiel voran. Nicht so weit, daß man seine hiesige Existenz aufgibt, um nach Israel »aufzusteigen«. Wozu auch? Israel braucht Freunde und Geldgeber in aller Welt. Die eigenen Kinder schickt man selbstverständlich in die »Zionistische Jugend«, gelegentlich sogar, falls es die politische Lage erlaubt, auf ein Israel-Seminar. Zufrieden verfolgt man, wie der eigene Nachwuchs, aufgrund dieser Erziehung jeder Integration in die deutsche Gesellschaft abhold, sich immer mehr zu überzeugten Zionisten entwickelt. Allerdings, zu ernst dürfen die Kleinen ihren Zionismus nicht nehmen, etwa indem sie tatsächlich nach Israel auswandern wollen. Noch dazu in einem Alter, in dem sie in die israelischen Streitkräfte eingezogen würden.

Israels Armee ist notwendig, nicht nur für die Sicherheit Israels, mehr noch für das Juden-Ego der Diaspora. Aber die eigenen Kinder, das »Ein und Alles« der Davongekommenen, erneut der ruchlosen Mörderhand der Judenfeinde aussetzen? Was soll aus Deutschlands »Zionisten« in Naziland werden, wenn ihre Kinder sie verlassen? Zionismus ist gut, aber auf Kosten der eigenen Eltern? Den Nachkommen wird also nahegelegt, unter Beibehaltung ihres Zionismus, zunächst einen Beruf zu erlernen: »Als Fachleute seid ihr Israel von weit größerem Nutzen denn als Studenten, die nur Geld kosten.« So sind zunächst einige kritische Idealistenjahre gewonnen. Im Anschluß hilft man den Kindern, eine Existenz in Deutschland zu gründen – »und dann wird man schon weitersehen«. Gewiß, denn mittlerweile haben sich die Nachkommen ebenso wie ihre Eltern zu zionistischen Überzeugungsschwätzern manipulieren lassen. Mit flinker Zunge und gezücktem Geldbeutel kämpfen sie *in Deutschland* für Israels Überleben.

Mit Argusaugen wachen die hiesigen Zionisten, die von den Israelis verachteten »Absteiger«, darauf, daß die Mitglieder ihrer Gemeinden auf unzweideutig zionistischem Kurs segeln. Wagt jemand dennoch Kritik, nicht etwa an Israel, sondern mitunter an der konkreten Politik Jerusalems zu üben, so wird er umgehend beschuldigt, »unser(!) Land zu verraten«, zumindest aber »die Aufgabe *unserer* Feinde zu erledigen«.

Der Dogmatismus hat seine Berechtigung. Denn zu verachtet sind Deutschlands Juden in aller Welt, als daß man auch noch Zweifel an der eigenen Gesinnung aufkommen lassen könnte. Selbst der blauäugigste zionistische Autosuggestor weiß indessen, daß er ständig sich und anderen etwas vormacht, um das eigene schlechte Gewissen zu betäuben, nicht in Israel, sondern unter Mördern und ihren Kindern in deren Heimat zu leben. Ihm ist bekannt, daß er kein realer Zionist sein kann, denn dessen Platz ist allein in Israel, sondern ein *zionistischer Trockenschwimmer* und Maulheld.

Exoten des Grauens

Der Ewige Jude, das bin ich. Der kahlgeschorene Häftling auf dem Weg in die Gaskammer, der Geschundene und ins Ghetto Gepferchte, der kleine Warschauer Jude, der den deutschen Maschinenpistolen entgegentritt mit unglaublich ernstem und würdigem Blick, das alles bin ich. Ich, der in den Folterkammern der Inquisition Gequälte, ich, der blutüberströmte Rabbiner nach einem Pogrom, ich, der auf die Teufelsinsel verbannte Hauptmann Dreyfus«, zitiert Alain Finkielkraut[3] den »Roman, in dem ich aufwuchs«. Das geistige

[3] *Der eingebildete Jude*, Frankfurt/M. 1982

Ghetto permanenter Antisemitismusangst und der sich daraus mit psychologischer Notwendigkeit ergebende zwanghafte Trocken-schwimmer-Zionismus lenken die Aufmerksamkeit jüngerer Intellek-tueller auf den Quell ihrer Identität, das Judentum.

»Ich hatte einst die Tatsache, daß ich Jude bin, vergöttert«, sagt Finkielkraut. Ebenso wie die meisten Diasporajuden Westeuropas und der USA begnügte er sich zunächst damit, sich an seinem Juden-tum zu begeistern. Dabei fällt den wenigsten Juden auf, daß ihr Judentum nichts weiter ist als eine leere Hülle: Die Religion der Väter, im Schtetl Leitfaden des Alltags und Lebensinhalt zugleich, ist den meisten Israeliten heutzutage fremd geworden, reduziert auf Aber-glauben, Exotik und vereinzelte Synagogenbesuche, die man zudem meist nur unternimmt, um Bekannte und Unbekannte zu treffen. Von jüdischer Geschichte und Tradition weiß man immer weniger. Jid-disch spricht kaum noch einer, sieht man von eifrigen gojischen Philosemiten ab, die sich mit meist geringem Erfolg bemühen, das fast vergessene Idiom wiederzubeleben. Begriffe wie Volk und Nation zerfließen Juden wie Nichtjuden unter dem Verstand, sobald man ihre Inhalte näher überprüft und hinterfragt. Bin ich als Jude in Deutsch-land Volksgenosse eines äthiopischen Juden, dessen Vorfahren vor Jahrtausenden angeblich aus Judäa nach Afrika auswanderten? Was verbindet uns, außer einer Zirkumzissionsnarbe? Gemeinsam ist den meisten Diasporajuden, vor allem denen Deutschlands, die Liebe zu Israel. Aber warum, wenn ich nichtmal die Religion der Israelis teile? Wie sollte ich auch, wenn ich mich genausowenig wie sie sich als gläubiger Jude empfinde? Als einigendes Merkmal bleibt da lediglich das in Vergangenheit und Gegenwart erlittene Leid durch die Antise-miten.

So degeneriert das Judentum zur Schicksalsgemeinschaft der Ver-folgten oder der sich verfolgt Fühlenden. Es wird zunehmend zur Schöpfung des Antisemiten. Damit tritt der Judenfeind an die Stelle Gottes. Er wird zum Schöpfer und Beherrscher des modernen Juden-tums. Auch zum Erlöser aus der Monotonie des Alltags. Niemand möchte unbedeutend sein. Auch kein Jude. In Israel bedeutet Jude-sein – Triumph des Zionismus – relative Normalität. Viele Menschen aber wollen »etwas Besonderes« sein. In Nachkriegsdeutschland ist man als Jude durch seine schiere Existenz bereits Exot, numerisch durch die geringe Zahl, qualitativ aber durch Auschwitz. Allenthalben schlägt einem zumindest Interesse entgegen. Einerlei, ob Wohlwollen, hervorgerufen durch schlechtes Gewissen, Verantwortungsgefühl, schiere Sympathie oder Abneigung.

Als jüngerer Jude in Deutschland wird man so zum »Erben eines Leidens«, das man persönlich nie erfuhr. Die bloße Erwähnung des eigenen Judentums sichert Deutschlands Nachkriegsjuden Aufmerksamkeit und hebt sie aus der Langeweile des Alltags heraus. Dazu müssen sie sich lediglich die Maske des Judentums vors konturlose Gesicht halten. Denn dessen positive religiöse, kulturelle und traditionelle Werte sind ihnen meist ebenso unbekannt wie den Gojim, in deren Mitte sie leben.

D ie Tür wird luftdicht geschlossen. Schma Israel.«
Diese Aussage stellt Lea Fleischmann ihrem Bekenntnisspruch »Dies ist nicht mein Land«[4] voran. Dank der Gnade der späten Geburt hat die Autorin nie direkten Schrecken von Antisemiten erleben müssen, schon gar nicht die Todesängste der KZ-Häftlinge. Durch die Ungnade der späten Geburt ist jedoch davon auszugehen, daß Lea Fleischmann vom Inhalt des »Schma Israel«-Gebets, ebenso wie die meisten Nichtjuden dieses Landes, nichts wußte. Allein die Voranstellung des erwähnten Leitspruchs jedoch *mußte* der Schreiberin in Deutschland Aufmerksamkeit verschaffen, die aus Betroffenheit herrührt.

Das Phänomen der Beachtung nicht durch Leistung, sondern durch schiere Existenz ist die Funktion einer Minderheit. Ein Buckliger ist nun mal »interessanter« als ein Geradegewachsener. Ein Schwarzer macht in Schweden mehr her als in Uganda. In den Vereinigten Staaten wiederum gibt es dreimal soviele Schwarze wie Juden. Interessanter als die Hebräer wären an sich die Indianer: Von God's own (white) people wurde die Urbevölkerung zur exotischen

---

[4] Hamburg 1980

Minorität herabgemordet. Deutschlands Indianer sind die Juden. Schlimmer noch, der Völkermord an den Indianern liegt – zumindest in den USA – weit zurück; kein Beteiligter weilt noch unter den Lebenden; zudem wehrten sich die Indianer vielfach: Der Genozid kann als »ritterlicher« Kampf getarnt werden. Der Judenmord dagegen ist gegenwärtig, viele Mörder leben noch unter uns. So sind Deutschlands Juden heute Exoten. Exoten des Grauens.

Auf Dauer begnügt sich kaum ein Exot damit, durch sein bloßes Bestehen Mittelpunkt zu sein. Er interpretiert Bedeutung in seine Rolle. Als Adliger geboren zu sein genügt nicht – so hat man als Teil der gottgesandten Elite folglich die Aufgabe, Staat und Gesellschaft zu führen. Weshalb? Allein weil man Kind eines Aristokraten ist. Und als Jude? Gehört man dem Holocaust-Adel an. Man hat das Grauen nicht am eigenen Leib erfahren. Man ist Kind und Erbe der Davongekommenen.

»Die Erfahrungen unserer Eltern sind . . . eine Quelle der Stärke . . . Wir haben die schwere Verantwortung akzeptiert, die in unserer einzigartigen Identität begründet liegt«, apostrophiert der Gründer des »International Network of Children of *Jewish* Holocaust Survivors«, Menachem Rosensaft. So einfach ist das! Der Holocaust als »Quelle der Stärke« und Stifter »einer einzigartigen Identität«. Wozu noch jüdische Religion, Tradition und Kultur? Man hat ja das Leiden der Eltern. Man ist stark durch ihr Leiden. Allerdings müssen sie *jüdisch* sein. Sintis und Roma, Zeugen Jehovas, Homosexuelle, politische Gefangene oder gewöhnliche Verbrecher genügen nicht. Die leidgeprüften Vorfahren müssen Juden sein. Weshalb? Weil man so unter sich, *Jude* bleibt. Adolf Hitler, Heinrich Himmler, Reinhard Heydrich, Adolf Eichmann und ihre vieltausendköpfige Helfer- und Henkerschar als negative Identitätschöpfer der »Holocaust-Überlebens-Kinder« . . . Kein Wunder, daß etwa Michael Wolffsohn von jüdischer Seite erbittert bekämpft wird, weil er in seinem Buch »Ewige Schuld«[5] die Holocaust-Fixierung als jüdische Ersatzreligion entlarvt.

[5] Ewige Schuld? 40 Jahre deutsch-jüdisch-israelische Beziehungen, München 1988

Die Holocaustomanie der »eingebildeten Juden« ist nicht allein als Akt der freien Entscheidung anzusehen. Sie ist vielmehr das Ergebnis unbewußter und bewußter Prägung. Die Davongekommenen der nazistischen Judenvernichtungsmaschinerie lebten (und leben), besonders wenn sie in Deutschland wohnen, in ständiger Angst vor einer neuen Katastrophe. Die Schergen konnten zwar aus den KZ verbannt werden, nicht aber aus dem Bewußtsein der Überlebenden. Entsprechend wuchsen ihre Kinder auf. Die apokalyptischen Nazi-Reiter kauerten in jeder Windung ihres Gehirns, während sie ihre Kinder erzogen. Die Nachkommen waren in einem Weltverständnis voller Verfolgung und Mord der fast ausschließliche Lebenszweck der Eltern, ihre Brücke zum Weiterexistieren. Daß solche Eltern ihre Kinder entsprechend programmieren, versteht sich.

»Uns wurden als Kinder keine Märchen erzählt. Statt dessen hörten wir ständig von den Schreckenserlebnissen, die unsere Eltern im KZ zu bestehen hatten«, berichtet der Publizist Leibl Rosenberg über seine Kindheit im DP-Lager Föhrenwald bei München. Auf den Kindern lastete dauernd der Anspruch, die Weiterexistenz ihrer Eltern zu rechtfertigen. Ein Druck, dem kein Kind gerecht werden konnte. Die Psyche der Nachkommen wurde mit Schuldgefühlen vollgepropft. Über seine Jugend als »Opfer der Opfer« schreibt Henryk M. Broder in der »Zeit«:

»Ließ ich mir zum hilflosen Entsetzen meiner Eltern die Haare bis zur Hüfte wachsen, sagten sie: Dafür haben wir überlebt! Ging ich mit Mädchen um, die ihnen nicht gefielen, und das waren fast alle, sagten sie: Dafür haben wir überlebt! Kam ich abends zu spät nach Hause, sagten sie: Dafür haben wir überlebt! Sie hatten nur meinetwegen überlebt, um mich in die Welt zu setzen. Und wie dankte ich es ihnen? Ich quälte sie; meinetwegen mußten sie sich immer fragen, ob es nicht doch besser gewesen wäre, wenn sie Auschwitz und Groß-Rosen nicht überlebt hätten ...

Am Ende setzte ich mich fast immer durch, ich ging auf die Demo, fuhr nach Frankfurt und nach Amsterdam, aber ich tat es mit einem Gefühl in der Magengrube, als hätte ich zwei alte Leute auf der Straße überfallen. Wo immer ich war, was immer ich unternahm: Ein Gedanke an meine armen Eltern, die zu Hause saßen, über ihr verpfuschtes Leben und ihren mißratenen Sohn nachdachten – und jeder Spaß war dahin. Ich empfand Wut auf meine Eltern und Haß auf mich selbst, dafür, was sie mir antaten, und dafür, was ich ihnen antat. Setzte ich mich gegen sie durch, erschrak ich vor dem Zorn, der in mir hochkam. Mein Mitgefühl für meine Eltern hatte ungefähr dieselbe Intensität wie meine Wut auf sie. Und es war mir kein Trost, daß es mir nicht allein so ging.«

Neben der unbewußten Einpflanzung eines Holocaust-Traumas durch die Eltern wird den Nachgeborenen von interessierter jüdischer Seite bewußt eine Opferidentität vermittelt. Am Anfang stand das verständliche Bemühen von privater und staatlicher Seite, in Israel das Andenken der Ermordeten zu ehren. So beschloß das israelische Parlament am 19. August 1953 mit den Stimmen aller Parteien die Errichtung von *Yad Vashem*. In der Übersetzung wird der Zweck deutlich: *Mahnmal und Name*.

Im Gesetz heißt es unter anderem:

»In Jerusalem ist ein staatliches Institut, Yad Vashem, zu errichten, zum Gedächtnis:

An die sechs Millionen Juden, die den Martyrertod durch die Nazis und ihre Helfer erlitten . . .

Es ist Aufgabe Yad Vashems, dokumentarisches Material über Juden zu sammeln, die ihr Leben im Kampf und im Aufstand gegen die Nazis und ihre Helfer hingaben, und das Andenken der Opfer zu erhalten . . .«

Zu diesem Zweck soll Yad Vashem

». . . den Gedenktag für den Kampf und die Vernichtung des jüdischen Volkes in Israel und im Bewußtsein des ganzen jüdischen Volkes als nationalen Trauertag verwurzeln.«

So wurden die Ermordeten zu »Kämpfern« stilisiert. Die notwendige Erinnerung an die Toten per gesetzlichen Feiertag bestimmt, der die Aufgabe hat, den Holocaust »im Bewußtsein des ganzen jüdischen Volkes zu verwurzeln«.

Yad Vashem gedieh dank systematischer Förderung durch den

Staat Israel und jüdischer Organisationen in der Diaspora zum »bedeutendsten weltlichen Heiligtum Israels«.

Die Identität der Israelis wurde vom Bewußtsein der aktiven Errichtung des hebräischen Staates auf die erlittenen Leiden des jüdischen Volkes umgelenkt. Dies habe den aktiven Kampf des jüdischen Volkes entscheidend forciert. So wird die Schoa zu einem historischen Beweis für die Richtigkeit des Zionismus mißbraucht. Kein israelischer Schüler, Jugendlicher und Soldat, kein ausländischer Politiker, ob der deutsche Sozialist Willy Brandt, der Ägypter Anwar as Sadat oder der ehemalige südafrikanische Ministerpräsident und Ex-Nazi Balthazar Johannes Vorster, entgeht bei seiner Israel-Visite einem Besuch in der Gedenkstätte Yad Vashem. Auch nicht die deutsche Fußballnationalmannschaft und so manche Feuerwehr- und Musikkapelle. Dies hat zur Folge, daß im Verständnis von Ausländern und Israelis Judentum immer mehr zum Synonym für Leiden und Verfolgung wird, die alle anderen Werte dieses Volkes und dieser Religionsgemeinschaft überschatteten.

Es ist bezeichnend, daß man nach der Schaffung Yad Vashems mehr als zwanzig Jahre verstreichen ließ, ehe man in Israel auch ein Diaspora-Museum errichtete, in dem über die Geschichte und die Kultur des Judentums in den letzten zwei Jahrtausenden informiert wird. Der Schwerpunkt der Erziehung ruht im jüdischen Staat dennoch auf dem Holocaust. Die jüdische Geschichte wird in den Schulen und Medien meist als eine Historie des Leidens geschildert, die fast zwangsläufig in der Schoa enden mußte, was wiederum als Beweis für die Richtigkeit und Notwendigkeit des Zionismus gewertet wird. Vor allem nach dem politischen Umbruch des Jahres 1977, als Israels Rechte nach fast dreißigjähriger Opposition (die nur während und infolge des Sechs-Tage-Krieges 1967 unterbrochen wurde) die Regierungsverantwortung übernahm, begann die Regierung in Jerusalem eine quasi untrennbare Verbindung von Holocaust-Leid und politischer Gegenwart herzustellen.

Seither genügte es nicht mehr, palästinensische Untergrundkämpfer als »bloße« Gefahr für die Sicherheit des Staates darzustellen. In der Rhetorik und wohl auch im Verständnis des neuen Premiers

Menachem Begin war die PLO nichts weiter als eine »Nazi-Organisation« und ihr Vorsitzender Yassir Arafat schlicht ein neuer Adolf Hitler. Folglich wertete er die israelische Libanon-Invasion des Jahres 1982 nicht als Expansionskrieg, sondern als einen Akt der Selbstverteidigung gegenüber der »Nazi-Organisation PLO« und ihrer Drahtzieher.

Als die sozialdemokratisch geführte Bundesregierung Anfang der achtziger Jahre deutsche Qualitätswaffen nach Saudi-Arabien verhökern wollte, begriff Begin nicht, daß es sich hierbei aus Bonner Sicht in erster Linie um ein »gutes« Geschäft handelte, wie es auch die israelische Rüstungsindustrie ständig mit Staaten wie Südafrika, Chile, Nicaragua und anderen tätigte. Allein die Beteiligung Deutschlands ließ bei Begin und in weiten Kreisen der israelischen Bevölkerung sämtliche Holocaust-Alarmlampen aufleuchten. Schmidt sei eben nach wie vor ein Nazi-Offizier, meinte Begin unter allgemeinem Beifall der traumatisierten israelischen Öffentlichkeit.

So konnte sich die Regierung in Jerusalem auch nicht damit begnügen, 1981 einen irakischen Atomreaktor aufgrund der akuten Gefahr für den Staat Israel zu zerstören. Premier Begin rechtfertigte den Angriff so: »Die Nazis haben über eine Million jüdische Kinder ermordet. Ich mußte verhindern, daß erneut jüdische Kinder von ruchlosen Feinden bedroht werden.«

Für Begin und seine Mitstreiter ist jede Bedrohung Israels Teil des ewigen antisemitischen Kampfes gegen Juda. Hitler ist Sinnbild des Judenfeindes, somit ist jeder Gegner Israels sein Geisteskind. Das Erschreckende dabei ist, daß diese Paranoia vielfach auch zur Realität werden kann, wie im Falle des arabischen Diktators Saddam Hussein, der wiederholt damit drohte, Israel zu vernichten.

Die Militanz Begins entspringt nicht allein dem Schicksal seiner Familie unter der Naziherrschaft. Während Menachem Begin als Soldat der geschlagenen polnischen Armee und Zionist im Zweiten Weltkrieg nach Sibirien deportiert wurde, liquidierten die Nazis die jüdische Gemeinde seiner Heimatstadt Brest-Litowsk, darunter die gesamte Familie des späteren Premiers. Abgesehen von dieser persönlichen Erfahrung fühlte sich Begin von früher Jugend an dazu berufen, das eigene Volk gegen seine Feinde zu verteidigen und schließlich ins Gelobte Land der Juden zu führen. Knapp vierzehnjährig trat Begin der zionistischen Jugendorganisation »Betar« bei. Diese Gruppe bekannte sich zum zionistischen »Revisionismus« Vladimir Jabotinskis.

Jabotinski war ein begabter Essayist, Redner, Soldat und Organisator. Vor allem aber ein glühender Zionist. Dabei waren ihm jüdischer Glaube und Tradition gleichgültig, mehr noch – er verachtete sie. Sein Ideal war vielmehr der kämpfende jüdische Nationalist. Mit kühlem Intellekt entlarvte Jabotinski Herzls Zionismus als Wunschdenken. Jabotinski war davon überzeugt, daß die Juden nur dann zu einem eigenen Staat kommen würden, wenn sie sich diesen erkämpften. Folgerichtig initiierte er die »Jüdische Legion«, die erste bewaffnete jüdische Truppe nach dem Fall Massadas (70 n. Chr.), in deren Reihen er im Ersten Weltkrieg auf britischer Seite kämpfte. Der in den zwanziger Jahren aufbrechende arabisch-israelische Konflikt in Palästina bestärkte Jabotinski in seiner Ansicht, daß der jüdische Staat nur mit Gewalt errungen und verteidigt werden könne.

»An einen freiwilligen Ausgleich zwischen uns und Arabern in Israel kann man nicht im Traum glauben. Die Araber lieben Israel mindestens ebenso fanatisch wie wir. Auch ein friedlicher Ausgleich mit den außerhalb von Israel lebenden Arabern ist eine Illusion. Nur hinter einer eisernen Wand, die gegen die arabische Bevölkerung schützt, können wir unseren Staat aufbauen. Ich will eine Regelung mit den Arabern keineswegs ausschließen. Auf der Grundlage der Freiwilligkeit ist sie allerdings ausgeschlossen. Solange in den Herzen der Araber Hoffnung besteht, sich unserer zu entledigen, werden sie keine noch so freundlichen Reden oder herzzerreißenden Versprechungen dazu bewegen können, auf diese Hoffnung zu verzichten. Eine lebendige Nation ist zu einem derartigen Verzicht nur bereit, wenn sie die Hoffnung, den anderen loszuwerden, verloren hat und wenn die Eiserne Wand absolut undurchlässig geworden ist. Erst dann werden Kompromisse mit gemäßigten arabischen Kräften möglich sein«, schrieb Jabotinski.

Wie Herzl verachtete Jabotinski die Geisteshaltung und Religiosität des Diaspora-Judentums. Seine politischen Vorbilder fand Jabotinski anderswo – etwa beim Faschisten Benito Mussolini. Jabotinski sympathisierte mit dessen Ideen und Regierung so lange, bis Mussolini sich enger an Hitler band und dessen Antijudaismus guthieß. So war Jabotinski zumindest ein Vorläufer des heutigen »eingebildeten Juden«. Zwar waren ihm Geschichte und Religion des Judentums bekannt, aber er schätzte beides gering und begriff sich als moderner kämpfender Jude. Sein Judentum war weitgehend zur Militanz um ihrer selbst willen reduziert. Der von Jabotinski gewollte jüdische Kämpfer unterschied sich allein durch Herkunft und Sprache vom faschistischen Idol eines Mussolini.

In der zionistisch-revisionistischen »Betar« Polens machte der junge Menachem Begin rasch Karriere. Mit 26 Jahren bereits stand der talentierte Demagoge 1939 an der Spitze seiner Organisation. 1943 kam Begin als Soldat der polnischen Exilarmee nach Palästina. Nach wenigen Wochen ging er in den Untergrund und wurde Kommandeur der revisionistischen »Irgun Zwäi Leumi« (Nationale Militärorganisation), die mit Hilfe eines Untergrundkrieges gegen Briten und Araber für die Errichtung eines jüdischen Staates kämpfte. In seinem autobiographischen Bekenntnisbuch »The Revolt«[6] (eine deutsche Übersetzung hat Begin untersagt) verrät der Autor seine Lebensmaxime: »Ich kämpfe, also bin ich.« Jabotinskis Ideal eines kriegerischen Juden sieht Begin durch den Lauf der Geschichte, vor allem den Völkermord der Nazis, bestätigt.

Als Parteichef der nationalistischen Cheruth(= Freiheit)-Partei hat Begin die durch den Holocaust verständlicherweise ins Außergewöhnliche gesteigerten Verfolgungsängste vieler Juden vor den Antisemiten jahrzehntelang geschürt, gepflegt und schließlich für seine Politik instrumentalisiert – und diese so zu rechtfertigen gesucht. Bereits Anfang der fünfziger Jahre versuchte er mit Hilfe von Demonstranten, deren Deutschenangst und Haß er systematisch angestachelt hatte, die sozialdemokratische Regierung des Staatsgründers

[6] Tel Aviv 1952

Ben Gurion zu stürzen, als dieser es wagte, Unterwäsche und Maschinenpistolen nach Deutschland zu liefern. Mit diesen Waffen, so suggerierte Begin seinen Anhängern, könnten bald wieder Juden von Deutschen ermordet werden. Jeder Streit in den deutsch-israelischen Beziehungen, jeder Anschlag arabischer Terroristen gab Begin Anlaß, die latente Verfolgungsangst weiter Kreise der jüdischen Bevölkerung zu vertiefen und für seine militante Politik auszunutzen.

Die von Begin entwickelte Methode der Angstverwertung setzt dessen Nachfolger als Partei- und Regierungschef Yitzhak Shamir grobschlächtig fort. So nutzte Shamir, der im Gegensatz zu Begin Nachkriegsdeutschland aus eigener Anschauung gut kennt und zu dessen Politikern er korrekte Beziehungen unterhält, die deutschen Einigungsbestrebungen zu skrupelloser Angstmacherei. Shamir verschwieg, daß er als einer der Kommandeure der ultranationalistischen Untergrundarmee »Kämpfer für die Freiheit Israels« (= Lechi) während des Zweiten Weltkriegs dafür verantwortlich war, daß sein Guerillaverband ungeachtet der Judenfeindschaft der Nazis mit Deutschland gemeinsam gegen Großbritannien kämpfen wollte. Die 1942 in der Türkei von der »Lechi« aufgenommenen Kontakte scheiterten an der Weigerung der Nazis, gemeinsame Sache mit Juden zu machen.

Auf diese Weise wird das Judentum von Israels Rechten weitgehend seiner religiösen, kulturellen und traditionellen Werte entkleidet, zur Schutz- und Trutzgemeinschaft umgepolt. Kampf wird zum Inhalt und zur Lebensform des Judentums – das so zur Rechtfertigung von Militanz gerät, zum eingebildeten Judentum.

In Israel muß das Judentum jedoch nicht zwangsläufig zum Alibi für aggressives politisches Bestreben degenerieren. Denn hier sind die Quellen des Judentums aus Vergangenheit und Gegenwart präsent: in den Jeschiwot und Chadarim (religiöse Grundschulen), in religiösen Organisationen, Parteien, kulturellen Vereinen, Kreisen und Institutionen, vor allem aber im Land Israel selbst. Fast jeder Flecken, jede Ruine atmen jüdische Geschichte – in ihrem Mittelpunkt, am Berge Zion, Jerusalem, seit Jahrtausenden Zentrum jüdischer Geschichte, Religion und Kultur. Wer durch die verwinkelten Gassen des ultraorthodoxen Viertels Mea Shearim gewandert ist, die Traditionsstädte Zefat und Javne besucht hat, vorwiegend von religiösen Juden bewohnte Orte wie B'nai Brak und die Kulturszene von Jaffo, Tel Aviv, Jerusalem und Haifa kennt, weiß, daß jüdische Religion, Kultur und Tradition im Lande Zion auch ohne militante politische Rechtfertigung gedeihen; daß sie vielmehr von dieser steril-aggressiven Ideologie am Aufblühen behindert werden. In Israel wird Judentum stets mehr sein als eine politische Chimäre. Durch das Land und seine Bevölkerung werden die traditionellen Werte des Judentums erhalten bleiben.

Und in Deutschland? Wo in fast jedem S-Bahn-Bereich Konzentrationslager zu finden sind, in denen Juden gefoltert und erschlagen wurden. Wo in jedem größeren Ort Gestapostellen bestanden, in denen der Abtransport der Juden in Todeslager organisiert wurde. Schlimmer, wo die relative Mehrheit der erwachsenen Bevölkerung den eingeschworenen Judenfeind Adolf Hitler an die Macht wählte, seine »Erfolge« bejubelte. Wo jüdische Häuser und Geschäfte »arisiert« und Synagogen geschändet und verbrannt wurden. Weit wichtiger noch, wo die meisten Juden zunächst als Fremde hergezwungen wurden und später ihr Hierbleiben zumeist nicht mit dem eigenen Gewissen vereinbaren können. Nach wie vor leben sie in permanenter Angst vor den Antisemiten und getrauen sich nicht, die eigenen Ängste und den daraus entspringenden Deutschenhaß zu artikulieren. Deshalb bleiben sie im vertrauten Angstghetto und rechtfertigen ihr Verharren mit ihrem Judentum. Obgleich sie sich zumeist ebenso wie die umgebende deutsche Gesellschaft und die Juden anderwärts von der Religion der Väter abgewandt haben und die eigene Kultur und Geschichte kaum kennen. Ihr maulheldisch verkündeter »Zionismus« ist ein Tagtraum, für dessen Realisierung sie, von gelegentlichen Israelbesuchen und Geldspenden abgesehen, nichts tun. Sie verhindern vielmehr, daß die eigenen Kinder ihn wahrmachen. Dennoch bleibt man Jude, fühlt sich zumindest so. Wie »gut«, daß es da den Holocaust-Kult gibt, der vorwiegend in den USA entwickelt wurde und dort von Jahr zu Jahr steigenden Zuspruch erfährt.

Neues Zentrum dieser masochistischen jüdischen Identitätssuche ist das »Simon Wiesenthal Center« in Los Angeles. Dessen Gründer, der in Amerika geborene Rabbi Marvin Hier, posaunt schamlos das Motto seines Wirkens in die Welt: »*Für uns hier* (in den USA), *meine Freunde, für uns ist jede Nacht Kristallnacht.*«

»Der Holocaust ist zu einem gesellschaftlichen Ritual geworden, zu einem Anlaß, Abendkleider vorzuführen und Reden zu halten. Und eine beachtliche Anzahl von Würdenträgern und Funktionären hat eine Spielwiese gefunden, einen Abenteuerspielplatz, auf dem die Reise nach Auschwitz gefahrlos nachvollzogen werden kann«, schreibt dazu Henryk M. Broder.

Die Ursache dieser Schoa-Lust ist die zunehmende Ignoranz der Juden gegenüber ihren traditionellen Werten. Da sie sich dennoch ans Judentum klammern – wofür schon die Antisemiten sorgen –, werden dessen vernachlässigte Inhalte durch das »Rauschgift« des Völkermords ersetzt.

Was der größten Diasporagemeinde recht ist, ist Deutschlands Juden billig. Begehrlich greifen sie die Holocaust-Droge aus den USA auf. Dabei vergessen sie, daß es in den USA neben den hirnlosen Schoa-Konsumenten auch Hunderttausende Juden gibt, denen jüdische Geschichte und Kultur keine Fremdwörter sind; sie pflegen und geben diese Werte weiter.

Diese menschliche Infrastruktur fehlt den 30 000 Juden Nach-Auschwitz-Deutschlands. Sie entbehren der schieren Quantität der nach Hunderttausenden zählenden Gemeinden in Großbritannien und Frankreich sowie der mehr als fünf Millionen Juden in den USA. Wo neben der Mehrheit der eingebildeten Juden aktive Minderheiten jüdische Religion, Kultur und Tradition pflegen.

Die Angstverwertung der selbsternannten Holocaust-»Gralshüter« aus Israel und den USA, an deren Spitze Eli Wiesel steht, befriedigt ein wichtiges Bedürfnis der Nach-Auschwitz-Juden: Sie füllt ihr jüdisches Identitätsvakuum.

Dabei sind die deutschsprachigen Juden keineswegs allein von Holocaust-Exporten aus den USA und Israel abhängig. Was Amerikas Schoaphilen Eli Wiesel und Rabbi Hier bedeuten, ist für

Deutschlands und Österreichs Juden Simon Wiesenthal. Der Nazi-Jäger von eigenen Gnaden, der sich jahrelang mit dem »Triumph« der Eichmann-Enttarnung – mit der er, weiß der Henker, nichts zu schaffen hatte – brüstete, sprang mangels »Mördermasse« bereits kurz nach dem Eichmann-Prozeß (1961) auf den mit immer höherer Geschwindigkeit dahinrasenden Holocaust-Nostalgie-Zug auf. Die Namensgebung des 1977 errichteten »Simon-Wiesenthal-Center« trug den »Verdiensten« und der Popularität des »Freelance Nazihunters« Rechnung.

Auf den Gipfel seiner Würdigung mußte Wiesenthal allerdings bis zu seinem 80. Geburtstag am 14. November 1988 warten. Die Feier dieses Jubiläums in New York krönte der deutsche Bundeskanzler mit einer Laudatio. Mit gewohnter Sprachgewalt und Inhaltsreichtum machte sich Helmut Kohl daran, seinen »lieben Freund Simon Wiesenthal« zu preisen: »Wer Sie persönlich kennt, der spürt, daß Freundlichkeit und Offenheit bei Ihnen nicht an der Oberfläche bleiben. Diese Eigenschaften sind einem Leben abgetrotzt, das Sie in die Abgründe des Bösen hat schauen lassen.«

Mit den Insignien dieses »allerhöchsten« Lobes konnte Wiesenthal darangehen, seine deutschsprachigen Glaubensgenossen in ihrer jüdischen Surrogatsidentität zu bestärken. Etwa mit seinem 1990 veröffentlichten Opus »Jeder Tag ein Gedenktag. Chronik jüdischen Leidens«. Damit steuert der Kanzlerfreund die geistige »Endlösung« der Judenfrage an: die Reduzierung auf immerwährende Trauer und Leidenssehnsucht. Es versteht sich, daß Wiesenthals Brevier bei Deutschlands Juden und ihrer Presse fast ungeteilten Beifall fand. Denn es bestärkt sie in ihrer Märtyrerrolle, die, von ihnen selbst kaum bemerkt, an die Stelle ihres Judentums getreten ist, das sie als wertloses Inflationsgeld weiterhin mit sich herumtragen und im Leidenstresor ihres schuldgeplagten Bewußtseins, im Land der Mörder zu leben, verwahren.

FEINDE WIDER WILLEN

Philosemiten

In ihrem Seelenghetto werden Deutschlands Juden nicht allein von Antisemitenangst und Geltungssucht gehalten. Auch die *Philosemiten*, die sogenannten Judenfreunde, erweisen sich als rabiate Konservatoren jüdischer Ängste und eines daraus resultierenden Regressionsverhaltens.

Jahrtausendelang haben die Juden der Diaspora gelernt, sich den Verfolgungen ihrer Feinde mehr recht als schlecht zu entziehen. Dabei konnten sie nur auf wenige nichtjüdische Sympathisanten und noch seltener auf Helfer zählen. Es versteht sich, daß die Juden die spärliche Schar ihrer Freunde mit Wohlwollen überschütteten. Denn das eigene Überleben konnte von der Gunst eines Gewogenen abhängen. »Hauptsache, ein Freund!«, lautet das Motto. Die latent bedrohten Juden hatten keine Zeit und selten das Bedürfnis, nach den Beweggründen ihrer »Freunde« zu fragen. Sie taten gut daran! Denn ebenso willkürlich wie die Antisemiten das (jüdische) Objekt ihres Hasses definieren und so unterschiedlich die Beweggründe ihrer Feindschaft sind, so unbestimmt sind die Motive der »Judenfreunde«, und ähnlich eigenmächtig wie die Antisemiten bestimmen die Philosemiten, »wer Jude ist«.

Die klassischen Motive der Philosemiten sind:

– *Humanität* aus unterschiedlichen Ursachen und daraus entspringendes Mitleid;

– *christliche Nächstenliebe*, die Befolgung dieses *alttestamentarischen* Gebotes auch gegenüber Juden, Schwarzen, Heiden und anderen;

– *Aberglaube*, die Juden seien (warum auch immer) »ein bißchen mehr Mensch als die anderen«, wie es etwa George Bernard Shaw formulierte;

– *Opportunismus*, die Überzeugung, daß Juden aufgrund ihrer intellektuellen und verfolgungsreichen Vergangenheit über eine Reihe trefflicher Fähigkeiten verfügen, die jeder Volkswirtschaft zugute kämen und damit auch das jeweilige politische und Herrschaftssystem stabilisierten. Diese Überlegung bewog nüchterne Politiker, etwa den osmanischen Sultan, vor der Inquisition flüchtende Juden in der eigenen Heimat aufzunehmen. Auch eine Reihe deutscher Kaiser, Könige und Politiker (etwa Bismarck bei Gerson Bleichröder) suchten ihre politischen und militärischen Ambitionen mit Hilfe jüdischer Finanziers und Steuerzahler zu realisieren.

Nach Auschwitz kamen zu diesen »klassischen« Beweggründen der Philosemiten in Deutschland eine Reihe metastasierender Motive hinzu:

– *Schlechtes Gewissen*. Man hatte Hitler gewählt, weil man die Juden nicht besonders mochte, sie für Ausbeuter hielt und ihnen einen Denkzettel verpassen wollte. Aber fast alle umbringen – das hatte man, auf Ehr' und Gewissen, weder gewollt noch geahnt. Dennoch fühlt man sich irgendwie schuldig, obgleich man an diesen »Sauereien« natürlich nicht beteiligt war.

Oder man hatte Hitler gewählt, obgleich man nichts gegen Juden hatte, im Gegenteil, man mochte sie sogar. Aber die Arbeitslosigkeit! Hitler versprach sie schnell zu beenden – und er hielt Wort. Das mit den Juden hatte man nicht ernst genommen. Dennoch hatte er es getan. Wer konnte dies vorher ahnen. Wenn man gewußt hätte, was wirklich geschah – aber die Nazis hatten es ja verheimlicht.

Oder man war gegen Hitler, von Anfang an; hatte sogar im Frühjahr 1933, als Hitler schon an der Macht war, nach wie vor »Zentrum«, »SPD«, »Deutschnational« oder gar nichts gewählt. Danach aber hatte man sich mit diesen Lumpen arrangieren müssen – um nicht die Arbeitsstelle, das Geschäft oder die eigene Karriere zu gefährden. Innerlich war man stets Nazigegner geblieben. Doch offen

Widerstand leisten? Kopf und Kragen riskieren? Sei's drum. Aber hatte man das Recht, auch die Existenz von Familie und Freunden zu gefährden? So hatte man widerwillig Züge nach Auschwitz gelenkt, Karriere bei Polizei, Armee, in Theater, Film, Presse, Rundfunk, Justiz oder anderswo gemacht.

Man hatte sogar, als Grenadier oder Offizier, »Hitler« *gegen* die eigene Überzeugung gcholfen, andere Länder zu erobern. Was blieb einem übrig? Schließlich hatte man seinen Fahneneid geleistet. Gelegentlich hatte man einem Juden oder einer Jüdin ein Stück Brot zugesteckt oder vor 1939 sogar zur Flucht verholfen. Man hatte dabei mitunter Kopf und Kragen riskiert – weiß aber, daß man mehr hätte tun können.

Oder man hatte den Verkehr, ja den Wortwechsel mit jüdischen Freunden und Bekannten eingestellt, als dies gefährlich zu werden begann – obgleich man mit den Nazirabauken nichts im Sinn hatte. Man wandte sich einfach ab, wenn sie einem, mit dem gelben Aussätzigenzeichen angetan, begegneten. Nun schämte man sich.

Oder man hatte schlicht erfahren, daß die SS im Osten »ganz übel mit den Juden umsprang«. Man hatte es nicht wahrhaben wollen. Schließlich war die Wahrheit schlimmer als das Gerücht. Nur, wie hätte man dies damals ahnen können, als man verschämt das »Furchtbare« verdrängte.

Oder man hatte als Pastor die Augen vor dem Leid der Hebräer in der Nachbarschaft verschlossen. Hatte gegen die eigene Überzeugung für »Führer« und aus Überzeugung für »Volk und Vaterland« sowie den Sieg der deutschen Armeen gebetet und gepredigt, die soviel Leid über andere Völker gebracht hatten. Wer konnte dies damals ahnen? Wer wollte es überhaupt?

Diese Beispiele kleiner und großer Niedertracht, mangelnder Zivilcourage, Unmenschlichkeit, Angst und Hartherzigkeit ließen sich unendlich fortsetzen. Im Gegensatz zu vielen anderen hatte immerhin Reue diese aktiven oder passiven Täter gepackt und in ihren Herzen Wohlwollen gegenüber den Juden entstehen lassen.

Zu den aufgeführten Beweggründen, die Schuldgefühlen gegenüber den *Opfern* entspringen, treten Motive, die ihre Ursache in egoistischen Interessen und Bedürfnissen der sogenannten Judenfreunde haben.

– *Angst.* Man hatte Juden verdroschen, ihre Synagogen, Häuser und Geschäfte in Brand gesteckt oder die Juden daraus verjagt und selbst davon Besitz ergriffen. Man hatte in der SS Karriere gemacht, wie der Industrielle Hanns Martin Schleyer oder der Journalist Theo M. Loch, und fürchtete nun, die Vergangenheit werde einen einholen und die Karriere beenden, oder die überlebenden Juden könnten Haus, Hof oder Geschäft wieder zurückfordern.

– *Einsicht, gepaart mit Vorurteilen.* Die richtige Bewertung, daß Juden der deutschen Wirtschaft, Wissenschaft und Kultur wichtige Impulse vermittelten, geht vielfach einher mit antisemitischen Vorurteilen. Der »jüdische Geist« sei den anderen überlegen. Deshalb hätten ihn die Nazis vernichten wollen. Ihre Nachkommen wollen wieder jüdische Geistesgaben, oder was sie dafür halten, »verwerten«. Also meint man, daß eine jüdische Gemeinschaft, wie klein auch immer, für Deutsche (und Juden) von Vorteil wäre.

Ein alkoholisierter Journalist drückte mir gegenüber diese Strategie so aus: »Rafael, du weißt, ich bin ein guter Katholik, deshalb bin ich auch ein guter Antisemit. Das hat mit dir gar nichts zu tun. (»Some of my best friends are Jews.« R. S.) Aber was der Hitler mit euch angestellt hat, war eine Riesenschweinerei. Und jetzt stehen wir dumm da. Denn ihr fehlt uns an allen Ecken. Weniger im Geschäftlichen. Das klappt ohne euch Geier besser als zuvor. Aber in der Kultur! Was habt ihr da alles geleistet. Und was für eine Wüste ist zurückgeblieben. Nach 1945 ist nur Mist aus der deutschen Kulturszene gekommen. Euer Intellekt fehlt.«

– *Masochismus.* Wie in jeder Gesellschaft gibt es auch in der deutschen eine nicht unbeträchtliche Minderheit von Menschen, die sich am wohlsten fühlen, wenn sie sich in Gewissensqualen und Schuldgefühlen ergehen dürfen. Scharf und drastisch wie kein anderer hat Nietzsche aufgezeigt, daß dieses Verhalten im christlichen Glauben seine Ursache hat. Gebotene Nächstenliebe erzeugt, da ihr kein Irdischer vollständig nachkommen kann, permanente Schuldgefühle. Deutschland ist nach wie vor stark vom christlichen Glauben geprägt. Der christliche Einfluß ist wesentlich bestimmender, als vielen vermeintlichen Agnostikern bewußt ist. Die geradezu masochistische Lust vieler Deutscher, sich ständig und fast ausschließlich mit dem »Holocaust« auseinanderzusetzen, sich mit dem Leid der Überlebenden zu identifizieren und darin zu suhlen, ist vielfach eine Funktion ihrer christlichen Prägung. Folgerichtig geht die Bestärkung für viele Juden, sich mit dem Leid der Vergangenheit auseinanderzusetzen, nicht nur von offizieller jüdischer, sondern auch von christlicher Seite aus: vorwiegend von kirchlichen Stellen sowie den von ihr beeinflußten, zumeist frömmelnden »Gesellschaften für christlich-jüdische Zusammenarbeit«.

Ob allein oder geballt treiben die angegebenen und eine Reihe weiterer Motive die davon infizierten Deutschen zu penetranter »Judenliebe«. Sie machen sich nicht die Mühe zu erkennen, daß sie mit ihrer Phantomliebe ihre Lieblinge, die Juden, noch tiefer ins Ghetto der Angst, Abgeschiedenheit und Unmenschlichkeit stürzen. Denn als Irdischer sein Lebtag Güte, Verständnis, Verzeihung, kurz Engelsgleichheit heucheln zu müssen, um den Wunschvorstellungen, die die Philosemiten sich von einem machen, gerecht zu werden, während man tatsächlich vor Deutschenangst und -haß schlottert und bebt, übersteigt die Kräfte jedes psychisch Gesunden – wie sehr muß es die angeschlagenen Seelen der Davongekommenen belasten? Solche Kleinigkeiten ignorieren die »Judenfreunde«. Sie wollen nicht sehen, daß sie die Seelen ihrer Protegés paralysieren. Und falls sie ihren Frevel bemerken sollten, dürfte ihnen dies piepegal sein. Denn den »Philosemiten« geht es vor allem um eines, ihre monströse Judenchimäre zu pflegen, um damit die eigenen Gelüste – seien sie nun Angst, Masochismus, Opportunismus, Schuldgefühle und ähnliches – zu befriedigen. Sie wollen nicht erkennen, daß die Ängste der Juden, die in diesem Land leben, nur dann abnehmen werden, wenn ihre Träger spüren, daß sie als Menschen akzeptiert werden. Daß man für ihre Ängste und Haßgefühle Verständnis aufbringt und das Gespräch sucht, statt die Juden in der dünnen Luft ihrer vermeintlich überirdischen Güte und ihres Verständnisses erbarmungslos ersticken zu lassen.

»Ich bin kein Freund der Juden. Ich bin es sowenig, wie ich ein Freund der sogenannten nordischen Menschen, der Slawen, der Chinesen, der Neger bin ... Ich habe mich immer nur zu den Menschen gezählt, die das Volk in allen Ländern ausmachen, und sonst zu niemand!« provozierte Oskar Maria Graf im Jahr 1940 ein jüdisches Auditorium in New York. Der bayerische Schriftsteller konnte sich's erlauben. Unerschrocken hatte er, im Gegensatz zu vielen Juden, die Nazis und andere Antisemiten stets kompromißlos bekämpft. Ohne zu zögern widerstand er ihren Anbiederungen, war sogleich nach Hitlers Machtübernahme ins Exil gegangen und hatte die Nazis aufgefordert: »Verbrennt mich!«, worunter er seine Bücher verstand.

In den USA sah er mit Erschrecken, »mit welcher Vehemenz die eingewanderten Juden hier ... genau das machen, was dem Hitler recht und den Antisemiten hier erwünscht sei: sie isolieren sich, werden ›rassebewußt‹ und bauen sich bewußt und unbewußt ein eigenes Ghetto und vollziehen an sich das so oft und so erbarmungslos mißlungene Kunststück, daß sie von sich sagen: Jude bin ich und Amerikaner.«

Graf wollte verhindern, daß die Juden erneut ins Isolationsghetto taumelten, und versuchte daher, sie aus ihrem (Antisemiten-)Angsttraum zu lösen. Das Unterfangen des Literaten hatte Aussicht auf Erfolg, weil Graf des Antisemitismus nicht verdächtigt werden konnte und weil die Juden *vor* dem Bekanntwerden von Auschwitz noch nicht vollständig traumatisiert waren. Vor allem aber ging es Graf, wie er es selbst ausdrückte, um die *Menschen*. Deshalb konnte er kein »Judenfreund« sein.

Im Gegensatz zum bayerischen Literaten geht es den Philosemiten nicht um »die (jüdischen) Menschen«, um ihre Ängste und Bedürfnisse, sondern allein um ihre eigenen Gelüste.

Anpassung als Wundermittel

Der Philosemit ist also einer der Ziehväter des Seelenkrüppels »angepaßter Jude«, die originären Eltern aber sind Antisemitismus und eigener Opportunismus. Die Angst vor dem allmächtig erscheinenden Judenfeind, der gegenüber den Hebräern mitunter tatsächlich Herr über Leben und Tod ist, verbunden mit egoistischem Vorteilsdenken, ist gewiß der Hauptantrieb für die Anpassung vieler Diasporajuden an das, was sie als Erwartungshaltung der Gojim werten. So entstand das Klischee des »weisen Nathan«, des stets gütigen, verständnisvollen und verzeihenden Juden, aber auch die Kehrseite der Medaille: der allzeit käufliche Hebräer.

Das »Negativ« zu diesen Idealtypen ist der trotzige Israeli. Sein Credo, sich um keinen Preis von den Drohungen der Antisemiten einschüchtern zu lassen noch ihren Schmeicheleien und Bestechungsversuchen zu erliegen, ist schlichte Gegenanpassung. Auch der zionistische Trockenschwimmer unter den Diasporajuden gibt vor, sich um Drohungen und Verlockungen der Judenfeinde nicht zu scheren, zumindest solange er sich ausschließlich unter Juden befindet und dort seine markigen Reden schwingen kann. Tatsächlich jedoch paßt er sich nolens volens seiner Umgebung an, sonst lebte er ja in Israel. Sein larmoyanter »Zionismus« dient ihm vor allem dazu, der *jüdischen* Umwelt und dem eigenen Ego zu beweisen, daß er kein Opportunist ist. Ähnlich der »eingebildete Jude«, der sich selbst und den Gojim ein Judentum vorgaukelt, dessen Inhalte er kaum kennt.

Diese bekannten Formen jüdischen Anpassertums und menschlichen Verhaltens werden im Nach-Auschwitz-Deutschland übermäßig gefördert durch eine präzedenzlose Konzentration »philosemitischen« Wohlwollens. Man lechzt in weiten Kreisen dieses Landes geradezu nach dem gütigen Juden – oder was man sich gewissensgeplagt darunter vorstellt.

Wo eine so gewaltige Nachfrage herrscht, findet sich selbst in einer so kleinen und kopflosen Gemeinschaft wie dem deutschen Nachkriegsjudentum auch ein Angebot. Und wenn man unter den »jüdischen Mitbürgern« dieses Landes nicht immer fündig wird, importiert man die »geliebten« Juden eben aus Israel. Vor allem die Brüder und Schwestern in Christo gieren nach guten Juden. Etwa Pinchas Lapide, »jüdischer Theologe« von eigenen Gnaden. Was schert es ihn, daß es keine jüdische Theologie gibt, von (Bibel) Gebots wegen: »Du sollst dir kein Bild machen . . .«, auch nicht geben darf: Denn die jüdische Religion besteht ausschließlich aus einem Leben nach dem Gesetz, aus der Befolgung von 613 Geboten und Verboten. Der Talmud befaßt sich daher lediglich mit der Auslegung dieser Vorschriften. Jedes Forschen nach Gottes Wesen ist verdammenswerte Sünde.

Die christlichen »Judenfreunde« wollen einen Gottesjuden, der ihnen das Judentum so erklärt, wie sie es gern hätten, kurz, einen »jüdischen Theologen«. Also ist Pinchas Lapide jüdischer Theologe. Rabbiner wäre möglicherweise noch besser, aber damit kann er nicht dienen – daher nennt er sich Theologe. Und er sagt »seinen« Christen, was sie hören wollen: eine Mischung aus Allgemeinplätzen, Schmeicheleien und religiösen Ungenauigkeiten.

Tenor: Wir sind alle Kinder desselben Gottes, wir sollen uns lieben und aufeinander zugehen. Endlich spricht einer aus, was man schon immer fühlte, wollte und zu wissen glaubte! Das Christentum ist im Grunde eine jüdische Sekte. Wir gehören demnach zusammen.

Das Judentum ist die »Mutterreligion« des Christentums. Aber die Juden weigern sich widerborstig, die Göttlichkeit Jesu anzuerkennen. Christus wurde unter Juden geboren. Dafür daß sie ihn ans Kreuz schlugen – abgesehen davon, daß es die Römer waren! – kann man ihre Nachfahren nach 2000 Jahren kaum noch verurteilen. Was hätten wir deutschen Christen da zu büßen! Und die Juden haben ohnehin schon soviel gebüßt, jetzt muß endlich Schluß damit sein – auch sie sind Gotteskinder!

Pinchas Lapide bestätigt doch, daß wir zusammengehören, zwar nicht ganz so, wie er es meint, denn Christentum als jüdische Sekte hieße, daß der Schwanz mit dem Hund wedelt. Umgekehrt wird ein Schuh daraus. Immerhin tritt hier kein langbärtiger jüdischer Racheprophet im Kaftan auf, sondern ein glattrasierter, normal angezogener Herr, der uns die Hand zur Versöhnung reicht – wir ergreifen sie freudig.

Wem dieses Schmierentheater zu niveaulos ist, obgleich er von ähnlicher Judenliebe und ähnlichem Harmoniedenken befallen ist, greift auf Schalom Ben-Chorin zurück. Er ist Doktor der Theologie ehrenhalber, war einst Schüler Martin Bubers und lebt last not least in Jerusalem.

Mit großer Eloquenz und scharfem Intellekt verkündet Ben-Chorin seinem gebildet-engagierten christlichen Auditorium die gleiche Botschaft, die auch Lapide gespreizt-verquast verbreitet: Wir, Kinder des einen Gottes, müssen uns versöhnen und lieben. Amen!

Was den bekannten »jüdischen Theologen« der gutdotierte Vortrag vor interessiert-wohlwollendem Christenauditorium ist, bedeutet den »gewöhnlichen«, meist deutschstämmigen Juden der Auftritt vor »ihren« Christenrunden. Es ist ein Geschäft auf Gegenseitigkeit: hier die »judenfreundlichen«, aussöhnungshungrigen Christen auf der Suche nach ihrem »guten« Juden, der ihnen Absolution für die eigenen Sünden sowie jene der Väter und Vorväter erteilen soll; dort die nach Anerkennung lechzenden, zwangsläufig versöhnlerischen Juden. Meist findet man sich im Rahmen der örtlichen »Gesellschaft für Christlich-Jüdische Zusammenarbeit«. Größtes Problem: Die versöhnungsfreudigsten originär deutschen Juden sterben allmählich aus – ebenso wie ihre christlichen Partner.

Juden, die nach dem Klischeebild der Philosemiten tanzen, gibt es keineswegs nur als Christenpartner. In Politik, Öffentlichkeit und Presse fehlt es nicht an »jüdischen Mitbürgern«, die der Erwartungshaltung der »Philosemiten« *scheinbar* gerecht werden. Bei aller Kritik an Heinz Galinski muß man ihm zugute halten, daß er sich nie in das »gute« Judenklischee pressen und damit mundtot hat machen lassen. Mit seinen ständigen, oft überzogenen Warnungen vor den Antisemiten der Gegenwart und seinen Mahnungen, die Verbrechen und *Verbrecher* der Vergangenheit nicht zu vergessen, verdarb es sich Galinski mit vielen »Judenfreunden«. Ihnen sind Männer wie der zeitweilige Nachmann-Vize Michael Fürst lieber, die für den Antisemitismus-Apologeten Jenninger ebenso Verständnis aufbringen wie für die Haltung der Bundesregierung, die Zuwanderung gefährdeter sowjetischer Juden in die Bundesrepublik faktisch zu unterbinden.

Die jüdischen Publizisten[1] stehen ihren Funktionären kaum nach. Allen voran die Mitarbeiter der »Allgemeinen Jüdischen Wochenzeitung«. Offenbar guten Gewissens und bar jeglicher Selbstzweifel verfolgt die Redaktion seit je eine Doppelstrategie von Abschreckung und Anbiederung: Der jüdischen Leserschaft wird suggeriert, der Antisemitismus nehme stetig zu, ein neuer Holocaust schwebe drohend über Deutschlands, Europas und Israels Juden. Als sicherster Platz muß einem da das vertraute Angstghetto erscheinen. In einer derartig bedrohlichen Situation tut man natürlich gut daran, die wenigen Juden-»Freunde« zu pflegen, statt sie zu provozieren. Beispielsweise Kurt Georg Kiesinger, Hans Filbinger, Hans Globke und andere. Gern bestätigte die »Allgemeine« diesen Altnazis, daß sie nunmehr als Beschützer und Förderer der Juden anerkannt würden. So beweist man den altneuen Partnern, daß es sich durchaus lohnen kann, als Philosemit zu gelten, mindert die antisemitische Gefahr und hilft »den« Juden, das heißt: sich selbst.

Auf derartig primitive Methoden können »freie« jüdische Schreiber, zumal wenn sie jünger sind, nicht zurückgreifen. Sie haben als »kritisch« zu gelten, glauben wohl selbst, es zu sein. Feste Größen in ihrem Weltbild sind die Schuldgefühle ihrer Leser und Verleger sowie deren kurzes Gedächtnis. Als ein besonders geschickter Reiter auf der schuldgeplagten deutschen Gewissensmähre darf Richard Chaim Schneider gelten. Kurze Leseproben aus zwei seiner Artikel mögen seine »Technik« verdeutlichen.

Am 20. Februar 1987 veröffentlichte »Die Zeit« unter der Überschrift »Auf der Suche nach der verlorenen Heimat« folgende bemerkenswerte Sätze Schneiders:

»Selbstverständlich gibt es viele Deutsche, die ganz wunderbare Freunde sind, das verhindert aber nicht die Wunden, die solche Ereignisse bereiten und die mittlerweile so groß sind, daß ich sie selbst nicht mehr übersehen kann.

Ich selbst bin aber ebenfalls schuld an dieser Situation. Wenn es nachts an meiner Tür klingelt, ich aus dem Schlaf aufschrecke, meine

---

[1] Auf die Literaten wird im folgenden Kapitel eingegangen.

Freundin mich wie ein kleines Kind in den Arm nehmen muß, um mich zu beruhigen, so erzählt mir das viel über meinen tatsächlichen Zustand. Ich merke, wie ich mich selbst abgrenze, wie ich aus Verletzlichkeit in gewissen Situationen ›die Deutschen‹ verurteile. Wie groß der Druck ist, wird mir klar, wenn ich in Israel aus dem Flugzeug steige. Eine große Last fällt von mir ab, ich brauche keine Angst zu haben, daß man mich für einen miesen Juden hält. Und bei meiner Rückkehr: mißtrauisch guckende, zumeist unfreundliche Grenzbeamte, die einem den Paß wegnehmen, in den Computer werfen, um festzustellen, ob man einwandfrei ist. Die BRD als ein überdimensionales KZ, schießt es mir durch den Kopf.«

Diese Worte verdienen Beachtung wegen des Geisteszustands von Autor und Leserschaft. Zunächst die Einleitung:

»Selbstverständlich gibt es viele Deutsche, die ganz wunderbare Freunde sind.« Vertauscht man »Deutsche« mit »Juden«, so ginge zu Recht ein Aufschrei der Empörung durch Redaktion und Leserschaft. Denn nichts entlarvt den Antisemiten deutlicher als das verräterische: »Some of my best friends are Jews, but . . .«

Herr Schneider wechselt einfach Deutsche gegen Juden aus, und schon ist seine Phrase legitim. Wie einst bei den Vätern der Leser und Redakteure! Nur, damals hatte man »nichts gegen Juden«, »einige der besten Freunde waren sogar Israeliten, aber . . .«! Wie kann man es da einem Juden heutzutage verdenken, wenn er sich auf den Schuldgaul schwingt?

Zumal des Nachts, wenn es bei ihm klingelt und er angsterfüllt »Gestapo-schreiend« erwacht. Was muß dieser Mann einst erduldet haben? Nichts, denn er wurde 1957 geboren, ein Dutzend Jahre nach dem Holocaust. Leidet er tatsächlich unter Verfolgungswahn? Oder macht er sich lustig über sein deutsches Publikum? Dagegen wäre nichts einzuwenden. Degoutant ist jedoch, daß er die einst Verfolgten und Ermordeten als Vehikel seines Exhibitionismus benutzt.

Eine andere Frage drängt sich auf: Wenn der antisemitische Leidensdruck und die »Angst« des Herrn Schneider in Deutschland, dem »überdimensionalen KZ«, tatsächlich so groß sind, diese Last in Israel aber sogleich von ihm abfällt, weshalb bleibt er nicht im Gelobten

Land, wo er als Jude per se hochwillkommen ist? Warum nimmt er das Opfer auf sich, ins antisemitische Deutschland zurückzukehren, wo er ständig Angst haben muß, daß ihn sein »Nebenmann für einen miesen Juden hält«? Allein um Deutschlands Antisemiten »aufzuklären« oder um die Gutmeinenden mit seinem Nonsens zu veräppeln? Ihnen zu beweisen, daß es tatsächlich auch »miese Juden« gibt, ebenso wie »miese Deutsche, Araber, Franzosen, Israelis, Zigeuner . . .«?

Drei Jahre später sinniert Richard Schneider in der »Zeit« über »Deutsche Vereinigung – Verlust der jüdischen Identität?«. Nach einigen süffisanten Sätzen über eine Tagung des Jüdischen Weltkongresses in Berlin heißt es: »Doch was die jüdischen Führer (!) übersahen, war, wie es ihnen gelang, sich auf Schritt und Tritt lächerlich zu machen und ungewollt der Weltöffentlichkeit den desolaten Zustand der jüdischen Gemeinschaft zu offenbaren.

. . . Was diese . . . Tagung . . . demonstrierte, war der verzweifelte Versuch, den Zusammenbruch des nach 1945 herausgebildeten jüdischen Selbstverständnisses aufzuhalten . . . In jüdischen Kreisen ging eine . . . Angst um: die Angst, die bequeme, geliebte Opferhaltung, an die man sich so viele Jahre gewöhnt hatte, aufgeben zu müssen

. . . fest steht, daß die Bereitschaft, sich als potentielles Opfer zu deklarieren, großen Anklang fand.«

Zwischen beiden Artikeln lag der Zusammenschluß Deutschlands. Gefragt schien nun allerseits – auch bei Juden – eine neue Identität. So »vergaß« Schneider das »überdimensionale KZ« Deutschland und die eigenen Gestapo-Halluzinationen. Angebracht schien ihm vielmehr die Mahnung: »Allzu bereitwillig schlüpfen auch die Juden, die niemals verfolgt worden sind, in die Opferrolle.« Wie wahr!

Und Israel? Das Zauberland von einst, das Richard Chaim Schneider von Last und Antisemiten-Angst befreite? Im Dezember 1990 las sich Schneiders Israel-Hymne so: »Mit Beginn der Intifada hat Israel seinen Nimbus endgültig verloren. Außer fanatischen Religiösen und den Millionen sowjetischer Emigranten, von denen die meisten, wenn sie nur könnten, viel lieber nach Manhattan oder Santa Monica gingen, will niemand mehr nach ›Palästina‹.«

Bleibt nachzutragen, daß der erste Artikel bereits im dritten Monat der Intifada erschien und daß der Staat zwischen Tel Aviv, Haifa und Jerusalem immer noch Israel heißt und auch von sowjetischen Einwanderern so tituliert wird.

Andere jüdische »Intellektuelle« verzichten auf die Geistesverrenkungen eines Richard Chaim Schneider. Sie gehen den direkten Weg des Opportunismus. Etwa das jüdische Multitalent André Heller. Das Pamphlet seines Freundes Hans Jürgen Syberberg gegen Juden und Linke »Vom Unglück und Glück der Kunst in Deutschland nach dem letzten Kriege« lobte der Wiener Jude in der »Münchner Abendzeitung« zunächst über den grünen Klee. Er feierte Syberberg als »engagierten Antifaschisten« – wo? wann? wie? – und »einen der originellsten und radikalsten Nomaden in jener kalten Wüste, als die man das deutsche Klima bezeichnen könnte«. Konsequent diffamierte Heller Syberbergs Kritiker als »kraftloseste und korrumpierteste heutige Denkstotterer«. Die Sätze beweisen, daß Nazi-Jargon kein Privileg der »arischen Rasse« ist.

Als die »Denkstotterer des deutschsprachigen Feuilletons« so gar nicht kraftlos zurückschlugen und Syberbergs Hetzschrift beim Namen nannten, bekam dessen jüdischer Fürsprecher rasch kalte Füße und kündigte diesem öffentlich seine Freundschaft auf. Er habe, so Heller, sein Votum abgegeben, ehe er »die endgültige Fassung seines (Syberbergs) jüngsten, in gewissen Passagen wahnwitzen Buches gelesen« habe.

Von dieser opportunistischen Schmierenkomödie abgesehen, bleibt die Rolle des »guten Juden« so verlockend, daß selbst kritische Geister, die sich im allgemeinen nicht scheuen, die Angstsuggestion des etablierten Judentums zu kritisieren, ihr gelegentlich erliegen. Etwa Michael Wolffsohn, der in seinem Buch »Keine Angst vor Deutschland!«[2] aufzeigt, daß diese Angst nicht eine tatsächliche Gefahr, sondern ein gepflegtes Gerücht ist. Im Vorwort indessen meint er seinen Lesern folgendes Bekenntnis schuldig zu sein:

»Ich bin etwas, das es seit 1933 kaum noch gibt: ein in Israel (damals Palästina) 1947, *nach* der Katastrophe des Holocaust gebore-

---

[2] Erlangen 1990

ner, seit 1954 in Deutschland lebender, deutschjüdischer Patriot. Ein bundesdeutsch jüdischer Patriot, zu dessen deutschem Wir-Gefühl die DDR oder die ehemals deutschen Ostgebiete nicht gehören. So stellte ich mich im Frühjahr 1988 den Lesern meines Buches *Ewige Schuld? 40 Jahre deutsch-jüdisch-israelische Beziehungen* vor.

Heute übe ich Selbstkritik: Zu meinem deutschen Wir-Gefühl zählt inzwischen auch die (noch) DDR. Hat auch bei mir die ›Stunde der Opportunisten‹ (Rainer Zitelmann) geschlagen?«

Kategorisch beantwortet Wolffsohn die selbstgestellte Frage: »Mitnichten.«

Tatsächlich? Weshalb hat es Wolffsohn nötig, sich bereits im Vortext seines Buches als »deutscher Patriot« zu apostrophieren? Im Gegensatz zu fast jedem anderen ernsthaften Autor, angefangen bei Christian Graf von Krockow über Klaus von Dohnanyi, Wolfgang Herles bis zu Ulrich Wickert. Ist es möglich, daß die latente Angst, als Jude von vornherein als Kosmopolit verdächtigt zu werden, einen Juden zu einer derartig überflüssigen Selbst-Manifestation zwingt? Oder anders gefragt: Wann werden Deutschlands Juden endlich so angstfrei sein, daß sie es nicht mehr nötig haben, ihre Abstammung als Schutzschild zu benutzen? Wann werden sie begreifen, daß vorurteilsfreie Menschen in Deutschland und anderswo die Meinung des einzelnen Juden ebenso würdigen oder ablehnen wie die jedes anderen. Die *falschen* Freunde dagegen bleiben von der unfehlbaren Güte der Juden überzeugt. Denn den »Philosemiten« liegt am einzelnen Juden nichts. Ihn oder sie bewegen nur die eigenen Interessen und Ängste. Und seinen Feinden kann man es, ob als Jude oder Goj, eh nie recht machen.

Den Teufelskreis überwinden!

Deutschlands Juden stehen nicht allein. Unlösbar an ihre Seite geheftet hat sich seit mehr als zwei Generationen Adolf Hitler als Henker und Synonym für Antisemitismus. Der nur sehr langsam in Fahrt gekommene Zug der Emanzipation, der dabei war, die furchtsamen Seelen der Juden in eine Landschaft der relativen Sicherheit und Angstfreiheit zu transportieren, war von den Nazis nach Auschwitz umgelenkt worden. So ist vom Mordgeschehen abgesehen die schlimmste Folge der Schoa die vermeintliche Bestätigung der Angstverwurzelung der zionistischen Ideologie. Die furchtbarsten Horrorvisionen, die die Zionisten entwarfen, um Auswanderer nach Palästina zu gewinnen, wurden von der Wirklichkeit des nazistischen Völkermords um eine Unendlichkeit des Grauens übertroffen. Die Prediger einer Öffnung, ja eines Aufgehens des Judentums in der allgemeinen Gesellschaft schienen durch den Verlauf der Geschichte auf grauenhafteste Weise widerlegt. Schutz vor dem Judenfeind bietet da nur der Rückzug ins Judenghetto, ob verschwindend klein und angstheimelig, wie im Nachkriegsdeutschland, oder im größeren Maßstab, also Israel, wo man die traditionelle Judenangst auf die arabische Umgebung überträgt und die Furcht durch ständiges Potenzgehabe nur mühsam zu tarnen vermag.

Das Holocaust-Trauma, also die Verfestigung permanenter Antisemitismusangst, ist der entscheidende Grund, daß sich die meisten Juden weigern, die Struktur des Antisemitismus nüchtern zu betrachten und die notwendigen Schlußfolgerungen zu ziehen. Denn zuzustehen, daß der »Antisemit« nach wie vor bestimmt, wer Jude ist, und die Juden darauf keinen Einfluß haben, würde bedeuten, daß man ihm so gut wie ohnmächtig ausgeliefert ist. Die Israelis besitzen zumindest die physische Macht, ihren tatsächlichen und imaginären Feinden gewaltsam entgegenzutreten. Auf Ursache und Anlaß der Judenfeindschaft haben sie jedoch, ebenso wie die von ihnen verachteten Diasporajuden, keinen Einfluß.

Wer meint, eine mitunter aggressive Politik Israels erzeuge Antisemitismus, ist unfähig oder unwillens, die Judenfeindschaft zu begreifen. Denn kein nüchterner Denker wird »die Russen« für die Invasion Afghanistans verantwortlich machen, ebensowenig wie »die Amerikaner« für Vietnam. Lediglich Denkfaule werden Demokratie und Weimarer Verfassung für die Wahl Hitlers verantwortlich machen. Ähnlich urteilen Antisemiten, die »wissen«, daß Israel aggressiv sein muß, weil dort Juden das Sagen haben. Auf die naheliegende

Frage, weshalb man die Juden schon vor Israels Staatsgründung gehaßt hatte, werden tausend Vorwände genannt, ebenso wie bei Türken-, Polen- und sonstigen -hassern.

Wie können Deutschlands Nach-Auschwitz-Juden, die nach wie vor im Starrkrampf der Hitlerangst gefangen sind, sich eingestehen, daß sie vollständig den Launen der Antisemiten ausgesetzt sind? Daß ihnen sogar das passive Mittel der Beschwichtigung eines omnipotenten Feindes fehlt? Deutschlands Juden sind einem systematischen Angsttrommelfeuer ausgesetzt. Ihre latente Antisemitenangst wurde durch den nazistischen Völkermord ins schier Unerträgliche gesteigert. Wer Auschwitz überlebte, wessen Angehörige dort ermordet wurden, wird sich nie vollständig von der Angst einer Wiederholung frei machen können. Erst recht nicht, wenn er im Land der Mörder und der KZ lebt. Die daraus rührende subjektive Angst wird von interessierter jüdischer Seite zur Panik hochgepeitscht. Ständig wird Deutschlands Juden von zionistischer und offizieller jüdischer Seite versichert, vereinzelte antisemitische Vorfälle in Deutschland seien Vorboten einer antisemitischen Sturmflut, die erneut das jüdische Volk ertränken könnte.

Und die Funktionäre der Juden Deutschlands helfen kräftig mit, ihre Klientel in Deutschenfurcht und Schrecken zu halten. Sie erfüllen damit, so absurd dies bei flüchtiger Betrachtung aussehen mag, die Bedürfnisse ihrer Gemeinde. Denn Deutschlands Juden sind so angstgeplagt, daß sie sich allein im selbstgewählten Schreckensghetto zurechtzufinden meinen. Hier werden die eigenen Ängste verstanden und das schlechte Gewissen geteilt, im Land der Mörder zu leben. Angst, Schuldgefühle, Ignoranz und Geltungssucht lassen die Diasporajuden die Identität »eingebildeter Juden« wählen. Neben den objektiven Antisemiten tritt in Deutschland der subjektive Judenfeind, der sogenannte Philosemit. Durch sein erdrückendes Wohlwollen hindert er die Juden, ihre Abwehrmechanismen, ihren Haß und ihre Aggression auszuleben. So fühlen sich die Juden – gerade in Deutschland – zum Schweigen genötigt. Was bleibt ihnen übrig, als weiterhin dem »Weisen-Nathan«-Klischee gerecht zu werden, um die »Freunde« zu halten und die Feinde um keinen Preis zu provozieren?

Wie kann man aus diesem Teufelskreis von Angst, Schuldgefühlen, Haß und Erstarrung ausbrechen? Am sinnvollsten erscheint mir die Befolgung einer alten jiddischen Weisheit: *Nu, me red!* Weg von der unlösbaren Frage, was letztendlich die wahren Ursachen des Antisemitismus sein könnten! In 3000 Jahren hat man darauf keine auch nur annähernd befriedigende Antwort gefunden – es ist nicht anzunehmen, daß sich dieses Rätsel in absehbarer Zeit lösen lassen wird, selbst wenn man noch so viele Antisemitismus-Forschungszentren errichtet. Aufhören muß auch der absurde, jeder Logik widersprechende Versuch, die »Vergangenheit zu bewältigen«! An seine Stelle sollte das Bestreben treten, Gegenwart und Zukunft lebenswert zu gestalten.

Das Rezept ist das *ehrliche* Gespräch. Man muß aufhören, die Juden zu lieben, nur weil sie zufällig jüdische Eltern hatten, verfolgt wurden oder weil man selbst von Angst und Schuldgefühlen geplagt ist, sondern weil »die Juden« Menschen sind wie alle anderen; wie Palästinenser, Kurden, Ostfriesen, Homosexuelle, Sinti und Roma und so weiter; Menschen, deren Angst verständlich ist. Ihre Furcht wird nicht vergehen, wenn man sie verschweigt oder wenn man die Juden in »unmenschlicher« Güte erstickt. Man sollte auch die sogenannten negativen Gefühle dieser Personen tolerieren.

Die Juden müssen endlich aus dem verlogenen moralischen »Übermenschentum« entlassen werden, der Kehrseite des verdrängten »Untermenschentums«. Erst wenn die Juden merken, daß man sie als Individuen und als Gruppe akzeptiert, werden *sie* beginnen, auch ihre verständlichen, unheroischen Gefühle wie Wut, Haß, Trauer und Angst zu akzeptieren und damit langsam zu überwinden. Dann werden die Juden Deutschlands auch Mut genug finden zu erkennen, daß es kein Patentrezept gegen »Antisemitismus« gibt. Israel ist gewiß keines, aber es kann und muß als Asyl der Juden in aller Welt und als Heimat der Israelis erhalten bleiben.

Die Erkenntnis des wohl unausrottbaren Antisemitismus kann neben dem Schrecken, den sie enthält, durchaus befreiend wirken. Das Leben gewinnt erst durch das Bewußtsein des Todes seine Qualität. So kann auch das Wissen um die Permanenz und die

Unbeeinflußbarkeit der Judenfeindschaft zu mehr Freiheit und Lebensfreude führen.

Sobald wir Juden begreifen, daß wir keine Macht über die Gehirne der Antisemiten haben, werden wir endlich aufhören, andauernd danach zu schielen, ob wir unsere Feinde mit diesem oder jenem provozieren, beschwichtigen oder bestechen könnten. Wir werden auch aufhören, in jedem, der uns nicht nach dem Mund redet, einen »Antisemiten« zu sehen. Dann können wir mit mehr Unbeschwertheit leben, einerlei ob's dem Antisemiten gefällt oder nicht – denn wir wissen, daß er sich von uns nichts vorschreiben läßt, nicht einmal, wann und wie er uns zu hassen hat.

II

TUCHOLSKYS UND ANDERER ENKEL

Polemisches zur
jüdischen Nach-Auschwitz-Literatur

STUMM VOR ANGST
UND HASS

Kein Festhalten

Wir sind Mitautoren der Menschheit und sind mitverantwortlich für deren Leiden und Taten. Was wir nicht aufschreiben, hat umsonst gelebt, ist nicht gewesen«, postuliert der jüdische Schriftsteller Hermann Kesten. Nimmt man diese Forderung zum Maßstab, dann ist das deutsche Judentum nach 1945 nur partiell wieder zum Leben erwacht. Gewiß gibt es hierzulande wieder jüdische Autoren, die fleißig schreiben. Beim Lesen ihrer Bücher fallen einem jedoch weiße Flecken auf der neuen deutsch-jüdischen Literaturlandkarte auf.

Es werden fast ausschließlich Sachbücher oder Erlebnisberichte produziert. Die Handlungsstränge der wenigen Romane enden annähernd alle 1945 – durchaus vergleichbar dem Geschichtsunterricht, der an vielen deutschen Schulen »wg. Ferien« 1933 aufhört.

Es gibt so gut wie keinen jüdischen Gegenwartsroman aus der Bundesrepublik – im Unterschied zur ehemaligen DDR. Weshalb? Warum verzichten Deutschlands Nachkriegsjuden ausgerechnet auf fiktives Schreiben?

Der Roman hat neben seiner unterhaltenden Funktion vor allem die Aufgabe, sich mit den Gefühlen der Menschen und so mit dem Zustand der Gesellschaft auseinanderzusetzen. Durch Verzerren, Überzeichnen, Karikieren beschreibt er vielfach genauer als »objektive« Untersuchungen die Wahrnehmung der »Wirklichkeit«. Darüber hinaus kann mancher Roman durch seinen »unterhaltenden« Charakter auch solche Leser dazu bringen, sich mit Themen auseinanderzusetzen, die so »unangenehm« sind, daß sie entsprechende Dokumentationen und Sachbücher mieden.

Damit gewinnt die Fiktion Einfluß auf die Wirklichkeit. Kestens Forderung, durch Aufschreiben festzuhalten, ist daher auch als Gebot zu begreifen, durch Bewahren des Gegenwärtigen die Zukunft mitzugestalten. Die Abstinenz der Juden dieses Landes, ihre Wahrnehmungen und Gefühle literarisch zu offenbaren, ist somit als Zeichen von Resignation und Angst zu werten.

Bemerkenswert ist neben diesem beredten Schweigen auch, daß diese Mitteilungslosigkeit offenbar fast niemandem in Deutschland aufgefallen war. Hat tatsächlich kein deutscher Literaturpapst oder -Rabbiner, kein Germanist oder Philosoph bemerkt, daß die Juden dieses Landes sich über ihre Gefühle ausschweigen? Daß damit ihr Dasein sich ins Nichts aufzulösen droht?

Die Fragen nach dem Warum des Schweigens und der Weigerung, es wahrzunehmen, soll uns im folgenden beschäftigen. Denn wo es unter Schreibkundigen und -gewohnten keine Literatur, zumindest keine Gegenwartsliteratur gibt, muß nach den Ursachen dieser Friedhofsruhe und ihrer Hinnahme durch die dazu Berufenen gefragt werden.

Jüdische Literatur hat es schon unmittelbar nach der Befreiung gegeben. Bereits 1945 veröffentlichte die Münchnerin Gerty Spies den Band »Drei Jahre Theresienstadt«. Darin beschreibt sie ihren Weg, das KZ-Grauen zu überstehen. Quintessenz ihres Berichts: »Ich habe euch verziehen! – Mir ist so leicht –«.

Diesem Büchlein folgten zahllose Schriften, Berichte, Romane, Erzählungen, in denen Deutschlands Juden ihre KZ- und andere Verfolgungserlebnisse schildern. Dabei blieb es. 1984, knapp vier Jahrzehnte nach der Erstausgabe wurde eine Neuauflage von »Drei Jahre Theresienstadt« gedruckt und Gerty Spies mit dem Schwabinger Kulturpreis ausgezeichnet. Was hat die Autorin seither erlebt und gefühlt?

»Ich habe darüber viel geschrieben. Essays, Gedichte, Kurzgeschichten. Aber die Leute vom Verlag interessieren sich nicht dafür. Statt dessen haben sie mich gefragt, ob ich nicht noch Texte und Gedichte über meine KZ-Jahre habe.«

Tatsächlich, 1987 erschien der Gedichtband: »Im Staube gefunden«.

Im Vorwort schrieb Rachel Salamander: »Ihre (Frau Spies') Lyrik ist Lyrik unserer Zeit: die Gedichte tragen Schicksal nicht im Sinne eines Lebensstoffes, sie tragen das Gewicht aller und die Trauer für alle.« Weiter postuliert die jüdische Kassandra die »Schuld oder, was wichtiger ist, ihre selbstauferlegte Verpflichtung, die Toten lebendig zu erhalten.«

Diese programmatischen Worte bestimmten offenbar auch die Auswahl der Lektoren. So gut wie alle Gedichte wurden wiederum im KZ verfaßt: Leidens- und Versöhnungsliteratur.

Frau Spies ist aber keineswegs in den Schreckensjahren stehengeblieben. Ihre Texte aus den letzten Jahrzehnten des zumindest äußeren Friedens zeugen von Humor und Ironie, allerdings »tragen« sie nicht »das Gewicht . . . und die Trauer für alle«. Grund genug für die Verlage, diese »leichten« Texte wie die Berichte anderer Autoren, die nicht ihrer »philosemitischen« Betroffenheitsnorm entsprechen, dem deutschen Lesepublikum vorzuenthalten? Dieser Faktor spielt gewiß eine Rolle.

Edgar Hilsenrath etwa nennt als Gründe, weshalb deutsche Verlage seine Manuskripte zunächst ablehnten beziehungsweise versickern ließen: »Die Leute, die im Verlag die Karten verteilten, waren dagegen. Sie warfen mir vor, die Juden häßlich darzustellen . . . Sie sagten, man dürfe in Deutschland den Holocaust nicht mit satirischen Mitteln beschreiben.«

Hilsenraths Bücher wurden schließlich auch in Deutschland veröffentlicht, allerdings erst nachdem sie sich im Ausland als Bestseller erwiesen hatten.

Noch schwieriger hatte es der israelische Autor Yoram Kaniuk, mit seinem 1968 veröffentlichten Roman »Adam Hundesohn«[1] auf den deutschen Büchermarkt zu kommen. Elf Jahre mußten die Leser auf eine deutschsprachige Edition warten. Weshalb? »Die deutschen

---

[1] München 1989

Verleger mochten nicht, wie in diesem Roman die Deutschen und der Holocaust beschrieben wurden.« Denn bei Kaniuk trieft nicht jede Seite von Verständnis und ständiger Vergebung. Statt dessen ist bei ihm auch von Wut und Haß auf die Deutschen die Rede. Zu starker Tobak für die zarten deutschen Mörderseelen?

Hat das literarische Schweigen der deutschen Nachkriegsjuden seine Ursache demnach vorwiegend in der Publikationszensur deutscher Verlage und ihrer jüdisch-literarischen Eizes(jiddisch = Ratschläge)-Geber?

So einfach ist die Antwort nicht. Kann sie nicht sein. Denn Verleger sind in erster Linie Geschäftsleute, und auch Literaturgurus und Autoren müssen leben. Wäre im Lesepublikum ein Bedürfnis nach jüdischer Gegenwartsliteratur spürbar, so hätten die Verleger gewiß prompt darauf reagiert. Prompt würden sie ihren Lesern jüdische Gegenwartsliteratur aus Deutschland anbieten. Dann fänden sich mit Sicherheit auch jüdische Autoren, die diese Nachfrage befriedigen – auch Schreiber müssen ihr Geld verdienen. Dennoch produzieren Deutschlands Juden keine Gegenwartsliteratur. Weshalb?

Um eine Antwort darauf zu finden, lohnt es sich, die Veröffentlichungen der Juden dieses Landes mit denen der übrigen Juden zu vergleichen. Dabei fallen sogleich zwei frappante Unterschiede auf.

Außerhalb Deutschlands ist jüdische Literatur 1945 nicht gestorben, selbst wenn in der jüdischen Gemeinschaft ebenso radikal oder sogar in einem weit höheren Maße gemordet wurde als bei uns – etwa in Polen. Und, die Literatur jüdischer Autoren in Deutschland ist *haßsteril*. Niemand zweifelt daran, daß Gerty Spies, Hilde Spiel und andere »verziehen« haben. Aber empfand tatsächlich kein Jude, der nach dem Krieg in Deutschland »hängen«blieb oder in dieses Land zurückkehrte, Haß auf Deutschland und seine Menschen? Nicht ein einziger? Die hundertprozentige Haßabstinenz sollte zu denken geben. Zumal wenn man Bücher und Berichte von Juden, die in Deutschland leben, mit denen aus dem Ausland vergleicht. Selbst in den Büchern versöhnungswilliger Juden wie etwa Samuel Pisar[2],

---

[2] Das Blut der Hoffnung, Reinbek bei Hamburg 1979

Primo Levy[3] oder Cordelia Edvardson[4] kommt in der Schilderung ihrer Leidenszeit im KZ immer wieder Haß zum Vorschein. Auch jüdische Auslandsautoren, denen die Verfolgung durch die Nazis erspart blieb, zögern nicht zu betonen, daß »Haß« ein bestimmendes Element der deutsch-jüdischen Beziehungen war und ist. So der israelische Schriftsteller Yoram Kaniuk: »(Die) Beziehung ... zwischen Deutschen und Juden ist eine Geschichte von zweitausend Jahren Haß.«

Bei jüdischen Autoren in Deutschland dagegen findet sich nicht einmal eine Andeutung von Haß. Weshalb? Leben in Deutschland die »besseren« Juden? Sind hierhin nur die Versöhnungs- und Vergebungsbereiten zurückgekehrt? Oder hat das Leben in der freiheitlich-demokratischen Bundesrepublik oder im ersten deutschen Arbeiter- und Bauernstaat die Juden vom Wohlwollen der Bevölkerung so sehr eingenommen, daß sie ihre Haßgefühle vergessen haben – falls sie je welche hegten? Kaum anzunehmen, da nach wie vor jeder vierte Deutsche antijüdische Vorurteile pflegt. Über die Gefühle der Verfolgten, Gefolterten, der schließlich Davongekommenen kann es wenig Zweifel geben.

Gespräche mit Überlebenden, hier wie dort, Berichte und Erzählungen von Juden in aller Welt – mit Ausnahme Deutschlands – ergeben übereinstimmend, was sich jeder *unvoreingenommene* Beobachter ohnehin denken könnte: Die meisten KZ-Häftlinge, Verfolgten sowie ihre Angehörigen haben zumindest zeitweise ihre Schergen gehaßt.

Es bedarf keiner ungewöhnlichen Vorstellungskraft, um zu begreifen, daß sich Humanität und Verständnis gegenüber den Tätern verflüchtigen, ja oft in Haß umschlagen können, wenn man über Jahre Angst um das eigene Leben und das der Angehörigen hat. Nach wie vielen Stunden Folter hört man auf, den Täter ob seiner Verblendung zu bedauern, beginnt ihn zu hassen? Nach wie vielen Morden an Kindern, Eltern, Verwandten, Freunden, Bekannten, ja

---

[3] Die Untergegangenen und die Geretteten, München 1990
[4] Gebranntes Kind sucht das Feuer, München 1989

an »Fremden«? Welcher Mitfühlende hätte da kein Verständnis für blanken Haß.

Nicht jeder haßte. Die meisten waren irgendwann durch ein Übermaß an Leid und Unterernährung abgestumpft, am Leben erhalten allein aus einem unterbewußten Antrieb.

»Gestorben ist das Herz in mir. Mag nimmer weinen und klagen«, schrieb Gerty Spies. Was aber empfand sie vor dem Verstummen? Was danach? Was vor dem »Ich habe euch verziehen«? Und was ist mit denjenigen, denen allein der Haß auf die Täter und der Durst nach Rache die Energie gab, zu überleben? Aus den Berichten von Überlebenden ist bekannt, daß es ihrer nicht wenige gab. Was ist mit den Davongekommenen, die die Pritschen von Pisar, Levy und Leon Weliczker Wells[5] teilten? Verließen alle Hasser Deutschland? Blieben hier nur solche Juden zurück, die nie ihre Folterknechte verfluchten? Sollten einen nicht Widmungen wie »Meinen christlichen Freunden gewidmet, um derentwillen ich nicht hassen kann«[6] zu denken geben?

In summa ist von der naheliegenden Annahme auszugehen, daß unter den im Nachkriegsdeutschland lebenden und publizierenden Juden sich auch Schreiber befinden müssen, die zu irgendeinem Zeitpunkt die Naziverbrecher, ja mitunter sogar pauschal *alle* Deutschen gehaßt haben, es möglicherweise immer noch tun – ebenso wie viele Juden außerhalb Deutschlands. Wie aber läßt sich diese Hypothese mit der haßfreien Publizistik der Juden dieses Landes vereinbaren? Wie ist zu erklären, daß in über dreihundert autobiographischen Schriften und entsprechenden Berichten von Juden, die in Nachkriegsdeutschland leben, in keinem Fall von Haß oder Rachgelüsten die Rede ist?

Gehen wir im Gegensatz zu Philosemiten, Heuchlern und Ignoranten davon aus, daß Deutschlands Juden nicht besser sind als andere

---

[5] Und sie machten Politik. Die amerikanischen Zionisten und der Holocaust, München 1989
[6] Charlotte Stein-Pick: Die verlorene Heimat. Erinnerungen einer aus München Vertriebenen. Fortsetzungsbericht im »Stadtanzeiger« der »Süddeutschen Zeitung«, 1990/91

Menschen. Daß sie ähnliche Gefühle haben wie die Juden jenseits von Rhein und Alpen. Im Gegensatz zu den Juden des Auslands aber verschweigen sie diese Gefühle. Weshalb? Wovor haben sie Angst? Die Antwort ist mehrschichtig. Haß ist in der jüdischen wie in den christlich geprägten Gesellschaften verpönt, sanktioniert von Obrigkeit und Kirche, nur da, wo er sich gegen einen realen oder angenommenen äußeren oder inneren Feind zu richten hat, der das Gemeinwesen bedroht – Kriminelle, Hexen, »Gottesmörder«, »Erz-, Erb-, Staats-, Rassen-, Sport-, Tier- und sonstige Feinde«, »Untermenschen«, »Menschheitsverderber« und ähnliche –, gegen diese »Feinde« dürfen alle Aggressionen, alle »häßlichen Gefühle«, derer man sich im Alltag schämt, die gleichwohl dort entstehen und gezüchtet werden, ohne Schande entladen werden. Mehr als dies. Wut, Aggression und Haß, die man im Alltag unterdrücken muß, um nicht selbst als »Feind« der Gesellschaft abgestempelt zu werden, werden mit einemmal belohnt, wenn sie sich gegen den »wahren« Feind der Gesellschaft richten. Jemand, der im »normalen« Leben Kinder mißhandelt, ist ein Krimineller. Einer dagegen, der »lebensunwerte« Kinder erschlägt, ist ein Held.

Ein Israeli oder ein Jude, der in Amerika, Holland oder anderswo Deutsche haßt, wird von »der« Gesellschaft zumindest toleriert. Viele Juden bewundern sogar seinen »Mut«, sein Engagement. Aber in Deutschland? Welcher Jude könnte es hier wagen, öffentlich in Wort und Schrift zu äußern, daß er Deutsche gehaßt hat, es womöglich immer noch tut? Würde er sich als »Volksverhetzer« nicht auf eine Stufe mit alten und neuen Nazis stellen, während er bislang die Immunität des edelmütigen Vergebers und Versöhners genoß? Legal gewiß. Denn vor dem Gesetz genügt es, die Verbrechen an Deutschen im Krieg und in der Folge des Zweiten Weltkriegs abzutun, geschweige darüber Genugtuung zu äußern, um ebenso wie die Auschwitz-Verleugner bestraft zu werden.

Hinzu kommt, daß man mit einem Haßeingeständnis die wenigen Judenfreunde, ob »echt« oder nicht, verlieren würde. Denn Deutschlands Philosemiten sind auf »gute« Juden geeicht, haßtriefende Shylocks sind ihnen ein Greuel. Diese »Freunde« aber sind eben jene, die sich für die jüdische Frage interessieren – das Interesse der Feinde dagegen beschränkt sich auf strategische »Lösungsmodelle« –, sie besuchen christlich-jüdische, »brüderliche« Veranstaltungen, hören entsprechende Vorträge, sehen sich Filme zu »ihrem« Thema an *und* kaufen oder verlegen Bücher hierzu. Mit solchen Gefährten ein derartig riskantes Wahrheitsspiel zu wagen übersteigt die seelische Kraft der angstgeprägten Juden Deutschlands. Denn die Gefahr, daß sich die Gute-Juden-Sympathisanten von den aggressionsbesessenen, rachsüchtigen Freunden von einst »plötzlich« abwenden könnten, ist nicht ein Hirngespinst paranoider Diasporajuden, sondern Realität.

Die Beziehung Rudolf Augsteins zum jüdischen Staat mag hier als Exempel für viele andere stehen. 1967 hatte sich der »Spiegel«-Herausgeber gleich seinem Kollegen Axel Springer in persona nach Israel begeben, um den von arabischen Vernichtungsabsichten bedrohten Juden beizustehen. Ebenso wie Springer machte Augstein sein Magazin damals zur Propagandapostille zugunsten Israels (und Verächtlichmachung der Araber). Von der harschen Besatzungspolitik Jerusalems und mehr noch durch Äußerungen israelischer Politiker und Publizisten gegen die Wiedervereinigung Deutschlands abgestoßen, hat sich Augstein dann zu einem verbiesterten »Antizionisten« gewandelt. Ist der seelische Exhibitionismus einzelner derartige Gefährdungen der gesamten jüdischen Gemeinde wert?

Mehr als alle anderen Juden haben die Intellektuellen von der Opfer- und Versöhnerrolle profitiert. Dieses Nathan-Klischee einem »häßlichen« Judenbild zu opfern widerspräche den eigenen wie den Interessen der jüdischen Gemeinschaft und ist daher tabu.

Von diesen gesellschaftlichen Opportunitäten abgesehen, bleibt das Ich. Dies bedeutet, wie aufgezeigt, für Deutschlands Juden vor allem die Gewissenshypothek, im Land der Mörder zu leben. Sollten Germanias Juden diese Schuldgefühle je vernachlässigen oder gar verdrängen, werden sie von den Juden des Auslands, vor allem Israels, mit dem Holocausthammer daran erinnert. So protestierte etwa der israelische Verband des Jüdischen Weltkongresses 1991 gegen »die Befürwortung der Einwanderung sowjetischer Juden durch jüdische Organisationen in Deutschland«, da die hiesigen Juden auf diese Weise »die Einwanderung von Juden in ein Land fördern, das unter den Nazis für die Ermordung von sechs Millionen Juden verantwortlich war«. Mit dieser Gewissenspeitsche werden Deutschlands Juden keineswegs allein von interessierten offiziellen israelischen Stellen geschlagen. Auch »verständnisvolle« israelische Intellektuelle zögern nicht, sich dieses Folterinstruments zu bedienen. Etwa Yoram Kaniuk, der in einem Interview mit der »Allgemeinen Jüdischen Wochenzeitung« erklärte: »Ich kann nicht verstehen, wie Juden hier leben können ... Jedesmal wenn ich nach Deutschland komme, habe ich das Gefühl, im Land der Toten zu sein. Ich fühle mich schrecklich.«

Trotz seines »schrecklichen Gefühls« kommt Kaniuk, wann immer es seine Interessen als Schriftsteller erfordern, ins »Land der Toten«. Daß sein selbstgerechtes Moralisieren die Schuldgefühle der hier Lebenden vertieft, stört Kaniuk offenbar nicht. Der »Allgemeinen« dagegen passen diese Töne.

Eigene Schuldgefühle freiwillig mit einem Bekenntnis zum Haß auf die Schergen oder gar auf deren ganzes Volk zu vertiefen entspricht nicht den Gesetzen des Verstandes. Um so mehr aber denen des Unterbewußtseins. Die Verdrängung von Haß und Zorn bauen diese nicht ab, sondern stauen und vertiefen sie. Je länger Deutschlands jüdische Schreiber es nicht wagen, ihren »häßlichen« Haß auf die Mörder und ihr Volk kundzutun, desto mehr zerstört er ihre Seelen. Während die Angst, die eigenen Gefühle auszusprechen, ihre Herzen erkalten läßt. Das furchtsame Verstummen von Deutschlands Juden signalisiert so deren seelisches und gesellschaftliches Verlöschen.

Wird diese Gefahr von der jüdischen wie der nichtjüdischen Literatur- und Gesellschaftskritik Deutschlands registriert?

Die Juden »übten einen in hohem Maße relativierenden und irritierenden, einen *par excellence* provozierenden Einfluß aus«, schreibt Marcel Reich-Ranicki in einer Einführung über jüdische Literatur, der er den Titel »Außenseiter und Provokateure« gab. »In der Tat«, fährt Reich-Ranicki fort, »wurden die Juden in dieser Eigenschaft –

als irritierendes und provozierendes Element also, als ständiges Ferment und heimliches Korrektiv – wohl am meisten benötigt und bestimmt am wenigsten geliebt.«

Was für die Zeit vor dem Völkermord zutraf, gilt heute um so mehr. Dennoch kaum ein Wort von Reich-Ranicki, Hans Weigel und anderen darüber, daß es so gut wie keine jüdische Gegenwartsliteratur in der Bundesrepublik gibt.

Weshalb? Weil diese jüdischen Literaturgurus und -hygieniker nicht den Zusammenhang zwischen literarischem Schweigen, Angst und Haß der deutschen Juden erkennen? Oder weil sie die jüdische Gemeinde dieses Landes als zu klein ansehen, um Gegenwartsliteratur, welcher Qualität auch immer, hervorzubringen? Beides ist wenig wahrscheinlich. Man mag etwa Reich-Ranickis Meinung kritisieren oder ihr mitunter nicht zustimmen, Wissen und Gedankenschärfe kann man ihm jedoch nicht absprechen. Wie läßt sich demnach erklären, daß der Kritikerpapst die literarische Sprachlosigkeit der Juden Deutschlands nicht hervorhebt? Schweigt er beschämt, weil die jüdische Kryptogemeinde kopflos gemordet wurde? Nein. Denn selbst in der Rumpfgemeinschaft waren genügend Männer und Frauen verblieben, die bewiesen hatten, daß sie Literatur zu machen verstanden – nur über die Gegenwart Deutschlands konnten und wollten sie nicht literarisch schreiben.

Die Gründe sind jedem Juden bekannt. Man will sich und noch weniger der Öffentlichkeit eingestehen, daß es unter Juden Haß gibt: gegen einzelne Täter, gegen die SS, gegen Mitläufer, mitunter sogar gegen alle Deutschen. Auch jüdische Kritiker sind Juden. Auch sie haben Angst vor der Bestie des Antisemitismus, die im Alltag etwa in »wissenschaftlichen Debatten« wie dem sogenannten Historikerstreit[7] sichtbar wird. Also schweigt man und macht sich so zum Alibi und Hofnarren der deutschen Nachkriegskulturszene.

Und die Nichtjuden? Ist es möglich, daß keinem Goj das literarische Schweigen und die Haßabstinenz der Juden Deutschlands auffiel? Dann wäre es nicht weit her mit dem Mitgefühl gegenüber den

---

[7] Siehe Histori(k)scher Streit S. 268 ff.

jüdischen Mitbürgern. Schwierig ist es heute für keinen Interessierten, sich über die Gefühle der Juden hier und in aller Welt zu informieren. Es sind keine Staatsgeheimnisse. Wer *will*, kann sich ein Bild darüber machen. Gefahrloser als ein halbes Jahrhundert zuvor über den Völkermord der Nazis.

Die Wahrheit freilich ist noch heute unangenehm. Sie macht betroffen, verursacht gelegentlich sogar Schuldgefühle. Aber die Tatsachen sind nicht zu übersehen und zu überhören. In jeder Buchhandlung und Bibliothek kann man die Literatur und damit die Gefühlswelt der Juden außerhalb Deutschlands kennenlernen. Ständig berichten Zeitungen, Rundfunk und Fernsehen über Zorn und Haß der Juden in aller Welt gegen Deutschland. Liegt es da nicht nahe, sich zu fragen: Was empfinden »unsere« Juden, von offiziellen Verlautbarungen und Bekenntnissen abgesehen? Fällt einem nicht auf, daß es keine jüdische Nachkriegsliteratur in Deutschland gibt? Wenn Juden in aller Welt Deutschland haßten oder noch immer hassen, während die Sprecher der Juden dieses Landes Versöhnung predigen, die Literatur aber nichts über die Gefühle der Menschen in der Gegenwart verrät – liegt nicht der Schluß nahe, daß zumindest einzelne dieser Menschen neben dem Wunsch nach Versöhnung auch Zorn und Haß empfinden – genauso wie ihre Glaubensbrüder im Ausland?

Es ist anzunehmen, daß manche Nichtjuden sich diese Fragen gestellt haben und zu entsprechenden Antworten gelangt sind – zumal viele von Berufs oder Gewissens wegen mit dieser Problematik vertraut sind. Dies geschah und geschieht jedoch offenbar heimlich, im stillen Kämmerlein. Bleibt demnach ohne Folgen. Keiner wagt es, dieses Thema in der Öffentlichkeit zu diskutieren. Vor allem aus Angst, die Juden zu verletzen. Wenn es den Israeliten noch zu weh tut, dieses Problem zu erörtern, hat man als Deutscher aus Rücksichtnahme gefälligst nicht an dieser noch offenen Wunde zu rühren. Die Frage: wenn du oder andere Juden uns haßt – und ich kann nachempfinden, daß Juden Deutsche gehaßt haben, es womöglich noch tun –, wie werdet ihr damit fertig?, erfordert in der Tat viel Mut und Taktgefühl. Mut wird von Soldaten, Polizisten und Feuerwehrleuten verlangt. Aber von Intellektuellen? Ihre Aufgabe ist eher zu unterhalten, schlimmstenfalls zu nörgeln. Aber Courage zeigen? So schweigen beide Seiten. Die einen aus Angst, die Antisemiten zu provozieren und dabei gleichzeitig ihre Position als moralische Übermenschen einzubüßen; die anderen aus Furcht, die leidgeprüften Juden erneut zu verletzen. Damit aber geben beide Seiten Deutschlands Juden auf. Wozu noch Schmerz zufügen, wenn das Ende bereits unabwendbar ist? Ähnlich wie bei einem Krebskranken im letzten Stadium. Kaum jemand wagt es, den Sterbenden mit der tödlichen Wahrheit zu konfrontieren: »Es steht sehr schlecht um dich. Man muß mit deinem Tod rechnen. Das wissen wir beide. Also laß uns das Beste aus der Situation machen und uns darüber unterhalten, wie wir dein Erbe am besten wahren können.«

So geht Deutschlands jüdische Gemeinde zugrunde. Ohne Lamento. Juden und Christen schweigen und versäumen damit die vielleicht letzte Gelegenheit, Deutschlands Juden Lebensmut einzuhauchen. Nicht aus schlechtem Willen, sondern aus Angst.

Diese Hintergründe von Angst und Haß waren mir wenig bewußt, als ich im Herbst 1983 mit der Vorbereitung eines autobiographischen Romans begann. Der entscheidende Beweggrund zum Schreiben war mein Verhalten bei antisemitischen Kränkungen. Es hatte sich seit meiner Kindheit kaum verändert. Immer wieder mußte ich an den 5. Juni 1967 denken, an dem der dritte arabisch-israelische Krieg begann. Ich arbeitete damals als Lehrling in München. Unser Geselle triumphierte: »Jetzt werden die Juden endlich ausgerottet!« Voller Haß stand ich dabei, fand aber nicht den Mut, auf ihn loszugehen.

Später ist es mir noch oft so ergangen. Stets habe ich mit Schmerz und ohnmächtigem Haß auf persönlichen oder allgemeinen Antisemitismus reagiert. Ich habe zahlreiche Sachbücher zu diesem Thema gelesen. Das Wissen, das ich dabei gewann, hat an meiner Betroffenheit jedoch kaum etwas geändert. Immer deutlicher wurde mir, daß ich emotional unfähig war, mit Judenfeindschaft umzugehen. Daher versuchte ich nun Rechenschaft über meine Gefühle abzulegen. Auch wollte ich wissen, was den antisemitischen Feind bewegte.

Ein Roman erschien mir am besten geeignet, diese Fragen zu klären. Denn hier konnte ich, anders als in der Wirklichkeit, endlich auf »Antisemitismus« ohne Gekränktheit, Wut, Haß, Angst, Hohn, Arroganz oder vermeintliche Indifferenz reagieren. Ich hatte nun Gelegenheit, ähnlich wie im Labor, jede entsprechende Konstellation unter allen Aspekten zu untersuchen, sine oder con ira et studio – je nach Stimmung und Notwendigkeit. Immer wieder konnte ich entsprechende Situationen durchfühlen und nach einer mehr oder minder langen Abkühlungsphase auch überdenken. Es war mir möglich, die Antisemitismusdosis nach Belieben zu regeln und meine Gefühle und Reaktionen zu beobachten. Wieviel konnte ich aushalten? Warum hatte ich geheult, als sich unser Geselle darüber freute, daß »die Juden endlich alle ausgerottet werden«? Weshalb hatte ich es nicht gewagt, mich zu prügeln? War meine Feigheit größer als mein Zorn?

Wieso hatte ich später die Äußerung einer Sekretärin ignorieren müssen: »Wenn man den Seligmann sieht, bedauert man, daß nicht alle Juden vergast wurden.« Allein, weil meine Kollegen meinten: »Laß das, Rafael. Du darfst die Frau nicht unglücklich machen, wegen so einem Unsinn. Wir geben uns nicht dafür her, gegen sie auszusagen.« Weshalb empfanden sie etwas als »Unsinn«, was mich tief verletzte? Wieso verletzte mich dieser »Unsinn« so stark? Warum brannte ich tatsächlich darauf, sie unglücklich zu machen?

Und schließlich, die entscheidende, von mir zunehmend verdrängte Frage: Diente mir der »Antisemitismus« der deutschen Gesellschaft und meiner Umgebung nicht auch als Alibi, meine eigenen Unzulänglichkeiten zu überspielen? Denn »Antisemitismus« ist objektiv schlecht. Wurde er gegen mich persönlich oder gegen die Juden im allgemeinen sichtbar, dann war ich im Recht, also »gut«. Ein unschuldiges Opfer. Meine eigenen Defizite, etwa Überempfindlichkeit, Streitlust, Sturheit, die mir bekannt waren, und weitere persönliche Negativa, die ich ahnte, konnte ich so hinter meiner Märtyrermaske verbergen.

Während des Schreibens erfaßten mich erneut Angst und Haß gegen *die* Deutschen. Ich erschrak, wie unverbraucht diese Gefühle geblieben waren, und fragte mich, wie ich es mit derartigem Haß und solcher Angst ein Vierteljahrhundert unter Deutschen ausgehalten hatte. Wie erging es meinen jüdischen Freunden, die die Deutschen gewiß nicht mehr »liebten« als ich? Wie verkrafteten es die Älteren, die direkt unter den Nazis gelitten hatten und die, wie ich wußte, die Deutschen vielfach in einer Intensität haßten, die ich begriff, aber glücklicherweise nicht nachvollziehen konnte?

Ich begann mich zu fragen, ob mein Deutschenhaß besser war als der Antisemitismus der Nazis. Gewiß, mein Haß war »nur« eine Reaktion auf deren Haß und Feindschaft – aber empfanden die Antisemiten sich nicht auch als »Opfer«, als Judenopfer? Ebenso wie die »Antisemiten« die Juden, so haßte auch ich pauschal *die* Deutschen. War ich besser als die Judenfeinde? Der entscheidende Unterschied zwischen dir und den Judenfeinden ist, daß du, bei allem Deutschenhaß, keinem Deutschen ein Haar gekrümmt hast, während unsere Feinde Millionen Juden gedemütigt, gequält und ermordet haben, sagte ich mir. Hatten nicht unzählige Antisemiten die Juden ebenfalls verschont? Nicht aus Einsicht, sondern weil sie sich ebenso ohnmächtig fühlten wie ich. Ich kannte die Mitleid heischenden Artikel der »Allgemeinen« sowie die Abrechnung Lea Fleischmanns: »Dies ist nicht mein Land«, und bewunderte ihre Konsequenz, Deutschland verlassen zu haben. Ich wollte es ihr nachtun, nachdem ich in meinem Roman mit dem »Herrenvolk« abgerechnet haben würde.

Indem ich schrieb, konnte ich mich nicht an meinen Emotionen vorbeimogeln. Und je mehr ich mich damit auseinandersetzte, desto deutlicher wurde mir, weshalb es keinen deutsch-jüdischen Nachkriegsroman gab. Konnte man Deutschen ein Buch zumuten, in dem sie kollektiv gehaßt wurden? Die Masse der Indifferenten würde sich dafür genausowenig interessieren wie für die nichtendenwollenden »Aufklärereien« über den Holocaust in Schule, Presse und Fernsehen. Die wenigen »Judenfreunde« wären betroffen. Sie würden sich enttäuscht abwenden. Die Antisemiten dagegen würden sich bestärkt fühlen.

Mein Roman berichtet von meinem Leben als Zwanzigjähriger. Ich fühlte damals ein überwältigendes Verlangen, erstmals mit einer Frau zu schlafen. Der Wunsch nach Sexualität, Liebe und Geborgenheit stellte sogar meinen Deutschenhaß in den Schatten. Wenn ich keine Jüdin »bekam«, dann eben eine Deutsche. Hauptsache eine Frau, die ich lieben wollte und die mich lieben sollte! Ich wollte Liebe, koste es, was es wolle, von mir aus sogar meinen Deutschenhaß. Während ich darüber schrieb, mußte ich mehrfach unwillkürlich an die Worte des Talmud denken: »Mit achtzehn unter dem Traubaldachin. Denn wer mit achtzehn noch ungefreit ist, wird den ganzen Tag nur an Sünde denken.«

Meine Generation ist geprägt vom Antisemitismus der Vergangenheit und der Gegenwart. Unsere Eltern zogen uns groß und übertrugen dabei ihre Ängste und ihren Haß gegen alle Deutschen auf uns. Die Antisemiten hegen und pflegen diese Gefühle. Aber wir leben in Deutschland. Bei aller Isolation bewegt sich unsere Generation in der deutschen Gesellschaft. Vor allem die Jüngeren lernen, trotz prinzipieller Aversionen, nicht-jüdische Partner kennen – und lieben. Dies wollen und können unsere davongekommenen Eltern nicht gutheißen. Sie sträuben sich »mit Händen und Füßen dagegen zu begreifen . . . in welche Lage sie sich und ihre Familien hier gebracht haben . . . Sie würden verrückt werden, wenn sie sich eingestehen würden, daß sie ins Land der Mörder zurückgekehrt sind, daß sie dabei sind, ihre Kinder, ihr ›Fleisch und Blut‹ mit dem Blut (der) SS-Mörder zu vermanschen . . ., das wäre ihr Ende. Das Eingeständnis des freiwilligen Selbstmordes der kümmerlichen Reste des deutschen Judentums, das die Todesmaschinerie körperlich überlebt hatte.«

Hier mußte ich mich erstmals mit dem Denken und Fühlen meiner antisemitischen Erzfeinde beschäftigen, mich in sie hineinversetzen. Es gelang mir leichter, als ich angenommen hatte. Das Ergebnis frappierte mich. Jemand, der es nötig hat, einen anderen Menschen allein wegen dessen Anderssein zu verletzen oder zu unterdrücken, kommt mit seinem Leben nicht zu Rande. Er ist unglücklich, fühlt sich »den« anderen unterlegen und »muß« deshalb Sündenböcke ausfindig machen, die an seinen Defiziten schuld sind. Folglich läßt er an ihnen seinen ungerechten Zorn aus.

Bis dahin hatte ich in Angst und ohnmächtiger Wut vor dem vermeintlich omnipotenten Antisemiten verharrt. Nun erkannte ich, daß der »Judenfeind« ein defizitärer Charakter ist, der Hilfe benötigt, um sein Leben zu bewältigen und sich nicht in sinnlose (Juden-) Feindschaft zu flüchten. Diese Einsicht verwandelte meinen Haß in Mitleid.

Objektiv bleiben die Judenfeinde fatal gefährlich für uns Israeliten – auch nach Hitler, wie zahllose Beispiele aus aller Welt immer wieder beweisen. Subjektiv jedoch verlor ich meine Antisemiten-Angst. Denn ich fühlte mich ihnen nicht länger unterlegen. Ich erkannte, daß sie Hilfe benötigen. Einen bemitleidenswerten Menschen aber kann man weder mit Gefühl noch mit Verstand hassen. Das Abstreifen meines Hasses allein lohnte die Mühe des Schreibens.

Je tiefer ich die Deutschen gehaßt hatte, desto mehr idealisierte ich Israel. Zion war mir Heimat und Asyl. In meiner Dissertation hatte ich »Israels Sicherheitspolitik« untersucht. Dabei hatte ich mich bemüht, Jerusalems Politik vom sogenannten wissenschaftlich-objektiven Standpunkt zu kritisieren. Nun, beim Schreiben meines Romans wurde mir der emotionale Graben zwischen Israelis und Diasporajuden zunehmend bewußt. Ich erinnerte mich an den München-Besuch eines israelischen Generals in der Folge des Sechs-Tage-Krieges. Während der Diskussion im jüdischen Jugendzentrum wurde dem Offizier auch die Frage gestellt, über die wir jüdischen Jugendlichen damals wochenlang gestritten hatten:

»Es gibt Gerüchte, daß Israel im Krieg auch Napalm eingesetzt haben soll.«

»Ja, Napalm ist gegen Panzer am wirksamsten«, antwortete der General.

Der Israeli hatte nicht begriffen, daß für uns vom Frieden verwöhnte Diasporajuden Zion ein moralisches Ideal war, das unmöglich, ebenso wie andere Staaten, etwa Amerika, skrupellos Menschen mit Napalm verbrennen konnte. Wir Diasporajuden wiederum wollten nicht verstehen, daß Krieg nicht ein Kampf von Gut gegen Böse ist, bei dem sich notwendigerweise das Gute durchsetzt, sondern, wie Clausewitz richtig feststellt, »ein Akt der Gewalt«, den man nur für sich entscheiden kann, wenn man die Gewalt am effektivsten, also am brutalsten und geschicktesten einsetzt.

Allmählich begriff ich, daß die Israelis uns Diasporajuden allein aufgrund ihres Wohnortes keineswegs moralisch überlegen waren. Und ich begann zu verstehen, was mich neben dem bequemen Leben in Deutschland vom »Aufstieg« ins Gelobte Land abgehalten hatte: Fremdheit. Deutschland war voller Antisemiten, und viele von ihnen waren Verbrecher. Aber ich lebte seit Jahrzehnten hier. Deutsch war meine Muttersprache, ich dachte und träumte in dieser Sprache. Die deutsche Kultur war meine Kultur. Juden hatten in den vergangenen Jahrhunderten die Sprache und die Kultur dieses Landes mitgeprägt. Ich war Teil der deutschen Geschichte. Meinem Deutschenhaß zum Trotz waren die meisten meiner Freunde Deutsche – Nichtjuden. Nun, da meine Angst und mein Unterlegenheitsgefühl gegenüber den Antisemiten gewichen waren, fand ich endlich die seelische Kraft, mich zu meiner Identität zu bekennen: »*Ich bin ein deutscher Jude.*« Mit diesen Worten beendete ich meinen Roman, den ich »Rubinsteins Versteigerung« nannte.

Wer suchet, der findet

Meine persönliche »Abrechnung« hatte mir geholfen. Ich war überzeugt, daß mein Überfühlen und -denken der Situation als deutscher Jude auch anderen, vor allem jüngeren Menschen, Juden wie Nichtjuden, nützen konnte. Indem sie ihnen aufzeigte, daß ihre tabuisierten Emotionen, ihre Nöte, Ängste und Bedürfnisse auch von anderen geteilt wurden. Darüber hinaus hatte ich Gefallen am Schreiben mit »langem Atem« gewonnen, im Gegensatz zum hektischen, auf schnelle »Erfolge« orientierten Tagesjournalismus, dem ich damals nachging.

Also machte ich mich auf die Suche nach einem Verleger. Ich stellte mir dies nicht allzu schwierig vor. Wenige Jahre zuvor hatte ich keine große Mühe gehabt, meine Doktorarbeit bei einem renommierten Fachverlag publizieren zu lassen. Ähnlich würde es mit meinem Roman sein – dachte ich.

Zunächst schien ich Anfängerglück zu haben. Bei einem »Publikumsverlag« zeigte eine Lektorin Interesse an meinem Manuskript.

Der Verlagschef jedoch lehnte mein Buch ab. Er mußte auf den »philosemitischen« Ruf seines Hauses achten, in dem Autoren wie Ephraim Kishon und Franz Schönhuber einträchtig nebeneinander existieren. Womöglich hätte Schönhuber gegen mein antisemitisches Machwerk protestiert.

Nach einer Reihe ähnlich begründeter Absagen schien sich endlich alles doch zum »Besseren« zu wenden. Bei einem Besuch in Israel lernte ich Lea Fleischmann kennen, die mir empfahl, mein Buch Hoffmann und Campe anzubieten. Kurz darauf rief mich die Lektorin an und meinte, sie lese mit »glühenden Ohren« mein Manuskript. In den nächsten *Tagen* werde sie mich aufsuchen, um mit mir die Modalitäten des Vertrags und der Publikation zu erörtern. Mein Jubel machte Niedergeschlagenheit Platz, als ich nach Wochen der Funkstille in Hamburg anrief und von meiner einst begeisterten Leserin zu hören bekam: »Tut mir leid. Das können wir nicht bringen. So spricht kein Jude mit seinen Eltern.«

»Woher wissen Sie das?«

»So was können wir unseren Lesern nicht zumuten.«

Die »glühenden Ohren« der Lektorin hatten sich mir verschlossen. Ebenso wie die ihrer zahlreichen Kollegen, an die ich mich in den nächsten Jahren mit meinem Manuskript wandte. Die Begründungen hatten, ob höflich oder harsch formuliert, stets den gleichen Tenor: Die schnoddrige Sprache und die vielfach verletzende Art meiner Aussagen würden der »ernsthaften Bedeutung der deutsch-jüdischen Beziehungen« nicht gerecht.

Mein Einwand, daß mein Manuskript, bei aller Fehlerhaftigkeit und Unvollständigkeit, immerhin das bislang einzige fiktive Dokument über das Fühlen und Denken der deutschen Nachkriegsjuden sei, daß ein solches Buch daher Anlaß zu einer dringend notwendigen Diskussion über das deutsch-jüdische Verhältnis geben könnte, ließ man nicht gelten. Dadurch könnte mehr Schaden als Nutzen entstehen, hieß es. »Antisemiten könnten Ihr Buch als Rechtfertigung« für ihre Thesen erblicken. Auf welche Art und Weise wurde mir nie mitgeteilt.

Drei Jahre dauerte die vergebliche Suche nach einem Verleger, der bereit war, mein Manuskript zu veröffentlichen. In dieser Zeit gründete ich in München auf Vorschlag des Vorstands der Israelitischen Kultusgemeinde die »Jüdische Zeitung« und leitete zwei Jahre die Redaktion. Die Zusammenarbeit zwischen der Gemeinde und mir gestaltete sich nicht unproblematisch. Kernpunkt des Streits war der Versuch des Vorstands, Zensur auszuüben. Als ich in einem Artikel die provozierende Frage stellte, wann den Juden Deutschlands endlich »Der Ausbruch aus dem Klischee des weisen Nathan« gelänge, erhielt ich eine prompte Antwort: Man entließ mich fristlos.

Nachdem mir dieses beschränkte Forum entzogen war, empfand ich es um so wichtiger, meine Vorstellungen zum deutsch-jüdischen Verhältnis an die Öffentlichkeit zu bringen. Da ich keine Möglichkeit sah, mein Manuskript bei einem bekannten Verlag unterzubringen, vertraute ich mein Elaborat einer Frau Wunder an, die es gegen einen Druckkostenzuschuß in ihrem »Verlag« publizieren wollte. Die »geringe« Eigenbeteiligung betrug schließlich 11 340 D-Mark plus Mehrwertsteuer, ehe mein Buch im März 1988 endlich veröffentlicht wurde.

KEIN SCHALOM ALLERSEITS
IMPRESSIONEN AUF LESEREISEN

»Sie haben schon die Wahrheit geschrieben...«

München, 17. März 1988

Mir wird gestattet, mein Buch in den Räumen der »Israelitischen Kultusgemeinde« zu präsentieren. Gemeindepräsidentin Charlotte Knobloch, die meint, »wir Juden sind Gäste in diesem Land«, ist »besorgt«. »Haben Sie keine Angst? Mitglieder unserer Gemeinde haben angerufen und gedroht, Sie zu verprügeln.« Der Grund: Die »Münchner Abendzeitung« hatte geschrieben: »Seligmann erweist sich als ein Nestbeschmutzer jüdischer Larmoyanz.«

Plakate, die auf meine Lesung hinweisen, werden teilweise heruntergerissen, aus anderen mein Konterfei herausgebrannt. Die erste Lesung am 17. März 1988 läuft dennoch glimpflich ab. Sogar die Vorsitzende der »Gesellschaft für Christlich-Jüdische Zuammenarbeit«, Henny Seidemann, zeigt sich interessiert. Wenige Tage später macht mich ein Vorstandsmitglied der Gemeinde mit einer speziellen Logik bekannt, die fortan die Haltung vieler etablierten Juden zu meinem Buch kennzeichnen wird: »Sie haben schon die Wahrheit geschrieben. Aber gerade deshalb darf man so ein Buch nicht veröffentlichen.«

Die schöne Frau Seidemann dagegen hat nun »moralische« Bedenken. Sie bezeichnet mich als Pornographen. Bei der Lesung hätte ich nur »saubere Stellen« vorgelesen. Im Buch dagegen entlarvte ich mich als geiler Jude: »Das deutsche Judentum ist auf den Schwanz gekommen.« Was sollen die Gojim denken!

München, Ende März 1988
Das zwiespältige Echo auf meine Buchpräsentation veranlaßt einen Redakteur des Bayerischen Fernsehens, sich im Beitrag zur »Woche der Brüderlichkeit« nicht mit den üblichen Leerformeln über die »verständnisvollen jüdischen Mitbürger« zu begnügen. Statt dessen will er durch das Vorstellen meines Romans die Zuschauer zu einer Stellungnahme über die Juden im *heutigen* Deutschland provozieren. Ein Aufnahmeteam des »Bayerischen Rundfunks« möchte das soeben erschienene Buch in der »Literaturhandlung. Literatur zum Judentum« filmen.

Geschäftsführerin Rachel Salamander zeigt sich, nach den Worten des Redakteurs, entsetzt: »Um Gottes willen! Wieso gerade dieses furchtbare Buch? Das hat doch mit Literatur nichts zu tun.«

Ungeachtet dieses Verdikts erregt der Beitrag vielfach Aufmerksamkeit. Der Zugang zum Buch bleibt den meisten Interessenten dennoch verwehrt, denn Frau Wunder hat zunächst versäumt, »Rubinsteins Versteigerung« in das »Verzeichnis lieferbarer Bücher« (VlB) aufnehmen zu lassen. So daß die wenigsten Buchhändler wissen, woher sie mein Buch beziehen sollen.

München, Frühjahr 1988
Die geringe Bekanntheit des Wunder-Verlags und das Fehlen des Buches im VlB haben zur Folge, daß eine Reihe positiver Buchbesprechungen in Presse und Funk wirkungslos bleiben. Um meinen »Rubinstein« an die Leser zu bringen, muß ich diese daher persönlich aufsuchen.

Die Anregung dazu hat mir das Buch »Schalom allerseits« von André Kaminski gegeben. Darin beschreibt der Autor seine Lesereise durch Deutschland, auf der er sein Buch »Nächstes Jahr in Jerusalem« vorstellte.[1] Ich bin mir des Unterschieds der beiden Bücher bewußt. Kaminskis jüdische Romanfiguren sind Karikaturen der deutschen Philosemiten. Nie verläßt diese kleinen, gütigen Ganoven ihr vermeintlich sprichwörtlicher jüdischer Humor, oder was man

[1] Schalom allerseits. Tagebuch einer Deutschlandreise, Frankfurt/M. 1987

149

hierzulande dafür hält. Ständig wird »Nu?« und »Oj« gerufen und »Me lejbt weiter.« Und – Kaminskis Juden sind bereits tot. Hierzulande liebt man tote Juden – man kann sie so schön betrauern.

Auch fehlt mir Kaminskis Bereitschaft, Schmerzhaftes unter den Teppich zu kehren: »Man sollte endlich einen Schlußstrich ziehen unter das Vergangene.« Ich empfinde keineswegs seine Dankbarkeit: »Und doch hat sich etwas geändert. Ich deklariere mich als Jude. Vor fünfzig Jahren hätte man mich . . . eingekerkert.« Wie gut haben wir's doch jetzt!

Damit kann ich nicht dienen. Mein Alter ego Jonathan Rubinstein lebt weder im untergegangenen Schtetl Osteuropas noch im Israel Ephraim Kishons und Ariel Sharons, sondern heutzutage, mitten unter uns. Er ist faul, geil, aggressiv, er scheut nicht einmal davor zurück, das »schlechte Gewissen« der Deutschen auszubeuten. Die Israelis bezeichnet er als »unmenschliche Automaten«.

Aber ich sehe keinen anderen Weg, als dem Leser »direkt« mit meinem Buch auf den Leib zu rücken. Also muß ich meine Schüchternheit überwinden und bei Buchhändlern »Klinken putzen«, das heißt um Lesungen nachfragen. Erstmals habe ich in München-Neuhausen Glück. Frau Liesenhoff von »Co-libris« will eine Lesung mit mir wagen.

München, 19. Mai 1988
Deutsches Publikum, etwa zwei Dutzend Menschen. Man hört aufmerksam zu, diskutiert. Bald jedoch kommt man auf den viel zu Nahen Osten zu sprechen. Man ist froh, endlich einen leibhaftigen Juden vor sich zu haben. Ich dagegen will die Meinung der Hörer zu meinem Buch erfahren. Ohne großen Erfolg.

München, 13. Juni 1988
Studentenheim am Biederstein. Endlich habe ich Gelegenheit, mit jungen interessierten Nichtjuden über mein Buch zu reden – und es zu verkaufen. Etwa zehn Studenten sind erschienen. Bald kommt die Frage:

»Warum leben Sie in Deutschland?«

»Warum leben *Sie* in Deutschland?«

»Weil ich Deutscher bin.«

Verstehe, und ich Jude.

Soll ich ihm sagen, daß meine Familie seit 400 Jahren in Bayern lebt, gewiß länger als die meisten »Alt«-, »Kern«- oder sonstigen Bayern?

Ähnlich verläuft die Lesung am 28. Juni im Willi-Graf-Studentenheim. Diesmal kommt ein Dutzend Studenten. Ebenso wie auf der letzten Lesung kann ich nur ein Buch verkaufen. Zuwenig BAföG?

Rosenheim, 5. Juli 1988

Die Buchhandlung »Irrlicht« ist mir von einem Studenten empfohlen worden. Der Laden ist »alternativ« eingerichtet, viel Holz, Kinderbücher, Spiele. Die Besucher sind wohlwollend, die Stimmung entspannt.

Die harmonische Diskussion im Anschluß an die Lesung mit wechselseitigen Komplimenten: »... interessantes Buch ...«, »... aufgeschlossenes Publikum ...«, verändert jäh ihren Charakter, als sich eine etwa dreißigjährige Frau zu Wort meldet: »In Rosenheim gibt es einen Haufen Antisemiten. Ich hatte als Kind häufig darunter zu leiden.« Das will gar nicht zum netten Publikum passen, mit dem ich »die« Rosenheimer gleichgesetzt habe. Ein Jahr später bei der Europawahl erzielen die »Republikaner« hier mit über 20 Prozent ein Spitzenergebnis.

Universität Augsburg, 14. Juli 1988

Die Professoren Theo Stammen und Wladyslaw Bartoszewski haben eingeladen. Gernot Römer, Chefredakteur der »Augsburger Allgemeinen«, Spezialist für die »Leidensgeschichte der Juden in Schwaben«, so sein Buch, hat sich eine positive Kritik abgerungen – man darf doch den jüdischen Mitbürgern nicht weh tun.

Freilich, nicht nur zwischen den Zeilen spürt man seine Bauchschmerzen: »Geradezu unerträglich ist es, wie der Autor mit seiner Mutter spricht.«

Sei's drum, der Hörsaal 2102 ist voll. Das Publikum ist aufgeschlossen und realistisch.

»Was regt ihr euch so auf? Kinder sprechen nun mal so, egal ob jüdisch oder nicht«, meint eine junge Frau. Endlich!

Am Ende der Veranstaltung spricht mich eine Dame mittleren Alters an: »Herr Seligmann, ich kannte Ihren Vater. Wir leben seit 1936 im Seligmann-Haus in Ichenhausen (bei Günzburg). Mein Vater war immer Gegner der Nazis.«

»Wieviel Millionen Juden mögen in Deutschland gelebt haben, daß fast jeder erwachsene Deutsche Gelegenheit fand, mindestens einen Juden zu retten. Wo sind die Nazis und ihre Helfershelfer geblieben?« hatte ich im »Rubinstein« geschrieben.

München, 12. Oktober 1988

Heute soll ich im »Jugend- und Kulturzentrum« der Israelitischen Kultusgemeinde lesen. Meine Stimmung schwankt zwischen Verzagtheit, Neugier und Konfrontationslust. Unmittelbar nach der turbulenten Präsentation meines Buchs im Frühjahr hatten mich eine Reihe jüngerer Münchner Juden aufgefordert, im »Kulturzentrum« aus meinem Buch zu lesen und anschließend mit dem Publikum zu diskutieren. Ich hatte zugesagt. Die Leiterin des »Zentrums«, Ellen Presser, lehnte jedoch vehement ab. Dabei wollte ich es bewenden lassen.

Nicht so meine Protektoren. Unter ihnen, für mich überraschend, Gemeinde-Präsidentin Frau Knobloch. Bald geht es nicht mehr um meinen Roman. Das Buch dient lediglich als Vehikel im Kampf um Prestige und Macht. Auf der einen Seite Ellen Presser, die aus verständlichen Gründen auf ihre Programmautonomie bedacht ist, ihr gegenüber Gemeindemitglieder, die meinen, auch ein umstrittener Autor sollte die Gelegenheit erhalten, seine Ideen darzulegen.

Nach wochenlangem Geplänkel finde ich mich aus Eitelkeit und Trotz zur Lesung bereit.

Giovanni Di Lorenzo, ein Journalist der »Süddeutschen Zeitung«, soll die Diskussion moderieren. Wenige Tage vor der Veranstaltung sagt Di Lorenzo ab. Er will sich's offenbar mit der zürnenden Ellen

Presser nicht verderben. Als *Diskussionsleiter* wird mir ein Mitarbeiter von »Radio Free Europe« ohne besondere literarische Kenntnisse vorgesetzt. Ich hoffe dennoch, das Publikum, etwa vierzig Hörer, zumindest neugierig stimmen zu können.

Kaum habe ich meine Lesung beendet, ergreift ein eifernder »Philosemit« das Wort: »Sie predigen Haß! Sie wollen das Werk der Versöhnung zwischen unseren Völkern zerstören!« Die Philippika dauert etwa zwanzig Minuten. Eine »Diskussion« ist dadurch totgeredet. Betreten verlassen Publikum und Autor den Saal.

Die »Jüdische Zeitung«, in der Frau Presser nunmehr wiederholt über Kultur berichtet, betitelt den Bericht über die Veranstaltung: »Verordnete Zumutung«. Wie treffend! Ein gut Teil des Ärgers habe ich mir selbst zuzuschreiben.

Und die »kritische« jüdische Jugend Münchens? In ihrer Zeitschrift »Nudnik« (zu deutsch: Schwätzer) sagen die Redakteure unter der Überschrift »Das Bumsen hat wenig genutzt«, was Sache ist: »Rafael Seligmann versäumt keine Gelegenheit, sich und andere mit Schmutz zu bewerfen.«

Sommer 1988
Der Eichborn-Verlag wird auf mein Buch aufmerksam, möchte die Buchrechte erwerben. Frau Wunder ziert sich. Ein monatelanges Gefeilsche hebt an. Erst zum Jahresende wird man handelseinig.

Herbst 1988
Durch Presseberichte neugierig geworden, zeigen mehrere Buchhändler allmählich Interesse. Ich lese in Mering bei Augsburg, Gauting, Regensburg, Wasserburg. Das Publikum zeigt sich für jüdische Belange aufgeschlossen, zumindest neugierig, beste Voraussetzung also für eine lebendige Auseinandersetzung zwischen Interessierten und dem Autor.

Natürlich fehlen auch hier nicht die Klischeefragen: »Wieso zeichnen Sie so negative Juden?« – »Fürchten Sie nicht, mit Ihren Aussagen den Ewiggestrigen neue Argumente zu liefern?« – »Wie sollen wir Deutsche die Vergangenheit bewältigen?« Ja, wie?

153

Es mangelt aber auch nicht an solchen, die meinen: »Laßt uns endlich einen Schlußstrich unter die Vergangenheit ziehen!« – »Alle haben Dreck am Stecken. Auch die Israelis!« Also sind wir Deutsche endlich exkulpiert. Andere dagegen wollen »Wiedergutmachung« leisten.

Weiden/Oberpfalz, 6. Dezember 1988
Die »Gesellschaft für Christlich-Jüdische Zusammenarbeit« lädt mich ein, über mein Buch und »Die Lage der deutschen Juden« zu sprechen. Constanze Schöner stellt meinen Roman als »trauriges Buch« vor. Ich widerspreche: »Es ist ein zorniges Buch, ein optimistischer Roman.« Danach plätschert das Gespräch in allgemeiner Sympathie gegenüber dem »jüdischen Mitbürger und Autor« dahin.

Da ergreift Frau Brenner, die Gattin des Vorsitzenden der jüdischen Gemeinde, das Wort: »Sie sind wie Hitler! Sie scheren alle Juden über einen Kamm.«

Kurze Pause.

»Außerdem lügen Sie. Es gibt keinen Antisemitismus mehr in Deutschland.«

Vertritt ihr Gatte im Zentralrat gegenüber Heinz Galinski ähnliche Vorwürfe?

Frau Brenners Sohn dagegen, etwa vierzigjährig, wagt, mit nervöshoher Knabenstimme, Widerspruch gegen seine rigorose Mamme: »Es gibt Antisemitismus in Deutschland! Auch heute.«

»Du hältst den Mund!« weist ihn die Mutter prompt zurecht.

Wir Juden haben also nicht nur unter Antisemiten zu leiden, wodurch wir in eine Märtyrerrolle geraten, sondern ebenso unter unseren Müttern – hier sind wir vielfach tatsächlich Opfer. Ich beschließe, ein Buch darüber zu schreiben. Frau Brenner verdanke ich die Titelidee: »Die jiddische Mamme.«

Eine jiddische Mamme

Januar 1989

Ich gebe meine Tätigkeit als Akademischer Rat am Lehrstuhl für »Internationale Politik« der Universität München auf und beginne mit Überlegungen und Niederschrift »meiner« *Jiddischen Mamme.* Im vorherigen Roman hatte ich über die Mutter des Titel-»Helden« geschrieben: »Sie und ihresgleichen haben das Judentum mit unzerstörbarer Vitalität und Unerschrockenheit am Leben erhalten – nicht die vielgerühmten Rabbiner und Talmudgelehrten. Der Preis war die Kastration der Väter und Söhne.«

Daran wollte ich nun anknüpfen. Was erhebt unsere Mütter zu unumschränkten Beherrscherinnen unseres Lebens von der Wiege bis ins Grab? Finkielkraut nennt es eine »verzehrende und beschützende Liebe«, von der man sich nie erhole. Philip Roth macht sich in unnachahmlich heiter-melancholischer Weise über unsere Mammologie lustig. Was setzt uns jüdische Männer unter Druck, unseren Mammes immer und überall, in Schule, Beruf und Freizeit zu beweisen, daß *wir* die Besten sind – selbst wenn die Mütter inzwischen bereits Jahrzehnte unter der Erde ruhen? Was treibt uns dazu, in jeder Frau die Mamme zu sehen und diese sogleich zu verlassen, sobald eine »noch« authentischere Mutter auftaucht? Kurz, was hindert uns, erwachsen zu werden, in eigener Verantwortlichkeit zu leben? Enge, ja pathologische Mutterbindung ist kein jüdisches Privileg. Italiens, Arabiens und Lateinamerikas Männer und Ehefrauen können ein garstignostalgisches Lied davon singen. Im globalen Chor der Mama-Geschädigten wird auch so mancher deutsche Knabe mitsingen.

Ich selbst habe die Wonnen und Leiden einer jüdischen Mutter erlebt – allein darüber konnte und wollte ich klagen, sie preisen und über sie berichten. Mochte sich jeder Mann und jede Frau damit identifizieren oder nicht. Wie beim »Rubinstein« in einen Antisemiten wollte ich mich nun – man verzeihe den Vergleich – in die Frau(en) versetzen. Ich ging noch einen Schritt weiter als zuvor und schilderte den Geschlechterstreit abwechselnd aus der Sicht beider Kontrahenten.

Bemerkenswert an diesem Experiment: Als ich die Rohfassung des Manuskripts mehreren Freundinnen zu lesen gab, lautete die Kritik unisono: »Du hast naive, idealisierende Vorstellungen von uns Frauen. Wir Weiber denken viel klarer, pragmatischer, konsequenter und auch härter.«

Das verblüffte mich. Aufgrund meiner Erziehung litt ich offenbar an einem latenten Schuldgefühl gegenüber meiner Mamme: Wie konnte ich je ihrer monumentalen Liebe gerecht werden? Später prolongierte ich die Schuldwechsel auf Mutters Geschlechtsgenossinnen. Die Einwände meiner Kritikerinnen zwangen mich, mein Frauenbild zu überdenken. Wie fühlen, wie denken Frauen?

Ist es möglich – diese ketzerische Überlegung wagte ich zunächst kaum zu stellen –, daß Frauen, ja sogar meine eigene Mutter, ihre »Liebe« als Herrschaftsinstrument einsetzen? Nur bei »Wohlverhalten« wärmen ihre Strahlen Sohn und Mann. Wagt *man* dagegen zu opponieren, so erkaltet die »Liebe« augenblicklich.

Mir kam die Aussage Nietzsches in den Sinn, der die Liebe nicht als edles, selbstloses Gefühl gelten läßt, sie vielmehr als kleinliche Besitzgier brandmarkt. Ist es möglich, daß die meisten Männer *und* Frauen ebenso handeln, sogar meine Mamme? Ergibt sich aus einer entsprechenden »Erziehung« nicht fast zwangsläufig eine lebenslange Infantilität der Geschlechter zueinander? Nicht offene Auseinandersetzung, sondern ein permanenter Guerillakrieg, in dem »die Liebe« als wirksame Waffe von beiden Seiten unter taktischen Gesichtspunkten eingesetzt wird? Suchen daher so viele domestizierte Männer *und* Frauen nach einem dominanten Partner, der ihnen alle wichtigen Entscheidungen im Namen der »Liebe« abnimmt? Besteht hier nicht eine Parallele zum Demutsverhalten vieler Juden gegenüber den Antisemiten? Benutzt man hier wie dort nicht die »Liebe« beziehungsweise Feindschaft, um sich auf eigenen Ängsten auszuruhen und untätig zu bleiben? Dämonisiert man daher Mutter und Antisemiten als übermächtig? Kurz, besteht ein Zusammenhang zwischen jüdischer Erziehung und Antisemitismusreaktion?

Diese Frage stellt sich auch der Vater des Mammesöhnchens: »Du weißt ja, daß ich als junger Mann ins KZ kam. Es war die Hölle. Aber trotzdem – es war einfacher als später. Die SS-Leute und die Kapos nahmen die Stelle unserer Mamme ein. Der Vergleich ist schlimm. Aber eins war wie zu Hause – sie sagten uns immer, was wir zu tun hatten.«

Ein anderes Thema war mein Verhältnis zu Israel. 1978 hatte ich ein Forschungsjahr in Israel verbracht, um festzustellen, ob ich fähig war, im Gelobten Land zu leben. In Zion erst wurde mir deutlich, daß wir Diasporajuden uns zwar als Zionisten gebärden, vor Ort jedoch zu weich für die harte Pioniergesellschaft des jüdischen Staates sind. Dort fühlte ich auch, daß es für einen Israeli so gut wie unmöglich ist, Schwäche zu zeigen.

»Haben die Israelis keine Angst wie wir Diasporajuden, oder sind sie noch furchtsamer als wir – zu feige, ihre Angst zu zeigen, und daher zwanghaft tapfer?« fragt sich mein Alter ego Samy Goldmann.

Und seine Freundin Margalith beurteilt den israelischen Machismo so: »Unsere israelischen Männer müssen schon als Kinder lernen, ihre Angst zu verbergen. Denn eine schlimmere Beleidigung als ›Feigling‹ gibt es in Israel nicht. Alle Israelis wollen Helden sein – in unserem Kibbuz direkt an der Grenze haben sie reichlich Gelegenheit dazu. Aber auch andernorts, selbst in den Städten, brennen die Männer ständig darauf, sich zu ›bewähren‹. Dieser zwanghafte Mut erdrückt fast das ganze Leben bei uns. Weichheit, Zärtlichkeit, Einfühlungsvermögen, Empfindlichkeit, Humor, alles gilt als Schwäche, als Unmännlichkeit bei Männern *und* Frauen.«

Ort der »Jiddischen Mamme«-Handlung ist Israel. Und so ist eine zentrale Frage des Buches, wie sich der Jahrzehnte während arabisch-israelische Konflikt, das ständige Gefaßtseinmüssen auf Krieg und Terror auf die Psyche des einzelnen und die Mentalität der israelischen Gesellschaft auswirken. Besaßen die Israelis je die Chance zur »Normalität«, oder mußten sie nicht zwangsläufig zur spartanisch-aggressiven Gesellschaft mutieren?

»Eines müssen die Araber kapieren, selbst wenn sie eines Tages stärker werden sollten als wir: Ein Krieg gegen uns bedeutet für viele von ihnen den sicheren Tod. Wir werden so viele mitnehmen, wie wir nur können – gnadenlos. Es ist das einzige, was sie verstehen. Und damit sie's nie vergessen, müssen wir ihnen immer wieder kräftig aufs Haupt schlagen. Sie sollen begreifen, daß man uns nicht umsonst auslöschen kann«, erläutert ein israelischer Offizier Samy seine Lebensphilosophie.

Während meines einjährigen Israelaufenthalts hatte ich mich in eine sephardische, also eine orientalisch-stämmige Jüdin verliebt und sie später geheiratet. So spürte ich am eigenen Leib neben der Auseinandersetzung zwischen Israelis und Diasporajuden auch den Konflikt zwischen aschkenasischen, also europäischen, und sephardischen Juden. Bemerkenswerterweise war meine nichtjüdische Freundin aus Deutschland von den meisten Israelis ohne Aufhebens akzeptiert worden. Anders als von den Juden in Deutschland, die sie als »Schickse«, also als »Unreine«, beschimpft hatten. Meine sephardische Freundin Ruth dagegen wurde von den Aschkenasim ständig als »Schwarze« lächerlich gemacht.

Verwundert stellte ich fest, daß Diskriminierung – von »Rassismus« zu reden war hier ebenso lächerlich und unkorrekt wie in Deutschland – kein deutsches Privileg ist. Viele Israelis sind ebenfalls Jünger dieser Ideologie des minderen Selbstwertgefühls – untereinander wie in ihrem Verhältnis zu den Arabern. Ich mußte mir eingestehen, daß auch in Israel vielfach »Herrenmenschentum«-Mentalität anzutreffen ist.

Alice Springs, Februar 1989
Ich bin tagaus, tagein mit jiddischen und nicht-jiddischen Mammes, Jingales, Mejdales, Schicksen, Deutschen, Israelis, Zionisten und Diasporajuden, ihren Bedürfnissen, Sehnsüchten, Ängsten und Lebensstrategien befaßt. Irgendwann kann ich keine Juden- und Mammeprobleme mehr hören und keine Winterkälte mehr fühlen. Ich mache Urlaub in Australien. Mitten in der australischen Wüste lerne ich eine deutsche Ärztin kennen, die mir die Adresse deutscher Wissenschaftler in Sydney gibt.

Sydney, 22. März 1989
Bernd Hüppauf, Dozent für deutsche Literaturwissenschaft an der
»New South Wales University«, lädt mich ein, in seinem Seminar aus
dem »Rubinstein« zu lesen. Ich sage sofort zu, denn ich bin neugierig
auf die australischen Studenten.

Sie sind gut vorbereitet, haben meinen Roman bereits gelesen und
über dessen Aussagen diskutiert. Sie sind interessiert – aber glücklicherweise nicht betroffen. Sie fragen mich, wie ich das Problem der
Aborigines, der australischen Ureinwohner, beurteile. Ich bedauere
das Unrecht und die Verbrechen, die an ihnen verübt wurden. Es fällt
einem recht leicht, auf der Seite der Unterdrückten zu stehen, wenn
man sich frei von Schuld wähnt. Gegenüber Palästinensern dagegen
bin ich befangen. Die australischen Studenten sind in der glücklichen
Lage, mich nüchtern und mit wissenschaftlicher Neugier über das
Leben der Juden im Nachkriegsdeutschland befragen zu können. Sie
begreifen meine Gefühle, dessen bin ich gewiß, weniger als deutsche
Antisemiten – die gegenseitige Vertrautheit, und mag sie sich auch in
Feindschaft ausdrücken, fehlt.

Bonn, 24. März 1989
Die »Allgemeine Jüdische Wochenzeitung«, das offiziöse Organ des
»Zentralrats der Juden in Deutschland«, setzt sich mit »Rubinsteins
Versteigerung« auseinander. Unter der Überschrift »In Demut klei-
nere Brötchen backen« heißt es unter anderem: »Man wird den
Verdacht nicht los, daß (Seligmann) sich mit dieser Art Nestbe-
schmutzung bei der nichtjüdischen Leserschaft anzubiedern sucht,
die dankbar jede Absolution für die Jahre 1933 bis 1945 anzunehmen
bereit ist.«

Frankfurt, April 1989
Die neue Hardcover-Edition von »Rubinsteins Versteigerung«
kommt auf den Buchmarkt. Mehrere Buchhändler laden mich ein.
Am 18. April lese ich im Theaterforum Darmstadt. Danach ist
erneut Augsburg an der Reihe.

Augsburg, 19. April 1989

»Pustet«, die größte Buchhandlung der Stadt, hat mich eingeladen. Ein Plakat mit dem Davidstern zwischen den Münchner Frauentürmen wirbt für meine Lesung. Dennoch fällt die Veranstaltung fast ins Wasser. Die »Augsburger Allgemeine«, die in der Schwabenstadt de facto ein publizistisches Monopol besitzt, hatte sich geweigert, mit einer ausführlichen Meldung auf die Veranstaltung bei »Pustet« hinzuweisen. »Sie können von mir nicht verlangen, daß ich für *dieses* Buch nochmals Reklame mache«, hatte Chefredakteur Römer dem »Pustet«-Geschäftsführer Nitschke beschieden.

Das Ergebnis: Lediglich zwölf Personen suchten den Autor Seligmann auf.

Schwabach bei Nürnberg, 20. April 1989

Ich lese bei »Wein und Kunst«. Der Besitzer, ein Herr Müller, ist engagierter Grüner und Antifaschist. Seit Jahren kämpft er vergeblich darum, der früheren Synagogengasse wieder ihren alten Namen zu geben. Heute, am 100. Geburtstag des »Führers«, wird daher im Anschluß an die Lesung kaum über die Neurosen des Romanhelden Rubinstein geplappert, dafür um so mehr, wie man eine geplante Feier der NPD für das Geburtstagskind verhindern könne.

Schleswig, 26. September 1989

Zwei Dutzend Hörer diskutieren höflich mit mir über »Die Problematik des Zusammenlebens von Juden und Deutschen« (nicht von *deutschen* Juden und Nicht-Juden). Da bringt ein Arzt vom nahen Landeskrankenhaus frischen Wind in die Runde: »Was tun Sie mit uns, Herr Seligmann? Endlich hatten wir uns ein positives Judenbild zusammengebastelt, und nun kommen Sie und machen uns unsere heile Juden-Welt wieder kaputt.«

Bielefeld, 27. September 1989

Über fünfzig Menschen sind zu meiner Lesung in der Alten Textilfabrik erschienen. Danach tadelt mich ein Israeli: »Wie können Sie es mit Ihrem Gewissen vereinbaren, in diesem Land zu leben?«

Düsseldorf, 28. September 1989
Ich lese in den Räumen der jüdischen Gemeinde. Eine jüngere Jüdin ist empört. »Ich habe zahllose jüdische Freunde. So spricht kein jüdisches Kind mit seinen Eltern.«

»Und ob!« meint die Geschäftsfrau Ruth Ryba. »Wir alle haben so mit unseren Eltern gesprochen und tun es immer noch.«

»Glauben Sie ihr kein Wort«, widerspricht ihre Mutter. »Meine Kinder lieben mich. Ja, sie lieben mich.«

Sie motiviert mich damit, mich intensiver mit meinem »Jiddischen Mamme«-Manuskript auseinanderzusetzen.

Berlin, 1. Oktober 1989
Die »Deutsch-Israelische Gesellschaft« läßt bitten. Kann ich es wagen, hier aus dem Kapitel »Der ewige Jude« vorzulesen? Mit Blick auf Israel hatte ich geschrieben: »Was haben wir verbrochen, daß nach der physischen Vernichtung jetzt auch die geistige Endlösung kommt: die Reduzierung des Judentums auf einen Stahlhelm?«

Am selben Abend findet eine »Ossietzky-Gedenkfeier« statt. »Da geht ein Teil unseres Publikums bestimmt hin«, meint ein »Deutsch-Israelischer«.

Dennoch, der Saal ist voll. Eine Berliner Zeitung hatte einen kleinen Vorbericht gedruckt. Ich lese aus dem »Ewigen Juden«-Kapitel. Applaus.

Heinz Striek, Vorsitzender der »Deutsch-Israelischen« in Berlin, macht mir das schönste Kompliment meiner Deutschlandreise: »Mit Ihrer Lesung haben sie uns bewiesen, daß es bei aller Wichtigkeit, sich mit der Vergangenheit auseinanderzusetzen, zumindest ebenso wichtig ist, sich mit der Gegenwart zu beschäftigen.«

Als ich den Saal verlassen will, fragt mich ein älterer Jude bedrückt: »Merken Sie nicht, daß Sie mit Ihrem Buch Antisemiten und Israelfeinden nur Munition gegen uns liefern?«

»Nein, im Gegenteil.«

Frankfurt, Buchmesse, 15. Oktober 1989
Gemeinsam mit Edgar Hilsenrath und Jane E. Gilbert[2] soll ich im
»Lesezelt« aus meinem Buch vortragen. Seit Wochen habe ich mich
darauf gefreut. Ich liebe Hilsenrath, der mir jahrelang Mut machte, als
Verleger und Agenten mein Manuskript verwarfen. Die Veranstal-
tung ist für mich dennoch enttäuschend, weil sie ein Zirkus ist –
wortwörtlich. Die Autoren werden zwischen Varieté-Nummern »ge-
quetscht«. Man gewährt uns dreien insgesamt 40 Minuten Zeit.
Scheinwerfer, Mikrofone, ständig aus und ein gehendes Publikum.
Zirkus.

München, 26. November 1989
Die »Münchner Abendzeitung« hat den Vorbericht über meine Lesung in der »Basis«-Buchhandlung mit der Zeile: »Es gibt auch jüdische Nazis« überschrieben. Vollständig hatte der Satz gelautet: ». . .
Zumindest der Gesinnung nach gibt es jüdische Nazis.« Der Artikel
löst bei vielen Juden Empörung aus.

»Sie haben sich antisemitischer Ressentiments bedient, um ein
Geschäft mit Ihren Büchern zu machen«, wirft mir ein jüdischer
Geschäftsmann vor. Ein prominenter jüdischer Funktionär dagegen
beschuldigt mich, israelische Soldaten mit der SS verglichen zu haben. Als ich erwidere, gerade solche Vergleiche hätte ich in dem
Interview ausdrücklich als Heuchelei abgelehnt, erhalte ich zur Antwort: »Kann schon sein, aber wer liest denn eine Zeitung schon so
genau? Was haftenbleibt, ist der furchtbare Vergleich mit der SS.«

Ein älterer Jude dagegen bringt mich zum Nachdenken: »Jeder
Vergleich mit den Nazis führt zu einer Relativierung der Nazi-Verbre-
chen.«

Die Lesung am Sonntag vormittag dagegen verläuft in Harmonie.
Ich erhalte laufend Zuspruch. Beifall von der falschen Seite? Einer
freundlichen Dame gelingt es indessen, mich davon zu überzeugen,
daß ich hier tatsächlich unter kritischen Freunden und nicht unter

---

[2] Ich mußte mich vom Haß befreien. Eine Jüdin emigriert nach Deutschland, München 1989

alibihungrigen Antisemiten bin: »Ich bin seit zwanzig Jahren mit einem Juden verheiratet und kann immer noch lachen. Auch über Ihr Buch.«

Paris, 9. Februar 1990
Anna Mohal, die Leiterin der Galerie des Goethe-Instituts, hat mich eingeladen. Die Diskussion im Anschluß an die Lesung verläuft kontrovers. Eine ältere Dame, ehemals aktive deutsche Sozialdemokratin, ist über meine Thesen erzürnt: »Herr Seligmann, Sie tun so, als ob Deutschland voller Antisemiten wäre. Das ist unwahr.«
»Ich habe selbst Judenfeindschaft erlebt, und gar nicht selten.«
»Ich nicht!« meint die Frau aufgebracht.
»Weshalb haben Sie dann Deutschland unter Hitler verlassen?«
»Weil ich Sozialistin und Antifaschistin bin. Das hat mit meiner jüdischen Herkunft nichts zu tun!«
»Und die übrigen Juden? Waren alle Naziopfer politische Aktivisten?«
»Nein. Aber es gab nicht viele Faschisten. Die Bevölkerung hat sie nicht unterstützt!«
Die Frage, wer Hitler gewählt habe, unterdrücke ich. Die Dame klammert sich an ihre Sozialismus-Religion, die die Welt von allen Übeln erlösen werde, auch vom Antisemitismus. Wenn Hitler und die Seinen sie nicht eines Schlechteren belehren konnten, dann mein Buch ganz gewiß auch nicht.
Die Diskussion wird nach gut französischer Art bald in ein Restaurant verlagert. Dabei lerne ich die Korrespondentin Silvie Wickert kennen. Wenige Monate später regt ihr Mann Ulrich mich zu einem Aufsatz über die Reaktion der Juden auf die Wiedervereinigung[3] an.

---

3 Rafael Seligmann: »Angstverwertung«, in: Ulrich Wickert (Hrsg.): Angst vor Deutschland, Hamburg 1990, S. 189–196

Ich lese in der restaurierten Synagoge des Städtchens. Das Haus kann laut Prospekt des »Vereins Alte Synagoge« »für Veranstaltungen gemietet« werden. Hechingen ist heute »judenrein«, ebenso wie die meisten deutschen Orte. Ebenso wie Ichenhausen, aus dem unsere Familie stammt.

In Ichenhausen hatte die Synagoge noch jahrzehntelang nach dem Zweiten Weltkrieg als Feuerwehrhaus gedient, ehe sie mit öffentlichen Geldern zum Synagogen*museum* »umgerüstet« wurde. Auf der Eröffnungsfeier war viel gojische und jüdische Prominenz anwesend, unter anderem Werner Nachmann. Die Feier sollte vergessen machen, daß auch nach 1945 Juden in Ichenhausen nicht gern gesehen werden und antisemitische Vorurteile und Beschimpfungen nach wie vor fröhliche Urständ in diesem Ort feiern.

War es in Hechingen im Schatten der Burg Hohenzollern ähnlich? Weshalb hatte mich der Ortspfarrer zur Lesung geladen, wenn man hier keine Juden sehen wollte? Auch in Ichenhausen gibt es »Judenfreunde«, etwa Moritz Schmidt, der jahrelang für das Synagogenmuseum gekämpft hat. Ist in Hechingen der Pfarrer das gute Gewissen des Ortes? Und bin ich der jüdische Alibi-Autor?

In der Diskussion schildere ich meine Gedanken. Das Publikum ist freundlich, will meine Zweifel zerstreuen. Die Anwesenden sind gewiß guten Willens. Sonst wären sie nicht zu meiner Lesung erschienen. Denn entgegen den Ängsten vieler Juden können die Antisemiten meinen »Nestbeschmutzereien« keine Freude abgewinnen. Bis dahin ist noch nie ein Judenfeind auf einer meiner Lesungen erschienen. Auch die Antisemitenblätter ignorieren glücklicherweise mein Buch.

Was fühlen die anderen Hechinger? Auch hier muß es Judengegner geben. Etwa ein Viertel der deutschen Bevölkerung hegt nach wie vor antijüdische Vorurteile, das sind über zwanzig Millionen. Wo sind sie?

Auch in Hechingen! In der Nacht zum 31. August wird der jüdische Friedhof des Städtchens geschändet – nichtmal die Nazis hatten dies getan. Dutzende von Grabsteinen werden umgestoßen, auf andere werden Hakenkreuze geschmiert, an die Aussegnungshalle die

Parole: »Auschwitz Lüge, Erst 6 000 000 jetzt 1 000 000 = 75 000.«
Die Aktion ist Teil einer Reihe von Friedhofsschändungen in Süd-
westdeutschland. Dabei werden auf mehreren jüdischen Friedhöfen
Hunderte von Grabsteinen umgestürzt, zerschlagen oder mit Nazi-
Parolen besudelt.

»Die Deutschen lieben tote Juden«, hatte ich wiederholt provozie-
rend behauptet. Selbst dies scheint für fanatische Antisemiten nicht
mehr zu gelten.

München, Ende Februar 1990
Ich bin Teilnehmer an einer »live aus dem Schlachthof« übertragenen
Talk-Show. Thema ist die bevorstehende Wiedervereinigung. Dis-
kussionspartner: »jüngere« Vertriebene und Juden.

Hartmut Koschyk, Generalsekretär des Bundes der Vertriebenen,
windet sich wie ein Aal. Ständig redet er von einem einigen, grenzen-
losen Europa. Auf diese Weise will er vermeiden, die Oder-Neiße-
Linie als polnische Westgrenze *anzuerkennen*. Ich bohre wiederholt
nach, vergeblich. Die anderen jüdischen Teilnehmer dagegen versuchen der Frage nach ihrer nationalen Identität auszuweichen: »Kosmopolit«, »Europäer«, »Mensch« und ähnliches.

Als ich sage, ich fühlte mich als Deutscher, »gewiß als besserer
Deutscher als etwa Herr Schönhuber und Konsorten«, ist die Reaktion zwiespältig: Das Publikum klatscht, ein jüdischer Gesprächsteil-
nehmer aber meint: »Damit identifizierst du dich mit zwölf Jahren
Nazismus.«

Er macht so das Dilemma von uns Nachkriegsjuden deutlich: die
Angst, durch die Identifikation mit Deutschland das eigene Juden-
tum zu verleugnen und sich aus Opportunismus auf die Seite der
Täter zu schlagen. Ebendies wird mir zum Vorwurf gemacht.

Nach dem Ende der Sendung hält mich ein jüdischer Student auf:
»Bilde dir ja nicht ein, daß du mit deiner Anbiederei an die Deutschen deinem Schicksal entkommst. Wenn es wieder einmal soweit
ist, schieben sie dich genauso in den Ofen wie uns.«

Ich kann nicht begreifen, wie er mit derartigen Deutschen-Ängsten
hier leben kann.

Nach der Sendung erhalte ich eine Reihe aufmunternder Schreiben, meinen Weg einer kritischen Solidarität mit der deutschen Nachkriegsgesellschaft fortzusetzen. Aber auch anonyme Anrufe: »Saujud!« – »Juda verrecke!« – »Judenpack!« Die Ängste vieler Juden in Deutschland haben also durchaus eine reale Grundlage.

Ulm, 3. April 1990

Die Volkshochschule veranstaltet eine Lesung mit mir. In der darauffolgenden Woche soll ich mit Alfred Moos, einem älteren Ulmer, über die Situation der Juden im heutigen Deutschland diskutieren. Nach der Lektüre meines Romans schreibt mir Herr Moos einen besorgten Brief:

»Haben Sie, als Sie Ihr Buch schrieben, sich gefragt, ob manche Ihrer Schilderungen und Ihre Wortwahl nicht schon vorhandenem Antisemitismus ungewollt Auftrieb geben, wenn das Buch von Nichtjuden gelesen wird?«

Ulm, 10. April 1990

Die Diskussion unter der klugen Leitung des Moderators Silvester Lechner zeigt eine weitgehende Einigkeit, daß es auch im heutigen Deutschland nicht an Vorurteilen gegenüber Juden und anderen Minderheiten fehlt.

Frankfurt, Sommer 1990

»Die jiddische Mamme« kommt auf den Markt. Ich warte aufgeregt auf erste Reaktionen. Beim »Rubinstein« genoß ich doppelte Schonung: Ein Roman-Erstling darf bei der Kritik auf Milde rechnen. Vor allem aber, welcher nichtjüdische Rezensent wird das Buch eines »jüdischen Mitbürgers« zu verreißen wagen, der sein Antisemitismusleid beklagt – wenn auch in ungewohnt schrillen Tönen.

Nun aber lege ich mich nicht nur mit jüdischen, sondern auch mit feministischen Klischees an. Meine Freundin jedenfalls ist gekränkt:

»Dein Romanheld Rubinstein war sympathisch. Jemand, der Hilfe brauchte. Der Samy Goldmann dagegen ist ein arroganter Macho.« Und dies aus dem Munde einer Psychoanalytikerin. Das konnte ja heiter werden!

München, 21. Juni 1990
Mir wird das Literaturförderstipendium der Landeshauptstadt München verliehen. Zur Feier erscheinen neben dem Bürgermeister auch die Präsidentin der Kultusgemeinde, ihr Stellvertreter sowie der Geschäftsführer. Als ich darüber meine Überraschung ausdrücke, meint ein jüdischer Freund: »Nichts überzeugt so sehr wie der Erfolg. Jetzt, wo das Publikum beginnt, dich zu akzeptieren, werden dich doch unsere Oberjuden nicht verteufeln, dazu sind sie zu ängstlich und zu eitel.«

Im Anschluß an die Preisverleihung lese ich erstmals öffentlich aus der »Mamme«. Die meisten Zuhörer, Männer wie Frauen, lachen. Ein gutes Omen?

Wenige Tage später verleiht mir eine Münchner Boulevard-Zeitung die tz-Rose für die »Mamme«, weil ich das »Gute-Juden-Klischee« in Frage stelle. Dem Konkurrenzblatt, für das ich gelegentlich schreibe, ist mein Roman zu sexorientiert: »245 Seiten lang denkt der Autor nur an das eine.«

Erlangen, 25. August 1990
Auf dem Poetenfest lese ich vor mehreren hundert Zuhörern aus meiner »Mamme« vor. Wiederholt werde ich von Gelächter unterbrochen. Habe ich dem Publikum zu sehr nach Mund und Zwerchfell geschrieben?

Im anschließenden Gespräch im kleineren Forum wird mir deutlich, daß das Lachen vor allem Erleichterung signalisiert. Ein Jude mit Schwächen, Sehnsüchten, Ängsten steigt vom Podium der Übermenschlichkeit, wird zur Person, mit der man sich auseinandersetzen kann, weil sie nicht anders ist als man selbst.

September 1990
Ich lese in Krefeld, Duisburg und Iserlohn. In Duisburg hatte die »Deutsch-Israelische-Gesellschaft« eingeladen. Ihr Vorstandsmitglied Hendrik Kretzschmar meint einführend, daß ihm beim Lesen meiner Romane das Lachen im Halse steckengeblieben sei. Er ist mit diesem Urteil nicht allein.

Die Reporterin der »NRZ« kritisiert anderntags: »Viel heitere Selbstironie war im Spiel bei einem bitterernsten Thema. Es wurde deutlich, daß das Verhältnis zwischen deutschen Juden und Nicht-Juden noch lange nicht normal und unverkrampft ist.«

Hier ist nicht mehr von »jüdischen Mitbürgern« die Rede, einem Begriff, gegen den ich am Vorabend heftig polemisiert hatte.

In Iserlohn dagegen hatte man mich offenbar gründlich mißverstanden. Der freundliche Bericht stand unter der gutgemeinten Titelzeile: »Protest gegen jüdische Erinnerungen«. Gibt es keine Alternative zwischen der Sucht nach »bitteren Kostproben« und dem tumben Verlangen nach Geschichtslosigkeit?

Irsee, 14. September

Peter Faßl, der Bezirksheimatpfleger des Regierungsbezirks Schwaben, in dem auch Ichenhausen liegt, bittet mich, auf einem Seminar zur »Geschichte und Kultur der Juden in Schwaben« über »Judesein in Deutschland nach 1945« zu referieren. Die Tagung findet in der »Schwabenakademie Irsee« statt.

Laut Tagungsprospekt ein früheres Benediktinerkloster, das nach der Säkularisation zu Beginn des vergangenen Jahrhunderts Heil- und Pflegeanstalt war. Vor wenigen Jahren ist das Haus renoviert worden und dient nun als Tagungsstätte für wissenschaftliche und kulturelle Veranstaltungen sowie als Begegnungsstätte streitender Unionspolitiker.

Durch die Instandsetzung wird die äußere und innere Eleganz des Hauses sichtbar. Eingangshalle, Deckengemälde und Treppenhaus vermitteln die Pracht des Barock. Die Seminarräume, auch der, in dem ich lese, sind von schlichter Eleganz. Die Hörer sind, soweit ich es ihren Beiträgen entnehmen kann, erfreut, über jüdisches Leben *in der Gegenwart* diskutieren zu können. Da die meisten von ihnen im akademischen Bereich arbeiten, verfügen sie über Vorwissen. Die Fragen sind präzise und analytisch.

Monate später macht mich ein befreundeter Arzt, dem ich von meiner Lesung erzähle, auf eine Broschüre über Irsee aufmerksam. Dort steht unter anderem:

»(1940) begann auch in der alten Heil- und Pflegeanstalt Irsee/ Kaufbeuren jene mörderische Aktion zur Vernichtung unwerten Lebens, welche die menschenverachtende Rasseideologie des Nationalsozialismus für geisteskranke Menschen vorgesehen hatte. Über 2000 Patienten (Erwachsene und Kinder) aus Kaufbeuren/ Irsee wurden in Vernichtungsanstalten deportiert, starben nach Verordnung einer fettlosen Hungerkost (E-Kost) oder wurden mittels Spritzen und Überdosen von Medikamenten umgebracht.«

Das Andenken an diese Menschen, die Trauer und Betroffenheit über ihren Tod fällt heute vielen – Juden wie Nichtjuden – schwerer als der Schmerz über den Verlust der ›kultivierten, intelligenten jüdischen Mitbürger‹.

Brugg bei Zürich, 14.–16. September

Die Stadt stellt ihr sechstes deutsch-schweizerisches Autorentreffen unter das Motto »Wo ist Heimat – wo ist Fremde?« Zehn Schriftsteller aus beiden Ländern sind dabei, darunter bekannte Autoren wie Paul Nizon, Hanna Johansen, Uwe Timm, Otto Marchi, Urs Faes.

Die Teilnahme der Bevölkerung ist für deutsche Verhältnisse ungewöhnlich groß. Zum Eröffnungsabend, bei dem jeder Autor einen kurzen Text vorträgt, sind rund 800 Menschen, etwa ein Zwanzigstel der Stadtbevölkerung, jung und alt, erschienen. Die Diskussionsbeiträge beweisen, daß Literatur und die Frage Heimat–Fremde für das Publikum keine *Fremd*begriffe sind.

Ich freue mich, mit Publikum und Kollegen – von Schuldgefühlen unbefangener als in Deutschland – diskutieren zu können. Vor allem die Hörerinnen, das wird aus ihren Reaktionen deutlich, begreifen die Tragikomik des ewigen Mutter-Sohn-Frau-Verhältnisses. Während der beiden Tage werde ich wiederholt von älteren und jüngeren Frauen, vor allem Müttern, mit dem Kosenamen der »jiddischen Mamme« für ihr Söhnchen Samy angesprochen: Jingale.

Am Samstag morgen lese ich am Pädagogischen Seminar aus »Rubinstein«. Die Diskussion verläuft heiter und beschwingt. Beim Hinausgehen drückt mir eine Studentin einen Umschlag in die Hand und läuft davon, ehe ich ihren Brief lesen kann. Ihr Schreiben zeigt mir, daß mein Judesein mir auch die Gelegenheit gibt, die Erfahrungen von anderen Minderheiten, ihren Schmerz und ihre Aggressionen kennenzulernen:

»Ich bin Deutsche in der Schweiz. Anders als die anderen. Wie Sie. Ihr Buch hat sehr viele Gefühle in mir wachgerufen. Zuerst habe ich Sie gehaßt, da Sie die Deutschen so runtergemacht haben. Ich wollte Ihr Buch nicht zu Ende lesen. Nun hab' ich's doch getan . . . Ich habe dadurch sehr viel von *mir* erfahren. Sie sind nämlich nicht der einzige, dem so etwas widerfahren ist. An einigen Stellen hätte *mein* Name stehen können. Aggression. Elternhaß. Ich reagierte immer aggressiv auf Angriffe gegen Deutsche. Nun weiß ich, daß ich ›deutsch‹ mit Angriffen auf meine Familie verband, sie verteidigen mußte. Diese Angriffe sind wie Messer, die mir in den Bauch gerammt werden. Irgendwann werde ich auch so stark sein, diese zu ertragen.«

Frankfurt, 2. Oktober

Ich lese im Max-Planck-Institut aus der »Mamme«. Einer Handvoll jüdischer Studenten gelingt es rasch, die Diskussion »umzufunktionieren«. Statt über Mütter und Söhne, Deutsche und Juden möchten sie über mich als Autor und die »Gefahren der Wiedervereinigung« sprechen.

Marc Grünbaum formuliert den Kardinalvorwurf: »Sie geben sich hier als Vertreter der deutschen Juden aus. Nur um Ihre Bücher verkaufen zu können.« Danach wird das Publikum eingehend vor der Wiedervereinigung gewarnt. Eine jüngere Jüdin mahnt: »Ist euch unsere Angst egal?« Ihr Nachbar beschwört das Publikum à la Eli Wiesel: »Mit eurer übereilten Wiedervereinigung setzt ihr Deutschen euch über die Bedenken und Ängste von Juden und anderen Opfern der deutschen Aggression hinweg und gefährdet die Stabilität Europas.«

Die Mehrheit der Hörer schweigt betreten, während sich die jüdischen Studenten in Uni-Kadermanier die Diskussionsbälle zuwerfen und das übrige Publikum am Reden hindern. Erst nach gut einer

Stunde erzwingt die »schweigende Mehrheit«, daß auch ihre Fragen, vor allem zum Buch, diskutiert werden.

Frankfurt, Buchmesse 1990
Ich verbringe mehrere Tage am Stand meines Verlages. Die Analogie zur Prostitution liegt auf der Hand. Dort warten die Damen im Kontakthof auf Freier, hier ich auf interessierte Journalisten, die mich über mein Buch befragen. Nach wenigen Interviews kenne ich die meisten Fragen auswendig. Bis ein jüngerer Journalist die Routine durchbricht: »Herr Seligmann, welche Frage ist Ihnen noch nicht gestellt worden?«

Im Rahmen der Messe nehme ich an der Talk-Show »Literatur im Römer« teil. Moderator Klaus Bednarz erzählt mir Vertrautes: »Meiner Freundin hat Ihr Buch nicht gefallen . . .« Dann bittet er mich, eine politische Passage aus der »Mamme« zu lesen. Ich dagegen möchte einen erotischen Text vortragen, füge mich aber schließlich.

Meine Stimmung muß Adolf Fink von der »FAZ« gespürt haben: »Rafael Seligmann . . . überzeugte weniger durch die Passage, die er aus seinem zweiten Buch las, als durch die listig hintergründige Art der Argumentation. Als die Überschrift einer Rezension – ›Drückeberger, Schürzenjäger‹ (FAZ vom 5. Oktober) – zitiert wurde, strahlte er selbstzufrieden über das ganze Gesicht.«

Kunststück! Endlich wurde über *meine* Nöte geredet, nicht über die moralische Unfehlbarkeit *der* Juden und die Schuldgefühle *der* Deutschen.

Enkenbach, 6. Oktober 1990
Mit mehreren Kurzreferaten und Texten stelle ich in einem Seminar der »Evangelischen Akademie der Pfalz« meine Vorstellung über jüdische Nachkriegsliteratur zur Debatte. Meine Beiträge sind, wie bald deutlich wird, nicht viel mehr als ein Alibi für heftige Kontroversen über das Verhältnis der Kirchen zum Judentum.

»Wie sollen wir unserer Pflicht nachkommen, mit unseren jüdischen Brüdern zu diskutieren, wenn diese auf ihren Dogmen beharren?« meint ein Teilnehmer.

»Auch wir Christen tun das«, wird ihm erwidert.

»Das ist aber etwas ganz anderes«, lautet die Antwort.

Danach kreist die Debatte um die Forderung des Zweiten Vatikanischen Konzils, den Antisemitismus zu verwerfen. Mehreren Teilnehmern geht dieses Postulat nicht weit genug.

»Aus Rücksicht auf die katholische Kirche in den arabischen Ländern hat man es nicht gewagt, alle antijudaistischen Stellen aus den liturgischen Texten zu entfernen«, meint ein Teilnehmer.

Schließlich wird erörtert, ob die vielgepriesene deutsch-jüdische Symbiose je existiert habe oder ob diese Sicht lediglich eine nachträgliche Verklärung sei.

Ein zentrales Thema der Diskussion ist die Frage, wie »die Schuld der Vergangenheit in der Gegenwart aufgearbeitet« werden könne. Die Debatte bewegt sich auf einem derartig abstrakten Niveau, daß ich Zweifel hege, ob es je zu einem konkreten »Aufarbeiten« kommen wird. Ob die ausführliche Erörterung nicht vielmehr Selbstzweck sei: »Vergangenheitsbewältigung« durch Zerredung.

Gelegentlich – aus schierer Höflichkeit? – geht man kurz auf meine Bücher und Thesen ein. Etwa, weshalb ich »ein derartig ernsthaftes Thema wie das deutsch-jüdische Verhältnis durch ein Übermaß an Sexualität *entwertet*« hätte? Meine Entgegnung: »Auch Juden vermehren sich. Sogar wenn sie verfolgt werden«, wird als »unpassend« empfunden. Auch, daß durch meine »schnoddrige Art« sowie den »ironischen Humor . . . keine Betroffenheit aufkommt«. Kann »der« deutsche Mensch, der Intellektuelle zumal, nicht ohne »Betroffenheit« existieren? Dient die »Bewältigung der Vergangenheit« nicht viel eher der Befriedigung masochistischer Neigungen trauersüchtiger Deutscher als dem unvoreingenommenen Bestreben nach Aussöhnung zwischen Völkern und Religionsgruppen?

Am Ende der Tagung überreicht mir eine Teilnehmerin ein Büchlein, publiziert in einem kleinen Autorenverlag der Pfalz. Auf einer beigelegten Karte schreibt sie: »Ein Leseangebot: deutsch-jüdische Begegnung aus der Sicht einer Schickse.« Nicht nur diese Zeilen machen deutlich, daß es sich bei diesem Liebesroman um ein Stück Autobiographie handelt. Jetzt begreife ich ihr Diskussionsargument, man dürfe die deutsch-jüdischen Beziehungen nicht »profanisieren«.

Frankfurt, 24. Oktober 1990
Gemeinsam mit Margarete Mitscherlich, Heleno Saña und Lea Rosh diskutiere ich unter der Leitung von Ulrich Wickert im Volksbildungsheim über »Angst vor Deutschland«. Mehrere hundert Zuhörer. Die Diskussion erscheint mir über weite Strecken banal. Man ist sich einig über die Verdammung von »Fremdenhaß«, »Antisemitismus«, »Nationalismus« und »Chauvinismus«.

Lea Rosh wettert mit routinierter Rhetorik gegen offenen und versteckten Antisemitismus innerhalb und außerhalb Deutschlands. Dann diskutieren wir, wie viele Deutsche Hitler »freiwillig« gewählt haben, 37 Prozent 1932 oder 44 von hundert ein halbes Jahr später.

Mir wird es zu dumm. Ich wende mich an Lea Rosh. In ihrem Aufsatz »... bis Vergessen einkehrt«[4] hatte sie geschrieben: »Es hatte mich getröstet, mich sogar nach Berlin zurückgeholt, daß sich hier die Wunden des Krieges nicht schlossen.« Nun habe sie »Angst vor diesen Deutschen«. Hätte man nicht vielmehr Angst haben müssen, als »die Wunde« offen war? Als Menschen unter einem Regime lebten, das sie direkt und indirekt zur Aggression erzogen hatte, frage ich. Die Antwort ist nebulös. Statt dessen amüsiert man sich über einen jungen Mann, der bekennt, er sei »stolz, Deutscher zu sein«.

Ich habe dabei ein ungutes Gefühl. Denn ich weiß, daß Millionen Deutsche »stolz« auf ihr Land und ihre Nationalität sind. Daß nur eine verschwindende Minderheit der Bevölkerung die »Wunde« beibehalten möchte, um an ihre historische Schuld erinnert zu werden. Mich erschüttert die Kommunikationslosigkeit zwischen Befürwortern und Gegnern der Wiedervereinigung. Mir stehen Menschen, die sich zu ihrer historischen Verantwortung bekennen, nahe. Aber ich befürchte, daß sich nun viele von ihnen ins gesellschaftliche Abseits manövrieren, indem sie sich einem unumkehrbaren historisch-politischen Prozeß entgegenstemmen.

[4] In: Ulrich Wickert (Hrsg.), a.a.O., S.123–133

173

Fürstenfeldbruck bei München, 14. November 1990
In der Aula des »Graf-Rasso-Gymnasiums« der Kleinstadt in der Nähe Münchens haben sich etwa hundert Schüler der Kollegstufe im Alter zwischen siebzehn und zwanzig Jahren sowie ein Dutzend Lehrer zur Lesung und anschließenden Diskussion versammelt. Wie die Studenten denken, erfahre ich durch meine Lehrtätigkeit an der Universität. Die älteren, für die Judenfrage aufgeschlossenen Menschen kenne ich von meinen Lesungen. Wie aber denkt und fühlt die neue Generation? Hier erlebe ich einen Querschnitt jüngerer Menschen, denn die Schüler kommen im Rahmen ihres »Deutschunterrichts«, also gewissermaßen gezwungen, in meine Lesung.

Zunächst verläuft alles wie gehabt. Ich werde wiederholt von Gelächter unterbrochen. Zum Beginn der Diskussion fragt mich ein Lehrer nach meinen Vorstellungen über das deutsch-jüdische Verhältnis. Ich antworte, es komme darauf an, die Lehren der Vergangenheit in Gegenwart und Zukunft zu bewältigen. Daher habe Deutschland eine Verantwortung gegenüber Juden aus aller Welt. Beispielsweise für die bedrängten sowjetischen Juden.

»Wieso sollen wir für etwas verantwortlich sein, was vor unserer Zeit geschah?« – »Warum sind wir für die Juden verantwortlich und nicht für die Indianer?« – »Meinen Sie, daß die Israelis sich besser zu den Palästinensern benehmen als wir zu den Juden?«

Ich will diese »Gnade der späten Geburt«-Reaktion zunächst nicht wahrhaben. Länger als eine Stunde geht das Fragen-Stakkato so weiter. Die Worte, Sätze, sind verschieden, die Aussage ist stets die gleiche: Wir, die Nachgeborenen, tragen keine Verantwortung und, obgleich der logische Widerspruch offenbar ist: »Auch die anderen sind nicht besser als wir.«

Ich versuche, den Widerspruch aufzulösen. Dank der Gnade der späten Geburt werde man heutzutage nicht verfolgt und müsse sich nicht entscheiden für Widerstand, Mitläufertum oder aktive Täterschaft. Heute genieße man das Privileg, Deutsche(r) zu sein, zumindest in materieller Hinsicht. Man habe genug zu essen, erfreue sich eines hohen Lebensstandards, demokratischer Freiheiten und einer hochentwickelten Kultur. Also habe man auch die Last – nicht die Schuld!

– der Vergangenheit zu tragen: Verantwortung gegenüber jenen, die von Deutschen verfolgt wurden. Die Schuld der anderen: Amerikaner, Israelis, Russen etc., mindere die eigene Verantwortung nicht.

Die Schüler fühlen sich von mir angegriffen, was ich an Ton und Wortwahl spüre. Dabei bleiben die Aussagen gleich: Wir lehnen jede Verantwortung für Taten ab, mit denen wir *nichts* zu tun haben. Gelegentliche Einwürfe der Lehrer werden ebensowenig zur Kenntnis genommen wie meine Antworten. Ich bleibe ruhig. Bis ein Schüler sagt: »Wegen der paar russischen Juden sollen wir uns aufregen? Was gehen die uns an?«

»Dies ist die Sprache der Unmenschlichkeit«, antworte ich. »Unabhängig davon, ob es Juden, Christen, Moslems, Zigeuner sind. Wenn Menschen in Not sind, ist es unsere Pflicht zu helfen. Sonst hören wir auf, Menschen zu sein.«

Nun hält es ein Schüler für angebracht, seine Antisemitismus-Erklärung zum besten zu geben: »Wenn so viele Juden umgekommen (!) sind, dann muß es dafür Gründe geben. Umsonst hat man sie nicht umgebracht.«

»Und dafür sollen wir verantwortlich sein? Warum?« meint ein anderer.

Jetzt ist es mit meiner Beherrschung vorbei: »Weil dieses Volk sechs Millionen Juden ermordet hat«, donnere ich in den Saal.

Empörung. Schreiender Protest.

Ein Lehrer verschafft sich mühsam Gehör: »Die Unterrichtsstunde ist vorbei. Wer Lust hat, kann jetzt gehen.«

Die Erlaubnis ist kaum nötig. Etwa zwei Drittel der Schüler verlassen johlend oder kopfschüttelnd den Raum. Währenddessen kommt eine Schülerin zu mir und sagt: »Ich finde, Sie haben recht. Wir Deutschen haben eine historische Verantwortung gegenüber den Juden.«

Mich stimmt es traurig, daß sie nicht den Mut gefunden hat, ihre Meinung vor dem Forum kundzutun. Kaum ist wieder Ruhe eingekehrt, baut sich eine Schülerin vor mir auf und ruft mit vor Erregung bebender Stimme: »Wieso wollen Sie uns die Verantwortung für etwas (!) in die Schuhe schieben, für das wir nichts können?«

Ich habe mich beruhigt: »Ihre heftigen Reaktionen beweisen doch, daß Sie von meinen Argumenten betroffen sind. Würde ich sagen, die Deutschen sind faul, unorganisiert, würde sich hier kein Mensch angesprochen fühlen. Aber der Bezug zur Vergangenheit ist da. Ob Sie es ableugnen oder nicht – es gibt ihn: durch Sprache, Familie, Kultur.«

Heftiger Widerspruch. Endlich gelingt es den Lehrern, das Gespräch auf meine Romane zu lenken: »Welche Berechtigung haben Ihre Bücher? Liebesgeschichten und Pubertätsprobleme sind doch schon tausendmal beschrieben worden. Gewiß in einer literarisch ansprechenderen Form als in Ihren Romanen.«

Und so weiter.

Auf der Heimfahrt muß ich an einen Satz Schalom Ben-Chorins denken: »Ich habe erfahren dürfen, daß eine junge Generation in Deutschland andere Wege eingeschlagen hat, und es wurde mir die Hand zur Versöhnung dargeboten . . . Ich meine, eine ausgestreckte Hand muß man ergreifen, sonst fällt sie herunter, kraftlos, oder sie ballt sich wieder zur Faust.«

Heute hat sich mir kaum eine Hand zur Versöhnung entgegengestreckt. Lag's an mir?

Am nächsten Tag schreibt Michael Zeller in der »Zeit« über die »Mamme«: »Dieser Roman ist eben mehr als amüsant. Er ist aufklärerisch, verdammt aufklärerisch sogar. Und deshalb so nötig wie Brot und Matze.«

Was mögen die Deutschlehrer des Graf-Rasso-Gymnasiums dabei denken?

Innsbruck, 20. November 1990

Ich lese in der Universitätsbuchhandlung »Parnass«. Der Geschäftsführer Dollfuß ist ein entfernter Verwandter des von den Nazis ermordeten österreichischen Bundeskanzlers Engelbert Dollfuß, sieht diesem verblüffend ähnlich. Die Diskussion wird vom Vorsitzenden der Österreichisch-Israelischen Gesellschaft, Maislinger, geleitet. Sie verläuft sachlich, unverkrampft. Das in Deutschland vielfach spürbare »Debattenleid« durch Haarspalterei, »Tiefschürfung« und Schuldgier fehlt. Die Anwesenden interessieren sich vor allem für die Mutter-Sohn-Problematik und ob diese »spezifisch jüdisch« sei. Nein!

München, 27. November 1990

In der Buchhandlung »Co-libris«, wo ich vor eineinhalb Jahren mit meinen Lesungen begann. Mehr als fünfzig öffentliche Auftritte und Diskussionen liegen hinter mir. Was habe ich dabei gelernt? Zumindest dies, daß nichts das Gespräch ersetzen kann – nicht einmal ein Buch. Aber immerhin kann Geschriebenes Anlaß zum Dialog liefern. Ein Meilenstein auf dem Weg zum gegenseitigen Verstehen.

Etwa Dreiviertel des Auditoriums sind an diesem Abend Frauen. Weil zwei Frauen den Buchladen führen? Oder auch weil sie sich von meiner »Mamme« angesprochen fühlen, von den Thesen und Provokationen? Tatsächlich kreist das Gespräch vorwiegend um das Verhältnis der Geschlechter, um Philosophie und Psychologie. Ich habe die Kapitel vorgelesen, in denen sich Samy einer – vergeblichen – Therapie unterzieht. Auf den Einwurf einer jüngeren Frau: »Wie können Sie sich anmaßen, aus der Sicht einer Frau zu schreiben?«, erhält sie von einer Geschlechtsgenossin zur Antwort: »Weshalb nicht? Zahllose weibliche Autoren schreiben auch von männlicher Warte. Warum soll ein Mann das nicht dürfen?«

München, 28. November 1990

Die Feuilletonredakteurin Eva Elisabeth Fischer setzt sich in der »Süddeutschen Zeitung« mit meiner »Mamme« und *mir* auseinander. Unter der Überschrift: »Der Autor für alle« schreibt sie:

»Phantasie kann man Seligmann gewiß nicht nachsagen. Er holzt in den Niederungen wohlfeilster Kolportage. In den wenigen Passagen des Buches, die sich nicht in sexuellen Ergüssen suhlen, betätigt er sich als Hobby-Analytiker . . .

Seligmanns ›Jiddische Mamme‹ bedient also wieder einmal alle Seiten. Und der Autor macht sich nicht nur am Münchner Literaturtelefon zum Callboy. Er zielt auf den Kopf und trifft doch nur den Toches (= Hintern; R. S.).«

Ich fühle mich gekränkt. Wer hört schon gern Tadel? Welcher Autor, daß er nicht schreiben kann? Der Vorwurf »pornogaphische Tiraden« erschüttert mich nicht sonderlich. Was mir weh tut, ist die Beschuldigung der Hurerei.

War ich nicht aus der »Jüdischen Zeitung« geflogen, eben weil mir meine Vorstellungen wichtiger waren als die Position eines Chefredakteurs? Hatte ich mir durch meinen Standpunkt nicht die Gegnerschaft vieler Juden und Nichtjuden zugezogen? Und nun? Coram publico der Käuflichkeit geziehen? Andererseits, war ich mir auf der Frankfurter Buchmesse nicht selbst als Dirne vorgekommen? Prostituiert sich nicht jeder Autor auf die eine oder andere Weise, allein durch seine schiere Publikationsgier? »Schreibsklaven«, nannte Karl Kraus die Journalisten wegen ihrer Abhängigkeit von Verlegern.

Durfte ich mich über den Verriß wundern? Eva Elisabeth Fischer fühlte sich, das machte ihre Kritik deutlich, als Jüdin und Frau durch meine Bücher verletzt. Sie hat ebenso wie ich das Recht zur Polemik.

Diese intellektuellen Erklärungen und Relativierungen halfen mir indes wenig. Es dauerte eine gute Weile, ehe der Schmerz nachließ.

Am Abend lese ich im Goethe-Institut in München im Rahmen der Lesereihe: ». . . Nicht Mensch wie alle? Antisemitismus und Xenophobie.« Laut Programm sollte ich aus »Rubinsteins Versteigerung« vortragen. Die SZ-Kritik wirft diesen Plan um. Das Publikum ist neugierig auf meine Reaktion. Auch der Leiter des Münchner Instituts, Wolf, der mich vorstellt, möchte wissen, wie ich »diese sehr persönliche Kritik« empfinde. Also lese ich vorwiegend aus der »Mamme« vor.

»Wo bleibt die Pornographie?« fragt eine ältere Dame amüsiert.

Ich kann darüber kaum lachen.

Ein Mann erkundigt sich nach den Motiven von Frau Fischer: »Ist es was Persönliches? Hatten Sie Streit?«

»Nein. Wir kennen uns kaum.«

Ich bin an diesem Abend angespannt, mir geht die gewohnte Chuzpe ab.

Germering bei München, 12. Dezember 1990
Carl-Spitzweg-Gymnasium. Ich soll heute im Rahmen der Germeringer Literaturtage vor mehreren »Deutsch-Leistungskursen« der Schule aus meinen Büchern lesen. Wird es zum gleichen aggressiven Aneinandervorbeireden, zu gegenseitigen Vorwürfen kommen wie in Fürstenfeldbruck? Frau Roos, die die Veranstaltung organisiert hat, macht einen gelassenen Eindruck: »Ich bin neugierig, wie die Schüler auf Ihre Bücher und Thesen reagieren werden«, meint sie lächelnd.

Nach der Schilderung der Lokalausgabe der »Süddeutschen Zeitung« so: »Seligmann, der in einer Schullesung in Fürstenfeldbruck eine hitzige Debatte der Schüler erlebt hatte, wurde von den Germeringer Schülern höchst sachlich befragt. Neben Fragen zum Büchermachen wurden die Probleme des Antisemitismus und der historischen Verantwortung angesprochen. Hier kam denn auch der berechtigte Einwurf, daß auch die Israelis gegenüber den Palästinensern historische Verantwortung zeigen müßten. Seligmann bejahte dies. Blöd finde ich aber das gegenseitige Aufrechnen.«

Auch die Überschrift des Artikels war nach meinem Herzen: »Gegen Zwang und Belehrung«.

Wie ist es möglich, daß zwei Schülergruppen aus demselben Landkreis so unterschiedlich auf denselben Autor und auf dieselben Texte reagierten? Lag es allein am Schulleiter?

In einem kurzen Gespräch nach der Veranstaltung erzählte mir Anton Leitner, eine seiner Verwandten sei mit einem amerikanischen Juden verheiratet. »Das war im Dritten Reich nicht ganz einfach.« In seiner Familie habe stets Toleranz geherrscht. Er habe sich bemüht, dies auch seinen Kindern und Schülern zu vermitteln. Offenbar erfolgreich.

Ich muß erneut an Schalom Ben-Chorins Mahnung denken, eine ausgestreckte Hand zu ergreifen.

BESCHEIDENER NEUANFANG

Sicher können Dichter auch groß, souverän und liebevoll übereinander sprechen, aber das tun sie meist nur, wenn der, den sie preisen, schon tot ist. Vorher gönnen sie einander weder die Liebe des Publikums noch das Lob der Kritik, noch etwa gar die Auflagenhöhe der Bücher«, untertreibt der Germanist und Literaturkritiker Jörg Drews in seinem Brevier »Dichter beschimpfen Dichter«[1].

Auch ich will im weiteren keine »abgewogene Meinung« heucheln, wenn ich mich über Irene Dische[2] und Maxim Biller[3], ihr Œuvre und dessen Rezeption äußere. Beide Autoren schreiben wie ich über das Leben der Juden in Nachkriegsdeutschland.[4]

Im Herbst 1989 publizierte Hans Magnus Enzensberger in seiner »Anderen Bibliothek« sieben Kurzgeschichten von Irene Dische unter dem Titel: »Fromme Lügen.« Die Novellen spielen allesamt im deutsch-amerikanisch-jüdischen Emigrations- und Rückkehrer-Milieu. Ihre Protagonisten sind, neben wenigen »normalen« Spießern und maliziös-unbefangenen Kindern, ausschließlich gescheiterte Existenzen: krampfhafte Anpasser, ewige Reisende, ständig auf der

---

[1] Dichter beschimpfen Dichter. Ein Alphabet harter Urteile, Zürich 1990
[2] Fromme Lügen. Sieben Geschichten, Frankfurt/M. 1989; Der Doktor braucht ein Heim, Frankfurt/M. 1990
[3] Wenn ich einmal reich und tot bin, Köln 1990
[4] Ein Sonderfall, der hier nicht berücksichtigt werden kann, ist Jacob Hessings faszinierender Roman »Der Zensor ist tot«, Weinheim 1990. Der Autor schreibt in deutscher Sprache, lebt aber seit fast dreißig Jahren in Israel. Hessing mußte sechs Jahre warten, ehe ein deutscher Verlag seinen Roman veröffentlichte.

Flucht vor unzähligen Gefahren und Ängsten; kurz, Menschen mit gebrochener Identität. Etwa Esther, ein scheußliches »jüdisches« Schacherweib, das mit Wonne Christ' und Jud' betrügt.

Es dauert lange, ehe der Leser erfährt, daß Esther »tatsächlich« Margret heißt und Tochter eines SS-Mannes ist. Aber mit fünfzehn »bekommt sie auf einmal diesen Tick. Behauptet, sie heißt Esther, färbt sich ihr schönes Haar schwarz« und hängt sich einen Davidstern in ihr Dekolleté. Schwarzer Humor, der mitunter das Niveau von Helmut Qualtingers »Herrn Karl« erreicht. Ironie und Kühle dienen als Schutzhülle für das Verständnis und das Mitgefühl der Autorin mit ihren kaputten Figuren.

Das Lob der Kritik war einhellig – zumindest bei oberflächlicher Betrachtung. »Der Spiegel« verlieh Dische »das Adelsprädikat einer herzlosen Schriftstellerin«. »Die Zeit« nannte »Fromme Lügen« »besonders«. Peter Praschl bestätigte ihr im »Stern«, »den Philosemitismus zu demaskieren«. Die »FAZ« fand lobende Worte. Funk, Fernsehen und Provinzpresse spendeten viel Beifall. Selbst die »Allgemeine Wochenzeitung« der Juden mochte da nicht nachstehen und fand moderat anerkennende Worte.

Im allgemeinen Jubelchor fehlte auch nicht »Tempos« Yuppy-Stimme: »Irene Dische (ist) wirklich gut . . ., sie besitzt ein fantastisches Talent.« Wäre da nicht Herausgeber Hans Magnus Enzensberger. Ihn »und seine feuchten Bestseller-Fantasien« mochte Tempo-Kritiker Maxim Biller gar nicht: »Denn (Disches) Heldin ist eine häßliche, geile, raffgierige, geizige, reiche, faule, kriminelle jüdische Antiquitätenhändlerin.« Aus Geschäftsgier habe Enzensberger »solchen Klischee-Unsinn« und »Mist seinen Schreibtisch passieren lassen«, anstatt die »unfreiwillige Stürmer-Story« Irene Disches zu kassieren. Der jüdische Mitbürger Biller machte sich offenbar Sorgen um antisemitische Vorurteile.

Wenige Monate später erschien Maxim Billers Kurzgeschichtensammlung »Wenn ich einmal reich und tot bin«. Wer nach Billers Lügen-Kritik erwartet hatte, der Autor werde Antisemiten-Beschwichtigung betreiben, sah sich angenehm überrascht. Der Schrei-

ber erwies sich als lernfähig. Denn Enzensbergers »Bestseller-Fantasien« hatten sich bewahrheitet. Disches Buch war bei Kritik und
Lesern gut gekommen. Also hantierte auch Biller mit antijüdischen
Vorurteilen. Nur, was bei Irene Dische ein subtil-intelligentes Spiel
mit antijüdischen Stereotypen ist, das den mit philo- und antisemitischen Vorurteilen befrachteten Leser entlarven sollte, geriet Maxim
Biller zum wüsten Trommelfeuer. Diffizile, gebrochene Gestalten, die
ständig im Panoptikum ihrer unzähligen Ängste vorwärtsstolpern,
fehlen bei Biller. Seine Figuren sind, abgesehen von der sakrosankten
Mamme und dem klug-souveränen Ich-Erzähler, Typen voll prallen
Horrorstory-Lebens: Zuhälter, Killer, Tierquäler, ehemalige Kapos,
ehemalige Nazis und doofe Schicksen. Die Juden unter ihnen, fast
ausnahmslos schwer kriminell, beben andauernd vor Geld- und Sex-
gier. Ihr Antrieb ist unkurierbarer Selbst- und Deutschenhaß. Ein
besonders übler Bursche ist ein untalentierter ostjüdisch-amerikani-
scher Schriftsteller namens Warszawski: »Deutsches Fleisch ist gutes
Fleisch . . ., hat natürlich auch so einen süßlichen Geschmack und
Brandgeruch«, geifert er und charakterisiert sich so: ein »berechnen-
der Schurke, ein cleverer Jid, ein Literatur-Shylock wie Kafka, dieser
Schweinehund«. Was Wunder, daß dieses Judenungeheuer Erfolg
bei von Holocaust-Schuld geplagten deutschen Schicksen und sonstigen Gojim hat.

Anders als bei Disches »Frommen Lügen«, die niemandem weh
taten, war die Reaktion auf Billers Novellen gespalten. SZ-Kritiker
Peter von Becker lobte sie euphorisch, verglich Biller mit Heinrich
Böll, Wolfgang Koeppen, Hannah Arendt, Adorno, Mitscherlich
sowie Hans Magnus Enzensberger (!), um ihn schließlich zum »Gei-
stesenkel Tucholskys« zu machen. Der Rezensent des »Stern« verzichtete auf eine Kritik und schrieb statt dessen eine »Liebeserklä-
rung«.

Gekränkt dagegen antworteten manche zartbesaiteten Feuilletoni-
sten, Philosemiten und Juden. »Der Spiegel« ignorierte Billers Buch.

So arrogant war »Die Zeit« nicht. Ihr Feuilleton-Chef Ulrich Grei-
ner legte dem Leser den Vergleich zwischen Billers Buch und einer
»Tempo«-Kritik unter dem Titel »Der große Furz« nahe. Immerhin

stand er Biller das Recht auf derartige »Auschwitz-Reminiszenzen der leckersten Art« sowie »Rattenschwänze deutsch-jüdischer Peinlichkeiten« zu: »Biller darf das, denn Biller ist jung, und *Biller ist Jude.*«

Hedwig Appelt von der »Stuttgarter Zeitung« gar sprach Biller das »Zeug zum Schreiben« ab.

Nicht wesentlich zurückhaltender setzte ich mich mit den Kurzgeschichten meines Kollegen auseinander: »Billers sinnloses Haßgeschnaube endet jedoch jäh am eigenen Elternhaus. Mit unterwürfiger Liebe schildert der Autor seine Mamme . . . Die Eltern, denen Biller konfirmantenbrav sein Buch gewidmet hat, läßt er im Gegensatz zu den übrigen Personen . . . ungeschoren«, polemisierte ich in der »Münchner Abendzeitung«. Was hatte mich zu dieser Kritik veranlaßt? Biller wollte oder konnte sich nicht mit seinen Eltern literarisch auseinandersetzen. Sein Zensur-Ansinnen an Enzensberger war opportunistisch.

Nur: Hatte ich nicht selbst jahrelang vergeblich gefordert, die Juden sollten endlich den Mut finden, ihre Wut und ihren Haß herauszuschreien, um ihn loszuwerden? In seinem Buchdebüt tat Maxim Biller dies in so ungestümer Weise, daß ich erschrak. Auch in meinem Diasporabewußtsein bimmelte offenbar die Antisemitismus-Präventions-Glocke. Billers Shylock-Juden gewannen auch in meiner Seele zumindest kurzfristig die Oberhand über die Vernunft. War es Biller bei der Lektüre von Irene Disches Geschichten ähnlich ergangen?

Vergleicht man unsere Bücher[5] miteinander, sind bei aller Unterschiedlichkeit in Stil und Inhalt bemerkenswerte Gemeinsamkeiten festzustellen. Wir drei sind Anfänger. Unsere Bücher hängen noch am Tropf autobiographischen Erlebens. Lediglich in dieser vertrauten Umwelt wagen wir es, unsere Empfindungen zu schildern. Vornehmstes Opfer ist dabei das von Philosemiten gepflegte Klischee des guten Juden.

---

[5] Disches Kurzgeschichte »Der Doktor braucht ein Heim« befaßt sich nicht mit der gegenwärtigen Situation in Deutschland, deshalb bleibt sie hier unerwähnt.

»Wenn ihr uns stecht, bluten wir nicht?« Unsere Seelen zürnen noch über das Verbrechen an unserem Volk. Dies auszusprechen schmerzt zunächst mehr als das Verdrängen. Aber auf lange Sicht wird es uns Schreibern sowie unseren jüdischen und nichtjüdischen Lesern helfen, einander besser zu verstehen.

Die Geburtsorte von Maxim Biller (Prag), Irene Dische (New York) und mir (Tel Aviv) machen deutlich, daß zumindest unsere Herkunft atypisch für die Juden Nachkriegsdeutschlands ist. Irene Dische verbrachte fast dreißig Jahre in den Vereinigten Staaten, wohin ihre Eltern vor Hitler und seinen Mitläufern geflohen waren. Aus Furcht vor *den* Antisemiten erzogen sie ihr Kind, selbst in den USA, katholisch. Erst als Erwachsene kehrte sie in die Heimat ihrer Eltern zurück. Als jüdischstämmige, deutsch-amerikanische Katholikin sitzt sie zwischen allen Stühlen – was ihre unvoreingenommene Beobachtungsgabe offenbar fördert.

Maxim Biller kam wie ich erst als Zehnjähriger in die Bundesrepublik. Wir drei sind als Fremde hierher eingewandert und sind es in mehr oder minder beschränktem Maß auch geblieben: in der jüdischen und der nichtjüdischen Gesellschaft Nachkriegsdeutschlands. Dadurch blieb uns das vollständige Eintauchen ins Angstghetto der Juden hier erspart. Wir haben nicht so sehr darunter gelitten, daß wir stumm geworden wären, und haben uns so die Kraft und die Unabhängigkeit bewahrt, über die Gefühle der Juden hier und das frühkindliche Erlernen von Antisemitismus-Vermeidungsstrategien zu berichten. Vielleicht helfen unsere Bücher den »echteren« Juden Deutschlands und Österreichs, ebenfalls den Mut zu finden, ihr Schweigen zu überwinden. Zaghaft ermutigende Anzeichen gibt es bereits.

So veröffentlichte der Wiener Peter Sichrowski im Herbst 1990 ein Jugendbuch: »Mein Freund David«, in dem eine Lovestory zwischen einem christlichen Mädchen und ihrem jüdischen Freund erzählt wird. »Happy«-End: Der zionistische Knabe wandert mit seiner Mischpoche nach Israel aus, die deutsche Maid bleibt traurig, aber verständnisvoll zurück. Sieht man vom zionistischen und Guten-Juden-Klischee ab, bleibt immerhin eine Gegenwartsgeschichte.

Vielleicht porträtieren Sichrowski oder einer seiner Kollegen demnächst normal-neurotische Juden und Nichtjuden. Auf dem Weg dahin sind sie schon.

Von hier bis zur direkten Nachkommenschaft Tucholskys, Philip Roths, Woody Allens und anderer Größen, mit denen jeder, der es wagt, jüdische Literatur im Nachkriegsdeutschland zu produzieren, von wohlmeinenden Kritikern nebbich verglichen wird, ist es allerdings noch sehr weit.

III

»SONDERVERHÄLTNIS«
DIE DEUTSCH-ISRAELISCHEN
BEZIEHUNGEN

GEFÜHLSSACHE

»Wiedergutmachung« und Forderungsdiplomatie

Die deutsch-israelischen Beziehungen sind nicht normal. Dabei wird es dank der Schoa auf unabsehbare Zeit bleiben. Der Völkermord an den Juden wiederum ist das Ergebnis des pathologischen deutsch-jüdischen Verhältnisses. Der Grund für das abnorme deutsch-jüdische Verhältnis liegt darin, daß diese Beziehungen vorwiegend von Gefühlen statt von nüchternen Erwägungen geprägt sind. Keine guten Vorzeichen für das Funktionieren von Politik!

»Ich war stets der Meinung, daß Völker ihre Beziehungen nicht durch Emotionen bestimmen lassen dürfen; ihre Interessen verlangen, daß sie irgendwann eine Form des Zusammenlebens finden und sich nicht von noch so berechtigten Gefühlen beherrschen lassen. Jede emotional determinierte Außenpolitik endet früher oder später in einer Katastrophe«,[1] schreibt Nahum Goldmann über das Verhältnis von Staatskunst und Gefühl.

Das deutsch-jüdische Verhältnis aber war traditionell vor allem eine Gefühlssache. Und so ist es keineswegs Zufall, daß die wichtigsten deutschen Kanzler des 20. Jahrhunderts, Adolf Hitler und Konrad Adenauer, sich in der Judenfrage vor allem von ihren Emotionen leiten ließen. Dies ist um so bemerkenswerter, da beide ansonsten kühle beziehungsweise »eiskalte« Machtpolitiker waren.

Adolf Hitler haßte die Juden. Zur Befriedigung dieses Gefühls diente ihm – mit Zustimmung, zumindest aber mit Duldung der deutschen Bevölkerung – die Ermordung der Juden. Kanzler und

[1] Mein Leben als deutscher Jude, München/Wien 1980

189

Volk nahmen den Verlust eines wertvollen Potentials Deutschlands in Wirtschaft, Wissenschaft und Kultur in Kauf. Für seinen Wunsch, Deutschland vom »jüdischen Untermenschen zu befreien«, war Hitler sogar bereit, den »Endsieg« zu gefährden. So befahl er während des Krieges, die knappe Bahnkapazität mit Vorrang für den Transport der Juden in die Vernichtungslager Osteuropas zu nutzen, während die bedrängte Front derweil ohne genügend Nachschub blieb. Ähnlich erging es der deutschen Rüstungsindustrie.[2] Der rasante Judenmord beraubte sie der Arbeitssklaven, die sie dringend benötigte. Noch in seinen letzten Stunden beschäftigte sich Hitler mit den Juden. In seinem politischen Testament befahl er dem deutschen Volk, die Juden unnachsichtig zu beseitigen.

Konrad Adenauer wollte den Juden wohl. Auch er hatte die Israeliten bis zuletzt im Sinn. Wenige Monate vor seinem Tod nannte Adenauer während einer Israelreise die Gründe: »Das Gefühl einer tiefen inneren Verpflichtung« sowie das »Gefühl, daß die Menschheit doch dem Judentum auf allen Gebieten des Geistes und auf dem Gebiet der Religion so viel verdankt«. Daher sei das Ziel seiner Tätigkeit »vom ersten Tag an, da ich Bundeskanzler wurde«, gewesen, »die Versöhnung herbeizuführen mit Israel, mit dem gesamten Judentum der Welt«.[3] Kaum im Amt des ersten deutschen Nachkriegskanzlers – die Bundesrepublik besaß seinerzeit noch keine außenpolitische Souveränität – machte Adenauer in einem von ihm arrangierten Interview mit der »Allgemeinen Jüdischen Wochenzeitung« deutlich, daß die von ihm geführte Bundesregierung grundsätzlich bereit sei, materielle »Wiedergutmachung«[4] an den jüdischen Opfern zu leisten. Bei Sowjets, Sinti und Roma sowie politischen Gegnern – zumal wenn sie Kommunisten waren, hatte es Adenauer mit entsprechenden Zusagen – wenn überhaupt – nicht so eilig. In Bonn dachte man an einen Betrag unter zwanzig

[2] Hierzu: Sebastian Haffner: Anmerkungen zu Hitler, München 1981
[3] Konrad Adenauer. Ehrenmitglied des Weizmann-Instituts, Tel Aviv 1967
[4] Allgemeine Jüdische Wochenzeitung, 11. November 1949

Millionen Mark. Entscheidend aber war die prinzipielle Bereitschaft Westdeutschlands, Entschädigungszahlungen zu leisten. Denn weder die jüdischen Organisationen noch der Staat Israel besaßen eine juristische Handhabe oder ausreichende Macht, um Bonn zu Reparationsleistungen zu bewegen.

Was hatte Adenauer zur Zusage an die Juden veranlaßt? Der Bundeskanzler mochte die Juden und überschätzte, wie die meisten Deutschen, ihren Einfluß.

Als guter Christ, der dem Segen der guten Tat ebenso vertraut wie den Einflüsterungen einflußreicher Juden, rechnete Adenauer damit, daß seine Hilfszusage das »Judentum der Welt« von der Versöhnungsbereitschaft Deutschlands überzeugen würde. Dies würde wegen des »großen« jüdischen Einflusses in aller Welt die Rückkehr der Bundesrepublik in die »Völkerfamilie« erleichtern. Rasch wurde dem Kanzler jedoch klar, daß Reparationszahlungen an die Juden keineswegs nötig waren, um Bonns politische Position zu stärken.

Aufgrund des verschärften Kalten und Heißen (in Korea) Krieges wurde Deutschlands Machtstellung vor allem von Washington zusehends gefördert und wieder kräftig nach deutschen Soldaten gerufen. Ob Bonn »Wiedergutmachung« leistete, interessierte außerhalb Israels und der jüdischen Gemeinschaft bald niemanden mehr. Keiner dachte daran, Deutschland zu derartigen Leistungen zu ermutigen oder gar entsprechenden Druck auszuüben.

Zur Zahlung von »Wiedergutmachung« gedrängt wurde Bonn allein von der israelischen Regierung, die sich aufgrund der Einwanderungswelle der ersten Jahre (von 1949 bis 1952 nahm die jüdische Bevölkerung Israels von 600 000 auf 1 500 000 Menschen zu) in einer verzweifelten Situation befand.

Jerusalem forderte in einer Note an die vier Alliierten 1,5 Milliarden D-Mark Entschädigungszahlungen von Deutschland, wovon Bonn zwei Drittel und Ostdeutschland den Rest hätten zahlen sollen. Moskau hielt es nicht für nötig, darauf zu antworten. Die Westmächte dagegen forderten direkte deutsch-israelische Verhandlungen, was Jerusalem *zunächst* ablehnte.

Diese Gespräche kamen erst zustande, nachdem der Vorsitzende des »Jüdischen Weltkongresses«, Nahum Goldmann, Konrad Adenauer von der Notwendigkeit einer »großen« Geste Deutschlands »in Anerkennung eines moralischen Anspruchs des jüdischen Volkes« überzeugt hatte. »Die bevorstehenden Verhandlungen«, so argumentierte Goldmann gegenüber dem Kanzler, »seien einzigartiger Natur; sie hätten keine gesetzliche Basis, und hinter ihnen stünde kein politischer Machtanspruch. Ihr Sinn sei ethisch.«[5]

Daraufhin bekannte sich der Kanzler im September 1951 in einer Regierungserklärung vor dem Bundestag zur Verantwortung des demokratischen Deutschland für die nationalsozialistischen Verbrechen und rief Israel und die Juden der Welt zu Verhandlungen über Entschädigungsleistungen auf. Der Bundestag nahm die Erklärung einstimmig an. Wenige Monate später votierte die Knesset mit knapper Mehrheit dafür. Vor und im Parlamentsgebäude kam es zu teilweise gewalttätigen Demonstrationen. An die Spitze des Protests setzte sich der Chef der nationalistischen Cheruth-Partei, Menachem Begin, der Gespräche mit Deutschland über die Entgegennahme von »deutschem Blutgeld« kategorisch ablehnte. Premier Ben Gurion dagegen argumentierte nüchtern: Israel benötige die materielle Hilfe Bonns, um die Neueinwanderer zu integrieren; ohne diese Leistungen drohe der Staatsbankrott und damit der Untergang Israels.

Nach kurzen Verhandlungen in Luxemburg einigten sich Jerusalem und Bonn auf Finanzleistungen der Bundesrepublik von drei Milliarden D-Mark gegenüber Israel sowie 450 Millionen D-Mark an jüdische Organisationen in der Diaspora. Der Bundestag ratifizierte das Abkommen in namentlicher Abstimmung, wobei die größte Zustimmung von seiten der oppositionellen SPD kam, die meisten Neinstimmen stammten von den mitregierenden Christlich-Sozialen sowie der FDP.

Die Durchsetzung des »Wiedergutmachungsabkommens« in Deutschland war in erster Linie durch den massiven politischen Druck Adenauers möglich geworden; gleiches galt in Israel für Ben Gurion. Adenauer hatte sich dabei über finanzielle Bedenken in weiten Kreisen seiner Partei und, was angesichts der bevorstehenden Bundestagswah-

---

[5] Goldmann, a.a.O.

len im Herbst 1953 gewiß wichtiger war, die Ablehnung der Zahlungen durch die breite Mehrheit der deutschen Bevölkerung hinweggesetzt. Nur etwa jeder zehnte Bundesbürger unterstützte damals vorbehaltlos deutsche Wiedergutmachungsleistungen an die Juden.[6]

Darüber hinaus übten die arabischen Staaten politischen Druck auf Bonn aus, um das Abkommen zu verhindern. Adenauer ließ sich von alledem nicht beirren. Bei Juden galt ihm der Primat der Moral über materielle Bedenken und außenstaatliche Interessen: »die moralische Verpflichtung gegenüber dem jüdischen Volk«.

Noch komplizierter gestalteten sich die israelisch-deutschen Beziehungen für Jerusalem. In der Bundesrepublik wurde der moralische Vorrang der deutschen Judenpolitik aufgrund der dominanten Stellung des »Alten« – gemäß deutscher Tradition – widerstandslos hingenommen. In Israel dagegen sah sich die Regierung zu einer schizophrenen Deutschlandpolitik veranlaßt. Im Inland argumentierte Jerusalem streng realpolitisch: Wir brauchen deutsche Hilfe, um unseren Staat aufbauen und stabilisieren zu können. Gegenüber Deutschland dagegen plädierte man ausschließlich »ethisch«: Ihr habt eine Verantwortung uns, euren Opfern, gegenüber; helft uns!

Bei Adenauer und der israelischen Bevölkerung hatte diese Doppelstrategie Erfolg. Dies bestärkte Israel in seiner »Forderungspolitik« gegenüber Bonn. Dabei übersah Jerusalem allerdings, daß Kanzler und politische Konstellationen sich im Laufe der Zeit ändern. Doch daran dachte man in den fünfziger Jahren zunächst weder in Bonn noch in Jerusalem.

Ende Oktober 1956 erhielt Adenauer Gelegenheit, seine Politik des moralischen Primats gegenüber Jerusalem erneut unter Beweis zu stellen. Damals hatte sich Israel an der Seite der verbrauchten Kolonialmächte Großbritannien und Frankreich auf eine politisch waghalsige Invasion in Ägypten eingelassen. Auf Druck Washingtons zogen Paris und London ihre Truppen vom Suezkanal zurück. Jerusalem

---

[6] Diese sowie die folgenden Angaben beruhen auf Meinungsumfragen, zitiert in: Michael Wolffsohn: Deutsch-israelische Beziehungen. Umfragen und Interpretationen, München 1986

dagegen weigerte sich zunächst, die besetzten Gebiete zu räumen. Um ihren Einfluß in der arabischen Welt auszubauen, setzten die USA daraufhin Israel unter massiven politischen und wirtschaftlichen Druck, seine Truppen zurückzuziehen. Auch die Bundesrepublik, seinerzeit willfährigster Gefolgsstaat der USA in Europa, sollte mithelfen, Israel gefügig zu machen. So forderte Washington im Februar 1957 Bonn auf, seine Wiedergutmachungsleistungen an Israel einzustellen.

Adenauer, der für gewöhnlich nicht zögerte, den Wünschen der USA Folge zu leisten, lehnte dies entschieden ab. Die »Wiedergutmachung« sei eine moralische Frage, die nicht durch politische Erwägungen korrumpiert werden dürfe, beschied er kühl seinen Freund und katholischen Glaubensbruder, den amerikanischen Außenminister Dulles. Dabei störte Adenauer auch wenig, daß nur jeder zehnte Deutsche für die Invasion Israels Verständnis aufbrachte.

Erneut hatte die Moral – oder was Adenauer dafür hielt – einen Sieg über schieres politisches Interesse und Volkes Stimme davongetragen. Die Deutschen, an politische Entmündigung gewöhnt, nahmen es ihrem Regierungschef nicht übel. Im folgenden Jahr wählten sie ihn mit absoluter Mehrheit zum Kanzler. Die Israelsympathie Adenauers übertrug sich – schließlich dachte man mehrheitlich nach wie vor obrigkeitsstaatlich – allmählich auf sein Volk. An der Schwelle zu den sechziger Jahren verdoppelten sich die Sympathiewerte der Deutschen für die Israelis von zehn auf zwanzig Prozent.

Die Binsenweisheit, daß der Weg zur Hölle mit guten Grundsätzen gepflastert ist, sollte sich auch für die deutsche Israelpolitik bewahrheiten. Die Loyalität der Bundesrepublik in der Sinai-Krise veranlaßte Ben Gurion und dessen Außenministerin Golda Meïr, Bonn zur Aufnahme diplomatischer Beziehungen zu drängen. Dies lehnte die Bundesregierung mit Hinweis auf die traditionelle »deutsch-arabische Freundschaft« jedoch ab. Was verbirgt sich hinter diesem Begriff?

Die »Tradition« der deutsch-arabischen Fremdschaft ist kurz, sie reicht nur bis ins Dritte Reich. Zuvor standen die arabischen Länder jahrhundertelang unter osmanischer Fremdherrschaft – eigenständige deutsch-arabische Beziehungen waren daher nicht möglich. Näher kam man sich erst, als arabische Nationalisten für die Befreiung ihrer Länder aus britischem Regiment und gegen die Juden in Palästina fochten. Da die Nazis die gleichen Kräfte bekämpften, kam man sich, getreu der orientalischen Maxime: »Der Feind meines Feindes ist mein Freund«, vor und während des Zweiten Weltkriegs näher.

Neben palästinensischen Nationalisten unter Führung des Mufti von Jerusalem bemühten sich vor allem ägyptische Aktivisten, unter ihnen der spätere Präsident Anwar as Sadat, und irakische Kreise um Unterstützung Hitlerdeutschlands für ihre Ambitionen. Einen Sonderfall bildete Saudi-Arabien. Dort war die Herrscherfamilie mit britischer Unterstützung Anfang der zwanziger Jahre an die Macht gelangt. Das Land war zwar formal souverän, blieb tatsächlich jedoch von London – und britischen Konzernen – abhängig. Um diese Abhängigkeit zu lockern, und weil Hitlers antibritische und antisemitische Ideen den Saudis gefielen, wandten sie sich in den dreißiger Jahren an Deutschland. Als Ergebnis lieferte Berlin an Riad deutsche Waffen. Auf Druck Londons mußten die Saudis am Vorabend des Zweiten Weltkriegs die Waffenimporte aus Deutschland einstellen. Die Saudis behielten die deutsche Rüstungshilfe und die Qualität der deutschen Waffen jedoch wohlwollend im Gedächtnis.

In summa: Die »traditionelle deutsch-arabische Freundschaft« war ein kurzfristiges Zweckbündnis von arabischen Nationalisten und deutschen Nationalsozialisten gegen Briten und Juden. Der Nimbus dieser »Freundschaft« jedoch genügte Bonner Diplomaten als Vorwand, um in den späten fünfziger und Anfang der sechziger Jahre am Status quo festzuhalten, also die Aufnahme diplomatischer Beziehungen zu Jerusalem zu blockieren. Adenauer ließ sich von seinen Diplomaten, von denen die meisten noch dem Naziaußenminister von Ribbentrop und seinem Staatssekretär von Weizsäcker zugearbeitet hatten, überzeugen. Von der Phrase der »traditionellen deutsch-arabischen Freundschaft« abgesehen, waren die realen Gründe für die Zurückhaltung des Kanzlers gegenüber seinen israelischen Freunden vorwiegend politischer und wirtschaftlicher Natur.

Die meisten arabischen Staaten hatten in den fünfziger Jahren die Unabhängigkeit erlangt. Die DDR warb bei ihnen um ihre Anerkennung. Dies wollte Bonn mit Hilfe der »Hallstein-Doktrin« verhindern: Staaten, die mit dem Gedanken einer Anerkennung der DDR spielten, wurde von West-Deutschland der Abbruch der diplomatischen Beziehungen und, was wirksamer war, die Einstellung von Wirtschaftshilfe angedroht. Bald wurde jedoch deutlich, daß nicht die DDR, sondern Bonn Opfer der eigenen Erpressungspolitik wurde.

Adenauer ließ seine israelischen »Spezln« nicht verkommen. Konnte er ihnen nicht mit diplomatischer Aufwertung dienen, wollte er sie wenigstens wirtschaftlich unterstützen und strategisch sichern. Daher bezog die Bundeswehr seit Ende der fünfziger Jahre isrealisches Kriegsgerät. Waffenwünschen aus Jerusalem konnte Bonn, aus Rücksicht auf Drohungen arabischer Staaten, die DDR anzuerkennen, aber nicht nachkommen. Zumindest nicht offiziell. Dies scherte Adenauer und Ben Gurion jedoch wenig. Bei ihrer ersten persönlichen Begegnung im März 1960 in New York vereinbarten beide Politiker großzügige deutsche Rüstungsexporte nach Israel, getreu Adenauers Devise: »Im Streit zwischen Israel und einigen seiner Nachbarn können wir nicht moralisch neutral sein.« In den folgenden fünf Jahren *schenkte* Bonn Jerusalem schweres Kriegsgerät für mehr als 300 Millionen D-Mark.

Ein vehementer Befürworter des deutschen Waffengeschenks an Israel war der damalige Verteidigungsminister Franz Josef Strauß. Den CSU-Politiker hatten wie seinen Kanzler moralische Beweggründe an die Seite Israels geführt. Auch er machte sich Sorgen um die Sicherheit des Judenstaates: Aufgrund »der besonderen Verantwortung, die das deutsche Volk gegenüber dem Staat Israel hat«, könnten sich die Deutschen »nicht davon entbinden, selbst über Israel und seine Probleme nachzudenken, selbst zu entscheiden, wie *wir dies im Interesse Israels für richtig halten.*«

Deutlicher kann man deutsche Anmaßung und Dummheit nicht formulieren. Strauß meinte, er und seine Landsleute wären besser in der Lage zu beurteilen, was »im Interesse« Israels liege, als die Israelis selbst. Einzelfall eines egozentrischen bajuwarischen Politikers? Keinesfalls! Strauß war mit seiner »Wir Deutschen wissen besser als die Israelis, was für Israel gut ist«-Haltung lediglich ein repräsentantiver Vertreter deutscher Politik und öffentlicher Meinung.

Ende 1964 wurden die »geheimen« deutschen Waffenlieferungen an Israel publik. Daraufhin erklärte Adenauers Nachfolger, Ludwig Erhard, Bonn werde keine Rüstungsgüter mehr in Spannungsgebiete liefern, auch nicht nach Israel. Ägyptens Staatschef Nasser ließ sich davon nicht beirren und lud im Frühjahr 1965 den DDR-Staatsratsvorsitzenden Ulbricht zum offiziellen Staatsbesuch nach Ägypten ein. Als in die Enge getriebener Gefangener der »Hallstein-Doktrin« reagierte Erhard offensiv *und* mit klarem Menschenverstand: Bonn erkannte Israel an, beide Staaten nahmen am 12. Mai 1965 diplomatische Beziehungen auf.

Dabei ignorierte Erhard ebenso wie zuvor Adenauer die Meinung der Bevölkerung: Nur etwa jeder dritte Deutsche befürwortete damals diplomatische Beziehungen mit Jerusalem. Sympathie für den Judenstaat im Nahostkonflikt äußerte nur ein Viertel der Deutschen.

Die arabischen Staaten reagierten umgehend: Mit Ausnahme von Jordanien, Marokko, Libyen (Khadhafi diente damals noch als Offizier) brachen alle arabischen Regierungen ihre diplomatischen Beziehungen zu Bonn ab und erkannten Ost-Berlin an. Die »Hallstein-Doktrin« hatte sich selbst ad absurdum geführt. Bonn saß auf einem diplomatischen Scherbenhaufen. Es dauerte Jahre, bis dieser politische Mißerfolg mittels kräftiger Wirtschaftshilfe ausgeglichen werden konnte.

In Jerusalem dagegen war man im großen und ganzen zufrieden. Zwar war die Mehrheit der Israelis, zumal derjenigen, die unter den Deutschen zu leiden hatten, betroffen, daß das Deutschlandlied nun auch in Israel offiziell gespielt werden mußte, aber an der diplomatischen Front war Jerusalem ein beträchtlicher Erfolg in den Schoß gefallen. Das wirtschaftlich starke, demokratische Deutschland hatte Israel völkerrechtlich anerkannt.

Hier manifestiert sich das mitunter rasende Tempo der Geschichte: Nur zwei Dekaden nach dem Verlöschen der Öfen von

Auschwitz wurde der jüdische Staat international dadurch aufgewertet, daß ihn Deutschland – nach langem Drängen – endlich diplomatisch anerkannte.

Israel profitierte vom Ost-West-Konflikt. Araber und Deutsche dagegen hatten sich in ein gegenseitiges Patt manövriert. Da ließ sich der Verlust der deutschen Waffengeschenke gut verkraften. Zumal Bonn sich zu zusätzlichen jährlichen Finanzleistungen in Höhe von 140 Millionen D-Mark gegenüber Jerusalem verpflichtete. Als »Wiedergutmachung«, diesmal nicht für jüdische Menschen-, sondern für israelische »Waffenopfer«. Mit den deutschen Krediten ließen sich auf dem internationalen Waffenmarkt treffliche Rüstungsgüter erwerben, die man zum Krieg gegen die arabischen Feinde nötig zu haben glaubte.

Die Waffen wirkten. Zwei Jahre nach der Aufnahme diplomatischer Beziehungen zu Deutschland lehrten die Israelis mit deutsch-finanziertem Kriegsgerät ihre Feinde das militärische Fürchten. Aus einer Bedrohungssituation, die viele Araber das Ende des Judenstaates erhoffen und alle »Philosemiten« Deutschlands einen »neuen Holocaust« fürchten ließ, errang die israelische Armee im Juni 1967 einen grandiosen militärischen Erfolg. In nur sechs Tagen besetzten die Heere Zions das biblische Judäa und Samaria einschließlich der von Jordanien okkupierten Altstadt von Jerusalem, die Golan-Höhen und die Sinai-Halbinsel. Der Jubel kannte bei Israelis *und* Deutschen keine Grenzen.

So populär war der jüdische Staat samt »seiner tapferen Bevölkerung« in Deutschland noch nie gewesen. Vor dem Waffengang, als Ägyptens Präsident Nasser »im bevorstehenden Krieg die Zerstörung Israels« proklamierte, hatte gut die Hälfte der deutschen Bevölkerung ihre Sympathie für Zion geäußert. Nun, nach dem Sieg der Israelis, sahen sich fast sechzig Prozent der Deutschen an der Seite »der tapferen Hebräer«. In nur elf Jahren hatte sich die Popularität Israels in Deutschland versechsfacht. Parallel dazu war die Beliebtheit der Araber von einst stolzen 56 Prozent auf nur sechs Prozent gefallen. Weshalb? Zum einen hatte die deutsche Presse fast unisono ihr

Lesepublikum einem pro-israelischen Propagandatrommelfeuer ausgesetzt, dem die Mehrheit nicht widerstehen wollte. Die meisten deutschen Verleger und Journalisten ergriffen, von Schuldgefühlen geplagt, unzweideutig Partei für Israel: Das eigene Volk hatte die europäischen Juden zum Großteil ausgerottet, Millionen Deutsche hatten krampfhaft weggeschaut, manche hatten direkt und indirekt – und sei es mit dem Wahlzettel – zum Völkermord beigetragen. Nun, zwei Jahrzehnte später, bekam man nach der materiellen »Wiedergutmachung« auch Gelegenheit zur moralischen Schuldabtragung – zum Nulltarif, wie es schien. Willig ergriffen die Deutschen Partei für die bedrohten Juden und bewiesen damit, daß sie aus der Geschichte gelernt und »im Prinzip nichts gegen Juden« hatten; man war sogar auf ihrer Seite – wenn es weder die Karriere noch das »arisierte« Haus oder Geschäft, die Planstelle oder gar den eigenen Kopf kostete. Sympathie für Israel war nunmehr eine Herzenssache, sie erforderte keinen nennenswerten Einsatz. Dieser psychologische Prozeß betraf in erster Linie zarte Gemüter, Intellektuelle, Moralisten und solche, die sich dafür hielten.

Die breite Masse der Deutschen indessen identifizierte sich mit den siegreichen israelischen Soldaten: tapferen Landsern, die mit Leichtigkeit eben jene Länder eroberten, die den Wüstenfüchsen des seligen Marschalls Rommel verwehrt geblieben waren, weil der militärische Dilettant Hitler den Sieg verspielt hatte. Die *israelischen* Wüstenfüchse dagegen wurden von einem Feldherrn kommandiert, dem in Deutschland fast alle Herzen zuflogen. Die Rechten liebten Moshe Dayan, weil er ein »verwegener Kämpfer« war. Dies um so mehr, da die Araber, einst Freunde der Deutschen und ihres »Führers«, sich nun als Verbündete der Kommunisten entpuppten. Allein deshalb gebührte ihnen eine vernichtende Niederlage. Die Linken dagegen freuten sich ebenso, da Israel von Sozialisten regiert wurde.

Den »tapferen Hebräern« galt die fast ungeteilte Zuneigung der Deutschen. Sympathie, die den angstgeplagten Vorkriegsjuden Deutschlands und Europas vorenthalten geblieben war. Die Beliebtheit Israels nun war vor allem Ergebnis einer Identifizierung der meisten Deutschen mit dem militärischen Sieger und Eroberer Israel.

Auch nachdem sich Israel vom bedrängten Kleinstaat in eine Besatzungsmacht verwandelt hatte, die die Mehrheit der Palästinenser beherrschte – zeigten über Monate weiterhin 60 Prozent der hiesigen Bevölkerung ihre Zuneigung für Jerusalem.

Nach dem Sieg machten sich die Bundesbürger, ähnlich den Israelis, Sorgen um die Sicherheit Zions. Die große Mehrheit der Westdeutschen lehnte einen Rückzug Israels aus allen besetzten Gebieten ab. Immerhin ein Fünftel der deutschen Bevölkerung meinte, Jerusalem sollte alle besetzten Gebiete annektieren. Damit zeigte ein etwa gleich großer Anteil der Bevölkerung in Deutschland und Israel ähnliche Besorgnis um die Sicherheit Israels und empfahl ihrer beziehungsweise der befreundeten Regierung eine konsequente Machtpolitik.

Entsprechend verhielt sich die deutsche Presse. Von links bis rechts schwelgte man in Sympathie für Israel. Was scherten einen da Hunderttausende neuer palästinensischer Flüchtlinge? Hauptsache, die tapferen Israelis lehrten die »kommunistischen« Araber Mores.

Die Jubeltöne waren oft verräterisch. So hörte man im Rundfunk und las seinerzeit in der Presse z. B. vom »Oberkommando« in Tel Aviv – ein Begriff, den es im Hebräischen nicht gibt; da heißt es schlicht »Armeesprecher«. Im Deutschen hatte er einen Beigeschmack: »Das *Oberkommando* der Wehrmacht gibt bekannt . . .«

Es dauerte eine gute Weile, ehe die Israel-Euphorie der Deutschen und ihrer Regierung abzunehmen begann. Allerdings nicht aufgrund der harschen israelischen Besatzungspolitik sowie vermehrter jüdischer Siedlungen in besetzten arabischen Gebieten. Auch nicht wegen der neuen Außenpolitik Bonns, wo der Antinazi Willy Brandt 1969 den ehemaligen Parteigenossen Kurt Georg Kiesinger als Kanzler abgelöst hatte. Dies beweisen fast gleichbleibend hohe Sympathiewerte der deutschen Bevölkerung für Israel und die unverändert proisraelische Politik Bonns.

»Israel trotz Israel retten!«

Mit einem Schlag wurde alles anders. Am 6. Oktober 1973 griffen die Armeen Ägyptens und Syriens Israel am höchsten jüdischen Feiertag, dem Yom-Kippur, an, *und* die arabischen Ölexporteure verhängten ein Embargo gegen westliche Staaten, die sie einer proisraelischen Politik beschuldigten, darunter die Bundesrepublik. Die Sympathiewerte der deutschen Bevölkerung für das um sein Überleben kämpfende Israel erreichten trotz Ölboykotts und autofreier Sonntage fast die Spitzenwerte vom August 1967. Davon ließ sich die Bundesregierung jedoch nicht beeindrucken. Im Gegenteil. Das Kabinett des Bundeskanzlers, der 1970 vor dem Denkmal des Warschauer Ghettos, dessen Aufstand von SS und Wehrmacht blutig »liquidiert« wurde, in die Knie gesunken war und Israel wenige Monate vor dem Yom-Kippur-Krieg »als Freund« besucht hatte, untersagte der amerikanischen Armee, westdeutsche Stützpunkte als Nachschubbasen für Waffentransporte nach Israel zu benutzen. Mit dieser Politik befand sich Brandt durchaus im Einklang mit der Volksmeinung. Obgleich die große Mehrheit der Deutschen damals Israel »unterstützte«, befürwortete nur weniger als ein Fünftel der Bevölkerung konkrete Maßnahmen, etwa das Gewähren von Landerechten für amerikanische Nachschubflugzeuge auf ihrem Weg nach Israel. Mit dem Herzen stand man nach wie vor auf seiten »der tapferen Israelis« – man wollte es nur nicht im ungeheiztem Zimmer tun; und die arabischen Drohungen waren, wie der Öl-Boykott bewies, keineswegs leer.

Diesen »realpolitischen« Gegebenheiten trug die sozialliberale Regierung Brandt rasch Rechnung. Bonn blieb keineswegs bei einer strikt neutralen Nahostpolitik. Mit tatkräftiger Unterstützung der arabischen Ölstaaten »entdeckte« die Bundesregierung die Palästinenserfrage: Im November 1974 sprach sich der Vertreter der Bundesrepublik in der Vollversammlung der Vereinten Nationen als erster EG-Botschafter für das Selbstbestimmungsrecht der Palästinenser aus. Deutschland war ein geteiltes Land, und das Grundgesetz verpflichtete die Regierung, für die Wiedervereinigung des Vaterlandes einzutreten. Voraussetzung dafür wiederum war das Selbstbestimmungsrecht der Deutschen in Ost und West. Es war daher verständlich, daß die Bundesregierung weltweit für das Selbstbestimmungsrecht der Völker eintrat, auch für das der Palästinenser – sollte man meinen. Weshalb aber hatte sich Bonn nie für entsprechende Rechte der Kurden, Armenier, Korsen, Nordiren, Basken und unendlich vieler anderer öffentlich eingesetzt? Und bis Mitte der siebziger Jahre auch nicht der Palästinenser? Warum hatte die Bundesregierung zwischen 1948 und 1967, als die Gebiete westlich des Jordans vom Königreich Jordanien annektiert waren, was lediglich von Großbritannien und Pakistan gutgeheißen wurde, nie protestiert? Weshalb hatte das Schicksal des palästinensischen Volkes die Bundesrepublik kaltgelassen, solange arabisches Erdöl die Wohnungen der Deutschen wärmte?

Angesichts von Ölmangel und erheblich zunehmender arabischer Wirtschaftskraft entdeckte Bonn sein Herz für die Palästinenser. Von Jahr zu Jahr drängte die Bundesrepublik nunmehr Israel, das Selbstbestimmungsrecht der Palästinenser anzuerkennen, sich mit der PLO, die nach wie vor für die Vernichtung des »zionistischen Gebildes« kämpfte, zu arrangieren und sich aus den besetzten Gebieten zurückzuziehen.

Ein Schuft, der dabei an deutschen Antisemitismus denkt! Hier handelt es sich lediglich um das globale Phänomen des politischen Opportunismus. Denn ebenso wie Bonn begannen in der Folge des Oktoberkrieges von 1973 auch die übrigen EG-Staaten immer vehementer für die Rechte der Palästinenser einzutreten. Die meisten afrikanischen Staaten gar machten »kurzen Prozeß« und brachen in der Folge des Ölkrieges schlicht ihre diplomatischen Beziehungen zu Jerusalem ab, um statt dessen die PLO anzuerkennen. Ihre Hoffnung auf verbilligtes arabisches Erdöl erfüllte sich dennoch nicht. Jerusalem sollte sich freilich vor Krokodilstränen über den Opportunismus des politischen Geschäfts hüten. Denn die Israelis, die stets dem Kampf gegen Rassismus und Diskriminierung das Wort reden, machten ihrerseits seit jeher gute Geschäfte mit Südafrika, das seine schwarze und farbige Bevölkerung unterdrückt und ihr politische Rechte vorenthält.

Politik ist weitgehend ein Spiel der Macht. Regierungen, die diese Tatsache nicht beachten, gefährden die Existenz des eigenen Staates. Ein anderes Ding ist es allerdings, die Machtpolitik der eigenen Bevölkerung und dem Ausland zu »verkaufen«. Jedes Land kämpft für Recht und Moral, die anderen dagegen . . .

Diese propagandistische Strategie wird vor allem von Staaten verfolgt, die sich in akuten Konfliktsituationen befinden. Israel ist ein Musterbeispiel für diese »Politik«. Bis Mitte der siebziger Jahre nahm alles seinen bis dahin gewohnten Gang. Jerusalem beschuldigte ausländische Regierungen zu Recht einer opportunistischen Politik: Um ihre wirtschaftlichen und politischen Interessen zu fördern, würden von Israel Konzessionen verlangt, die seine Sicherheit gefährdeten. Da man in Israel um den Druck der arabischen Staaten auf ihre Partner und um den eigenen Opportunismus wußte, der sich etwa in Waffengeschäften mit diktatorischen Regimen kundtat, klangen die Vorhaltungen Jerusalems eher leise.

Das stillschweigende deutsch-israelische Einvernehmen über die heuchlerische Balance von Moral, öffentlicher Meinung und handfesten politischen Interessen endete abrupt im Mai 1977, als Menachem Begin zum israelischen Premier gewählt wurde. Denn Begin war nach eigenem Verständnis ein politischer Moralist. Sein Lebtag begriff er sich als Vorkämpfer für das unterdrückte jüdische Volk. Die Gegner waren entsprechend seiner Denkweise entweder – sofern sie Juden waren – »Verzichtler«, die die Existenz des jüdischen Volkes und vor allem die des Staates Israel gefährdeten, oder, sofern Gojim, schlicht Antisemiten. Der Holocaust war ihm der Beweis dafür, daß das jüdische Volk einer permanenten Bedrohung durch die Antisemiten ausgesetzt ist. Allein ständige Kampfbereitschaft und eine entschlossene politische Führung – am besten unter Begins Leitung – konnten Israels Sicherheit gewährleisten.

Es dauerte nicht lange, bis Begins Politikverständnis sich auf die deutsch-israelischen Beziehungen auszuwirken begann. Der Premier, der die kühle Machtpolitik Jerusalems in anderen Regionen nicht wahrnehmen wollte, war über die opportunistische Bonner Nahostpolitik aufs höchste empört. Andere europäische Regierungen, die um arabisches Öl und Kredite buhlten und, etwa Saudi-Arabien oder Irak modernstes Kriegsgerät lieferten, verachtete Begin oder kritisierte sie gelegentlich scharf. Bonn gestand er diesen »gewissenlosen Handel« unter keinen Umständen zu. Als die Bundesregierung 1979 im Rahmen der EG für einen Nahostfriedensplan warb, der von Israel politische Zugeständnisse forderte, ohne ihm im Gegenzug wirksame Garantien gewähren zu können, zürnte Begin den »Deutschen, (die) arabisches Öl mit jüdischem Blut erkaufen«. Diese Worte wiederum lösten in Deutschland Unbehagen, vielfach sogar Verbitterung aus. Denn seit Adenauers Zeiten hatte man sich hier an die Rolle des Schirmherrn gewöhnt, der mit Geld und notfalls sogar mit Waffen das Überleben des Judenstaates förderte, wenn nicht gar garantierte. Dafür »dankten« die Israelis Deutschland nun mit wüsten Beschimpfungen.

Bei dieser Betrachtungsweise übersah man allerdings, daß die primär moralisch orientierte deutsche Israelpolitik mit dem Rücktritt von Adenauers Nachfolger Ludwig Erhard im Jahre 1966 vorbei war. An die Stelle einer moralischen Politik – wie immer man diese beurteilen mag – waren moralisierende Phrasen und leere Gesten getreten. So beeindruckend der Kniefall eines deutschen Bundeskanzlers an einer Stätte jüdischen Leids wirkte – für Israel wäre im Yom-Kippur-Krieg die Benutzung deutscher Nachschubeinrichtungen durch die USA von erheblich höherem Wert gewesen. Deutschland bewegte sich mit dieser realpolitischen Ohne-mich-Haltung durchaus im Rahmen der westlichen Demokratien; auch innerhalb der EG nahm Bonn keinesfalls die Rolle eines antiisraelischen Scharfmachers ein. Gelegentlich bremste die Bundesregierung ihre Partner, vor allem Frankreich, sogar in deren proarabischem Elan.

Die Rolle des »bösen – antiisraelischen – Buben« in der europäischen und israelischen Öffentlichkeit spielte damals Österreichs jüdischstämmiger Kanzler Bruno Kreisky. Wegen seiner gelegentlich beißenden Kritik an der Politik Jerusalems wurde geflissentlich übersehen, daß der Österreicher dem Staat Israel insgeheim wertvolle politische und humanitäre Dienste leistete: Als *einziger* Staat westlich des Eisernen Vorhangs gestattete Österreich in den sechziger und siebziger Jahren den Transit mehrerer hunderttausend sowjetischer Juden nach Israel. Auch nutzte Kreisky seine guten Kontakte zu den arabischen Staaten und palästinensischen Organisationen, um Tausende israelische Kriegsgefangene wieder in Freiheit zu bringen.

Mit solch mühsamer politischer und menschlicher Kleinarbeit, die von niemandem mit öffentlichem Wohlwollen bedacht wurde, hielt man sich in Deutschland nicht auf. Hier feierten vielmehr in Presse, Politik und Öffentlichkeit hohle »proisraelische« Rhetorik und Heuchelei fröhliche Urständ. Jeder namhafte Politiker – ob Brandt, dessen Nachfolger Schmidt oder Strauß, Genscher, Renger oder andere – gab sich als Hüter der Sicherheit Israels. Viel guter Wille war im Spiel – dabei blieb es.

Ähnlich war die Haltung bei der deutschen Presse. Eine Ausnahme war Axel Springer, dem Israels Wohlfahrt ein Herzensanliegen war. So unterstützte der Hamburger Verleger den jüdischen Staat tatkräftig materiell und ideell, was Israel wiederum viele Sympathien kostete, denn viele Deutsche, die sich als »Linke« verstanden, waren per se gegen alles, wofür Springer eintrat. Sein Engagement für Israel bezahlte Springer unter anderem mit Einbußen seines Anzeigengeschäfts. Vor allem die deutsche Mineralöl-, Bau- und Autoindustrie, die glänzende Geschäfte auf den arabischen Märkten machte, schaltete manch lukrative Anzeigenserie lieber bei der israelkritischen Springer-Konkurrenz. Dies, obgleich man sich ansonsten, etwa in der unzweideutig marktwirtschaftlich orientierten, antisozialistischen Haltung, am besten bei Springer aufgehoben sah. In der übrigen Presse aber und in zahllosen anderen Postillen sowie den elektronischen Medien – drosch man allenthalben das leere Stroh einer »kritischen Israel-Solidarität«. Jerusalem gefährde durch seine riskante Arabien- und Besatzungspolitik die eigene Sicherheit sowie die der gesamten Region. Als Außenstehender, etwa als deutscher Journalist, wisse man besser als die Israelis, was gut für Israel sei und was den Judenstaat gefährde.

Die Formel: Israel trotz Israel(s Sturheit) zu retten, ist allerdings nicht originär deutsch. Sie war bereits Mitte der fünfziger Jahre in Washington geprägt worden, als sich in Deutschland, dank Schuldgefühlen und Adenauers harter Hand, niemand derartigen Unsinn anmaßte. Mit zunehmender »Gnade der späten Geburt« und noch rapider wachsender Petro-Dollar-Vermögen in arabischem Besitz war man schließlich auch in Deutschland soweit. Jerusalem hatte die Verantwortung für seine Sicherheit gefälligst den selbsternannten Experten in Europa, vor allem in Deutschland, anzuvertrauen. Die wußten am besten, was gut für den Judenstaat war und was nicht. Insbesondere Bonns Globalkanzler Helmut Schmidt. Voller Chuzpe bestanden die Israelis dennoch darauf, die Sorge für ihre Sicherheit weiter in der eigenen Hand behalten zu wollen, und hatten – ohne Europa und Deutschland – zunächst sogar Erfolg.

Die direkten Friedensverhandlungen zwischen Ägypten und Israel waren dank amerikanischem Geld, dank Druck und Garantien von Erfolg gekrönt. Erstmals seit seiner Entstehung konnte Israel, im Gegenzug für die Rückgabe der Sinai-Halbinsel, Frieden mit einem arabischen Land, dem wichtigsten obendrein, schließen. Als Belohnung wurden Ägyptens Präsident Sadat und Israels Premier Begin mit dem *Friedensnobelpreis* ausgezeichnet.

Ausgerechnet Begin! Der von weiten Teilen der deutschen Presse als »Terrorist«, »Rechtsextremist«, »Faschist« und ähnliches bezeichnet wurde, den der Weltpolitiker Schmidt im vertrauten Kreis als »Gefahr für den Weltfrieden« brandmarkte. Begin hatte sich erdreistet zu behaupten, die Deutschen erkauften »arabisches Öl mit jüdischem Blut«. Irrte Begin? Schraubt man die überdrehte Rhetorik des Israelis auf Normalmaß zurück, indem man den Begriff »jüdisches Blut« durch »israelische Sicherheit« ersetzt, so ist seine Analyse nicht unzutreffend. Deutschlands Wirtschaft machte gute Geschäfte mit den arabischen Ländern, ebenso wie die meisten Industrienationen, ähnlich den Israelis mit Südafrika, Nicaragua und Zaire. Mit einem entscheidenden Unterschied: Die anderen hielten ihren Mund. Die Deutschen, ob ihrer mörderischen Vergangenheit und ihres aus Unsicherheit geborenen nationalen Geltungsdrangs, meinten, wie so oft in ihrer Geschichte Charakterlosigkeit mit moralischen Phrasen kaschieren zu müssen. Begin enttarnte dieses durchsichtige Spiel – was in Deutschland wiederum Trotz auslöste.

Als Lehrmeister Schmidt im Frühjahr 1981 darangehen wollte, die traditionelle »deutsch-arabische Freundschaft« – wie zu Hitlerzeiten – mit der Lieferung von Kriegsgerät nach Saudi-Arabien zu krönen, war man in Jerusalem alarmiert. Nach seiner Rückkehr von Saudi-Arabien, wo er über deutsche Rüstungsexporte verhandelt hatte, meinte der Kanzler in trauter Fernsehrunde auf Vorhaltungen eines Journalisten, Bundestagspräsidentin Renger habe sich kategorisch gegen deutsche Waffenlieferungen an einen Staat ausgesprochen, der Israel ein Existenzrecht verweigere: Es sei »eine Tragödie«, daß das jüdische Volk erst nach Jahrtausenden Verfolgung endlich eine Heimat gefunden habe. Die Gründung des Staates Israel hätte jedoch eine weitere »Tragödie« ausgelöst, die Vertreibung des palästinensischen Volkes aus seiner Heimat. Die Schlußfolgerung aus diesem gewundenen Gerede konnte nur sein: Laßt uns deutsche Waffen – gegen gutes Geld – nach Saudi-Arabien exportieren, um mit diesem Kriegsgerät die »palästinensische Tragödie«, notfalls mit Gewalt, zu beenden. Auf wessen Kosten die Tragödienbeseitigung geschehen sollte, daran konnte kein Zweifel bestehen.

Begin befand sich in der heißen Phase des israelischen Wahlkampfs, als er von Schmidts »Tragödienstadl« erfuhr. Der Israeli machte aus seinem Herzen keine Mördergrube. Schmidt habe als Offizier in Hitlers Wehrmacht gedient. Jetzt befürworte er deutsche Waffenlieferungen an die arabischen Ölstaaten. Begin nannte dies eine »Habgier-Politik (der) schlimmsten Sorte«. Die Anschuldigungen des israelischen Ministerpräsidenten beschränkten sich jedoch keineswegs auf seinen Amtskollegen in Bonn. Begin nutzte die Gelegenheit seiner Schmidt-Schelte zur pauschalen »Abrechnung« mit dem deutschen Volk, das er kollektiv für die Ermordung des europäischen Judentums verantwortlich machte: »Ich habe dem deutschen Volk als Ganzem nie vergeben . . ., denn sie (die Deutschen) tragen gemeinsame Schuld.« Was Begin unter dieser Schuld verstand und inwieweit er persönlich von den Naziverbrechen betroffen war, schilderte er in einem israelischen Rundfunkinterview: »Ich weiß, wie meine Mutter, mein Vater, mein Bruder und zwei Cousins – einer vier Jahre, der andere fünf Jahre alt – in ihren Tod gingen. Mein Vater, zusammen mit 500 Juden, ging an ihrer Spitze. Er war Sekretär der Gemeinde in Brest ... Sie sangen ›Ich glaube‹. Die Deutschen stießen sie in den Fluß, eröffneten von beiden Seiten Feuer mit Maschinengewehren, und der Fluß färbte sich rot mit Blut. Das Wasser wurde zu Blut. So starben sie. So starb mein Vater. Meine Mutter war eine alte Frau, krank im Hospital. Sie trieben sie und alle kranken Frauen aus dem Hospital zusammen und schlachteten sie ab ... Ich lebe (mit dieser Erfahrung) und ich werde damit leben bis zum Tag meines Todes.«

Für Begins Beweggründe hatte man in Deutschland kaum Verständnis. Was die meisten Deutschen erzürnte, waren die Vorwürfe der Kollektivschuld und der Habgier. Mit seinen Anschuldigungen hatte der Israeli seinerseits die »Toleranzgrenze« der meisten Deutschen überschritten. Im Laufe der Nachkriegsjahre hatte die Mehrheit der Bundesbürger einzusehen begonnen, daß »den Juden« von den Nazischergen, mit denen natürlich niemand etwas zu schaffen hatte, Schlimmes angetan worden war. Dies geschah im deutschen Namen. Daher beanspruchten die Juden des Auslands – die hiesigen begnügten sich weitgehend damit, die Gefahr des Antisemitismus zu betonen – ein gewisses Maß an polemischer Narrenfreiheit gegenüber Deutschland, trotz Wiedergutmachung. Dies war ihnen von den meisten Deutschen auch zugestanden worden. Aber Begins Beschuldigung gegen das gesamte deutsche Volk gingen fast allen Deutschen zu weit. Ergebnis: Nicht nur der israelische Premier, der Staat Israel – kollektiv – hatte sich's mit den Deutschen auf unabsehbare Zeit verscherzt.

Den Ton gab wie so oft der intellektuelle Marktschreier der Nation, Rudolf Augstein, an. In einem »Spiegel«-Kommentar unter dem programmatischen Titel »Keinen zweiten Holocaust, bitte!«[7] beschuldigte der Hamburger Verleger den israelischen Premier »doppelter Moral« und ging mit dessen Politik scharf ins Gericht. Zunächst »entlarvte« Augstein die Anschuldigung, die Mehrheit der Deutschen hätte damals »mitgemacht«, als pure Heuchelei:

7 Der Spiegel, 11. Mai 1981

208

»Wir haben, willig oder nicht, mitgemacht.

Mitgemacht? Was hätte ein durch Überzeugung, Zufall oder Familie, was hätte ein Nicht-Nazi denn tun können? Er hätte als ein Held und Heiliger das tun können, was die Opfer selbst auch nicht getan haben, die Helden und Heiligen immer ausgenommen.

Er hätte sich für seinen biblisch Nächsten opfern können, mit seinem Leben. Das haben die Deutschen, das haben die Juden nicht getan.

Kein moralischer Unterschied also zwischen der schweigenden Mehrheit der Deutschen und der schweigenden Mehrheit der Juden.«

Absolvo te, Germania!

Ob seiner Enthüllungs- und Entlastungswut sowie seines Dranges zur Gleichmacherei übersah Augstein einen nicht unwichtigen »Unterschied« zwischen »der schweigenden Mehrheit der Deutschen und der schweigenden Mehrheit Juden« von damals: Die einen wählten einen Verbrecher, der offen für sein Haßprogramm warb, mehrheitlich zu ihrem »Führer«. *Deutsche* haben den Massenmord an den Juden geplant und »durchgeführt«. Deutsche Soldaten und Offiziere, darunter die Oberleutnante Schmidt, Strauß und Weizsäcker, haben Hitler militärisch den Rücken freigehalten, während dessen Prätorianer die Juden ausrotteten. Die Juden dagegen waren die Opfer Hitlers *und* der Deutschen. Diesen »moralischen Unterschied« aber will Augstein nicht sehen – koste es, was es wolle: »Unser Bundeskanzler Helmut Schmidt und sein Außenminister Hans Dietrich Genscher geben zu dieser ständigen (israelischen, R. S.) moralischen Erpressung ... nichts her. Sie haben sich so moralisch verhalten wie die übergroße Mehrheit der jüdischen Opfer auch«, beharrt Augstein.

Mit der Gleichsetzung von Mittäter oder zumindest Nichttäter und Opfer läßt es Augstein jedoch nicht bewenden. Ihm geht es auch darum, die moralische Überlegenheit Schmidts sowie dessen Staatskunst gegenüber Begins gefährlicher Politik deutlich zu machen: »Dem Kanzler Schmidt gebührt von seiten Israels Dank, weil er nicht nur absichtlich, sondern objektiv eine Politik treibt, die den zweiten Holocaust gegen die Juden verhindern soll.«

Da die Israelis partout eine selbstmörderische Politik betrieben, sähen sich die Deutschen veranlaßt, Israels Existenz zu sichern – mit Panzern für Saudi-Arabien? – »Wir können den Staat der Juden nicht hindern, mit Begin und Schamir auf den eigenen Untergang bedacht zu sein. ... Wir, die Bewohner der Bundesrepublik, können nur eine uns vernünftig erscheinende Politik treiben, die möglicherweise den Interessen Israels besser dient als die Politik Begins und Schamirs.«

Schlußfolgerung: Wir Deutschen wissen »möglicherweise« besser, was euch Israelis vor einem »neuen Holocaust« retten kann, als ihr selbst!

Nach dieser Belehrung glaubte Augstein schließlich darangehen zu müssen, dem Israeli auch die Kränkung der »Habgier« heimzuzahlen. Getreu dem Motto »Aug' um Auge, Zahn um Zahn«, das Augstein in gut antisemitischer Manier den Israelis unterstellt: »Es geht nicht an, daß einer sich weigert, die Hand zu schütteln, aus der er Scheine nimmt.«

Hier versagt offenbar Augsteins Gedächtnis: Es war Schmidt, der sich während seiner Kanzlerschaft weigerte, Israel zu besuchen, um nicht die Hand des sozialdemokratischen Premiers Rabin oder die seines nationalistischen Nachfolgers Begin drücken zu müssen.

Augsteins Fazit: »Irgendwo muß mit der doppelten Moral einmal Schluß sein.« Auch mit der »Überwertigkeitsarroganz der Israelis gegenüber den ... Arabern, richtiger, der führenden, im übrigen *nichtdeutschen* Schicht.«

Das beleidigt-beleidigende Wutgeschrei des Magazinmannes war ein Hinweis, wie sehr Israels Premier viele Deutsche gekränkt hatte. Dies bestätigten auch die Demoskopen. Vor Begins Attacke hatte noch knapp die Hälfte der deutschen Bevölkerung im arabisch-israelischen Konflikt Jerusalem unterstützt. Nun, nach »Begins maßlosen Anschuldigungen« ergriff nur noch ein Fünftel der deutschen Bevölkerung Partei für Jerusalem. Die Zahl der Sympathisanten der arabischen Sache dagegen verdreieinhalbfachte sich von sieben auf 24 Prozent. Erstmals seit einem Vierteljahrhundert hatten die Araber damit die Israelis in der Gunst der Deutschen überrundet. Mehr noch, über 80 Prozent forderten trotz – oder wegen? – hoher Ölpreise eine Verbesserung des deutsch-arabischen Verhältnisses.

Was die Mehrheit der Deutschen darunter verstand, zeigten (Allensbach) Meinungsumfragen. Ehe Begin sie beschimpfte, befürwortete weniger als ein Drittel der Deutschen die Lieferungen moderner Kampfpanzer an Saudi-Arabien, danach waren es mehr als die Hälfte. Die Anschuldigungen des Israelis hatten offenbar die Mehrheit der Deutschen überzeugt, daß ihr Kanzler mit seiner Argumentation recht hatte, die »palästinensische Tragödie« lasse sich am wirksamsten mit deutschen Qualitätswaffen ungeschehen machen.

Zürnendes Volkes Meinung bei der Entscheidungsfindung war jedoch nicht gefragt, wenn sich Bonn außenpolitisch zu entscheiden hatte. Um das Für und Wider des Rüstungsexports nach Arabien wurde von Formationen gerungen, deren Heterogenität sich vorwiegend aus dem explosiven politisch-moralischen Pulvergemisch des deutsch-israelischen Verhältnisses erklären läßt. Bundeskanzler Schmidt wurde bei seinen Anstrengungen vom bewährten sozialdemokratischen Araberfreund Ben Wisch(newski) assistiert. Davon abgesehen aber verwarf die SPD fast geschlossen deren Rüstungsdeal: Zum linken Parteiflügel, der Waffenlieferungen ebenso wie den Macherkanzler prinzipiell ablehnte, gesellten sich traditionelle Partei-Rechte und Schmidt-Verbündete wie Hans-Jochen Vogel und Annemarie Renger, die aufgrund ihrer Sympathien für Israel ebenso wie Fraktionschef Herbert Wehner eine Waffenhilfe an das arabische Königreich verweigerten. Verbündete fand Schmidt dagegen bei der CDU. Helmut Kohl brachte als Parteichef die Christlichen Demokraten fast geschlossen auf Kriegswaffenexport-Linie.

Lediglich sein Generalsekretär Heiner Geißler und dessen Vorgänger Kurt Biedenkopf äußerten moralische Bedenken. Israels prononcierter Freund Franz Josef Strauß dagegen setzte sich vehement für den Waffenexport ein. Schließlich wußte er als ehemaliger Wehrmachtsoffizier, deutscher Verteidigungsminister und Förderer der bayerischen Rüstungsschmiede Krauss Maffei, die den Leo-Panzer produzierte, viel besser als die Israelis, wie deren Sicherheit gewährleistet werden konnte.

An Straußens Seite focht der vom Bayern als »Riesenstaats-
mann« verspottete Chef der arabischen Lobby, Jürgen Möllemann.
Publizistischen Flankenschutz gewährte den Möchtegern-Panzer-
verkäufern die »judenfreundliche« konservative »Frankfurter Allgemeine«. Straußens erzkonservativer Gesinnungsfreund Axel Springer dagegen sah die Sicherheit seiner Wahlheimat Israel gefährdet
und befahl seinen Blättern eine massive Kampagne gegen die Rüstungsexporte. Damit befand sich Springer in einem Lager mit
seinen Gesinnungsgegnern von der linksliberalen »Frankfurter
Rundschau« sowie der »taz«. Dieser Verweigerungsfront war das
Zweckbündnis Schmidt/Strauß/Möllemann nicht gewachsen; die
Waffenexporte wurden auf die lange Bank geschoben. Dies war für
geraume Zeit der letzte Erfolg von Männern und Frauen aus Politik
und Publizistik, die den Export von Kriegswaffen entweder prinzipiell ablehnten oder der Meinung waren, daß Rüstungsgüter nicht
in Spannungsregionen geliefert werden sollten, denen zumindest
der Gedanke unerträglich war, daß jüdische Menschen erneut durch
deutsche Waffen sterben könnten. Eine Vorstellung, die den »Enkel« Konrad Adenauers, Kohl, offenbar wenig erschütterte, ihm
zumindest nicht in den Sinn kommen durfte, wenn er sich's mit der
exportorientierten und (Unions-)spendenfreudigen deutschen
Wirtschaft nicht verderben wollte.

Das Verdienst, das deutsche Anti-Waffenexport-Kartell nach
Saudi-Arabien, das notwendigerweise auch Israels Sicherheit im
Auge hatte, zerschlagen zu haben, gebührte in erster Linie zwei
israelischen Politikern: Premier Begin und seinem Sicherheitsmini-
ster Ariel Sharon. Ein Attentat auf Jerusalems Botschafter in London
diente Israels Regierung als Anlaß, die Landkarte des Nahen Ostens
gewaltsam nach ihrem Belieben umformen zu wollen.
   Durch eine Invasion Libanons sollte die PLO militärisch und
damit auch politisch zerschlagen und ein christlicher, von Israel
abhängiger Präsident eingesetzt werden. Ihm kam die Aufgabe zu, mit
Jerusalem einen Friedensvertrag zu schließen. Ohne Störungen von
seiten der PLO würde Jerusalem dann – so der Sharonplan – an eine

massive Besiedlung und damit eine faktische Okkupation der besetzten Gebiete gehen können.

Im Ziel einer expansionistischen Politik Israels waren sich Sharon und Begin einig. Die Befürwortung des Krieges entsprang jedoch unterschiedlichen Motiven. Sharon ist ein Zabar[8], wie die im Lande geborenen Israelis genannt werden. Antisemitismus ist ihm im Gegensatz zu den verängstigten Diasporajuden kein mentales, sondern vorwiegend ein militärisches Problem. Sind die Araber Feinde, so müssen sie bekämpft werden, lautet seine Philosophie. Ob diese Gegnerschaft religiöse, ideologische oder machtpolitische Ursachen hat, ob es die Araber auf die Juden oder auf den Staat Israel abgesehen haben, ist ihm einerlei. In vier Kriegen und unzähligen Gefechten bekämpfte Sharon die Araber. Auch das »PLO-Problem« wollte er auf seine – gewaltsame – Weise »lösen«.

Menachem Begin dagegen war in Polen aufgewachsen, wo die Judenfeindschaft mit am schlimmsten ausgeprägt war. Die Angst vor Antisemitismus hat ihn seit früher Kindheit begleitet. Diese Furcht wurde von den Nazis traumatisiert. Seither sieht Begin in jedem Antisemiten und Israelgegner einen Sachwalter Hitlers. Dies trifft insbesondere für die PLO zu, deren Untergrundkrieg sich teilweise gezielt gegen unbeteiligte Israelis und Juden, darunter Frauen und Kinder, richtet. So ist es nicht nur Zweckpropaganda, wenn Begin Arafat mit Hitler vergleicht. In seinen Augen sind der PLO-Vorsitzende und dessen Kämpfer tatsächlich eine Reinkarnation des »Führers« und seiner Soldaten. Daher sah er es als seine wichtigste Aufgabe an, einen gnadenlosen Krieg gegen diese Judenfeinde zu führen. Wenn sich damit die Landkarte des Nahen Ostens zugunsten Israels umgestalten ließ, um so besser.

Der Libanonkrieg belehrte Begin und Sharon jedoch rasch, daß Israels militärische und politische Potenz nicht ausreichte, die Region nach den Wünschen Jerusalems *gewaltsam* zu verändern. Bereits wenige Tage nach Kriegsbeginn im Juni 1982 wurden die israelischen

---

[8] wörtlich: stacheliger Kaktus mit süßer Frucht; Synonym für den rauhen, aber herzlichen Charakter der Israelis.

Truppen in die unübersehbaren ethnischen, religiösen und politischen Rivalitäten des Libanon verstrickt. Jerusalem machte zunächst gemeinsame Sache mit der christlich-faschistischen Phalange. Als deren Milizchef Gemayel ermordet wurde, nahmen dessen Anhänger mit Billigung und Deckung der israelischen Armee blutige Rache. Mehrere hundert palästinensische Flüchtlinge, zumeist Frauen und Kinder, wurden von der Phalange unter den Augen der Israelis abgeschlachtet. Dies hatte zur Folge, daß Hunderttausende Israelis auf die Straße gingen, um gegen die Komplizenschaft des eigenen Militärs bei dieser Mordorgie zu protestieren.

In Israels Armee kam es erstmals in größerem Ausmaß zu Wehrdienstverweigerungen. Sharon wurde aus seinem Amt entlassen, ebenso die verantwortlichen Offiziere, schließlich trat Ministerpräsident Begin zurück.

Auch in Deutschland herrschte Empörung über die Israelis, allerdings weniger in der Bevölkerung, wie die Meinungsumfragen zeigten. Die Popularität der Israelis litt nicht allzu stark, denn deren »furchtbarer« Premier hatte diesmal die Deutschen verschont. Seine Soldaten waren »nur« hinter den Palästinensern her.

Ganz anders dachte und schrieb man in der deutschen Presse. Hier wurde die israelische Invasion, mit Ausnahme der »Springer-Blätter«, allenthalben gebrandmarkt. Zu Recht, denn wer sich gegen deutsche Waffenlieferungen an Zions Feinde empört hatte, weil diese gegen Juden gerichtet werden *könnten*, durfte nicht schweigen, wenn Israelis Kriegsgerät gegen andere gebrauchten oder damit Massaker gegen Unschuldige absicherten. Darüber hinaus war die Libanon-Invasion des Jahres 1982 der erste Krieg, bei dem die Existenz des jüdischen Staates *nicht* auf dem Spiel stand – wobei die Angriffe von PLO-Verbänden gegen Siedlungen in Nordisrael nicht unerwähnt bleiben sollen. Zudem war der israelische Feldzug der erste Waffengang, bei dem die israelische Armee ihren Gegnern von vornherein militärisch überlegen war.

Die genannten Gründe rechtfertigen also eine harsche Kritik an Israels Politik und Militär. Beim Lesen und Hören deutscher Zeitungs- und Funkkommentare zur israelischen Libanon-Invasion fällt jedoch oftmals ein Faktor auf, der mit der Militäraktion Jerusalems kaum, um so mehr aber mit der vergangenheitsbedingten psychologischen Situation vieler Deutscher zu tun hat: Der jüdische Staat wird vielfach, unterschwellig oder offen, mit Hitlers Nazireich gleichgesetzt. Sei es, daß der »Rassismus« der Israelis angeprangert wird, ihr »Vernichtungsfeldzug gegen die Palästinenser«, Kriegsgefangenenlager der israelischen Armee mit Nazi-KZ verglichen werden oder indem man, vermeintlich ganz subtil, den Israelis vorwirft, ein »Groß-Israel« schaffen zu wollen. Als Beleg dafür wird mit dem Begriff »Erez Israel« operiert.

Nun heißt dies in deutscher Übersetzung schlicht nichts anderes als »Land Israel«. Ein Begriff, der in Israel von Linken wie Rechten gleichermaßen als neutraler, geographischer Terminus verwendet wird. Diejenigen, die für die Annexion besetzter Gebiete eintreten – wobei es auch im nationalen Lager Differenzen über den Umfang der Landnahme gibt – sprechen vielmehr von: »Erez Israel haschlema«, was »das vollständige Land Israel« heißt und *Israel sowie die besetzten Gebiete* bedeutet. Ein »vollständiges Land Israel« ist kein »Groß-Israel«. Diesen Terminus aber meinen manche in Deutschland zu benötigen, um semantisch die Nähe zum »Großdeutschen Reich« Adolf Hitlers herstellen zu können.

Weshalb also die Betonung der Ähnlichkeit von Hitlerdeutschland mit Begins Israel? Warum fiel zur gleichen Zeit kein ähnliches Wort etwa über den Irak Saddam Husseins und das Persien Ayatollah Khomeinis? Regime, die nicht zögerten, Hunderttausende Unbeteiligter, unter anderem mit Giftgas, zu ermorden.

Hier geht es nicht um die Rechtfertigung einer expansionistischen Politik Israels. Es soll ebenfalls nicht verhehlt werden, daß zwischen den Revisionisten Jabotinskis und Mussolinis Faschisten Verbindungen bestanden. Die Frage lautet vielmehr: War Begins Israel dem Nazireich Adolf Hitlers tatsächlich so ähnlich, daß eine wenn auch unterschwellige Gleichsetzung gerechtfertigt war? Die Antwort lautet, bei aller berechtigten Kritik an Israel und seiner Politik: Nein! Weshalb dennoch der diffamierende Vergleich der Davongekommenen und ihrer Kinder durch die Täter und vor allem deren Kinder?

Jahrzehntelang hatten Juden und Israelis, vor allem aber die eigenen Schuldgefühle gegenüber den Opfern die Kritikfähigkeit der meisten Deutschen in diesem Bereich paralysiert. Man fühlte sich zur Akklamation der Juden und Israelis und deren vermeintlicher moralischer Überlegenheit verurteilt. Nun aber benahmen sich die Opfer der eigenen Eltern, oder gar von einem selbst, genauso schlimm wie die Täter – scheinbar. Endlich! Endlich fand man so Gelegenheit, sich selbst, seine eigenen Vorfahren, sein Volk zu entlasten: Die sind ebenso furchtbar wie wir, zumindest nicht besser. Damit ist unsere Schuld kleiner – relativ. Folgt man diesem Gedanken, so ergibt sich schließlich sogar eine moralische Überlegenheit der Deutschen, denn »wir« waren ob unserer Untaten jahrzehntelang zerknirscht – jedenfalls haben wir Zerknirschung geheuchelt. Die Israelis aber benehmen sich genauso wie unsere mörderischen Väter und zeigen keine Spur von Reue. Im Gegenteil, sie fühlen sich im Recht: Schluß mit der Doppelmoral!

Wem diese Erklärung zu simpel ist, der lese deutsche Pressekommentare aus diesen Tagen nach. Dabei wird er häufig auf jenen Indikator stoßen, der das Bedürfnis des Autors, Schuld zu relativieren, beweist: Wir Deutsche haben Millionen Juden ermordet. Jetzt werden die einstigen Opfer zu Tätern, die Palästinenser sind ihre und damit indirekt unsere Opfer. Ganz ohne deutsche Schuldgefühle geht's eben nicht! Daß es bereits 1922, lange vor Hitlers Machtübernahme eine völkerrechtlich verbindliche Grundlage für die Schaffung einer nationalen jüdischen Heimstätte gab, daß schon vor dem Holocaust Hunderttausende Juden in Palästina lebten und für einen eigenen Staat eintraten, daß nach dem Zweiten Weltkrieg ebenso viele Juden aus den arabischen Ländern vertrieben wurden wie Palästinenser durch Israelis, vor allem aber, daß selbst das chauvinistische Gespann Begin/Sharon nicht im Traum daran dachte, einen »Vernichtungsfeldzug« gegen die palästinensische Bevölkerung zu führen, wird – muß verdrängt werden. Zu konstruieren ist dagegen, koste es, was es wolle, eine Schuldentlastung durch die Gleichsetzung, zumindest das In-die-Nähe-Bringen von Nazis und Israelis; und, da es einem inzwischen ins Blut übergegangen ist, eine erneute deutsche Schuld –

diesmal am Los der Palästinenser. Wehe ihnen, wenn die feinfühligen deutschen schuld- und sühnebedürftigen Intellektuellen eines Tages merken, daß auch die Palästinenser, ebenso wie die Juden und alle anderen, *keine* moralischen Übermenschen sind. Dann sind *sie* die neuen Nazis. Begin wußte es schon seit jeher.

Vergangenheit ist Trumpf

Die Empörung der deutschen Presse über die israelische Kriegführung im Libanon übertrug sich jedoch nicht auf das politische Bonn. Zum einen litt Bundeskanzler Schmidt noch unter den Nachwirkungen seiner Niederlage im Streit um deutsche Waffenexporte nach Saudi-Arabien. Auch waren die Anschuldigungen des jähzornigen israelischen Premiers nicht spurlos am deutschen Regierungschef vorbeigegangen. Eine Wiederholung wollte sich der gesundheitlich angeschlagene Kanzler ersparen. Entscheidend für die Vernachlässigung der Libanon-Invasion Jerusalems durch die Bundesregierung war jedoch, daß sich in Bonn eine innenpolitische Wende anbahnte: Kanzler Schmidt und die SPD konzentrierten ihre Anstrengungen darauf, am Ruder zu bleiben. FDP-Chef Außenminister Genscher dagegen versuchte, seine Partei einigermaßen unbeschadet in eine Koalition mit den Unionsparteien zu führen. Da blieb wenig Zeit für eine lehrmeisterhafte Nahostpolitik. Als Israels Politik und Truppen immer tiefer in den libanesischen Morast gerieten, es unter den Augen israelischer Soldaten zu Massakern an Palästinensern und Massenprotesten im jüdischen Staat kam, waren die politischen Kräfte Deutschlands vom Regierungswechsel absorbiert.

Am 1. Oktober 1982 war das Wendemanöver beendet: Die sozialliberale Koalition wurde durch eine christlich-liberale Regierung abgelöst. An die Stelle des ehemaligen Wehrmachtsoffiziers Helmut Schmidt trat Helmut Kohl. Der CDU-Vorsitzende war persönlich frei von Schuld in der Vergangenheit. Gern nahm Kohl Günther Gaus' Phrase von der »Gnade der späten Geburt« für sich in Anspruch. Der neue Kanzler dachte nicht daran, sich durch die Gegenwart belasten zu lassen. Etwa indem er sich mit Israels streitbarem Premier Begin anlegte. Zumal die scharfe, teilweise polemische Presse-Kritik der israelischen Kriegspolitik, anders als beim Streit Begin/ Schmidt, ohne namhaftes Echo in der deutschen Bevölkerung blieb. Die FDP von Außenminister Genscher und dessen Protegé Möllemann hatte andere Sorgen, als sich mit Jerusalem auseinanderzusetzen, sie kämpfte ums politische Überleben. So versagte sich das politische Bonn damals einer durchaus angebrachten Kritik an Jerusalems militärischem Expansionismus. Man verhielt sich ähnlich wie im Fall des irakisch-iranischen Krieges oder des Konflikts in Nordirland. Aufgrund vermeintlich übergeordneter politischer und wirtschaftlicher Interessen unterließ man eine moralische Wertung.

Der Libanonkrieg bewirkte schließlich – Ironie der Geschichte – indirekt sogar eine merkliche Verbesserung der deutsch-israelischen Beziehungen. Als Folge des Krieges, den er zu verantworten hatte, sowie eines persönlichen Schicksalsschlages trat Begin im August 1983 unmittelbar vor einem Besuch des deutschen Bundeskanzlers in Israel zurück. Mag sein, daß Begin sich auch die Begegnung mit einem deutschen Regierungschef ersparen wollte – er hat sich dazu nicht geäußert.

Von derartigen Widrigkeiten und Mutmaßungen ließ sich »Adenauer-Enkel« Kohl in seinem nachdrücklichen Bemühen, die deutsch-israelischen Beziehungen durch einen Israelbesuch zu verbessern, nicht beirren. Wenige Monate nach Begins Rücktritt erfüllte sich der Wunsch des Bundeskanzlers. Im Januar 1984 fuhr Helmut Kohl endlich zur Staatsvisite nach Israel. Begins Nachfolger Shamir freute sich, seinen deutschen Amtskollegen in Jerusalem begrüßen zu können. Denn der Besuch eines deutschen Kanzlers bedeutete für den außenpolitisch isolierten jüdischen Staat eine erhebliche diplomatische Aufwertung. Darüber hinaus versprach sich die israelische Regierung wirtschaftliche Unterstützung durch Bonn.

An handfesten Gegenleistungen können die Israelis den Deutschen wenig bieten. Ihr »Trumpf« ist die Vergangenheit, also die Verbrechen, die Juden durch Deutsche erlitten haben. Daraus leitet Israel, das sich als Sprecher und Heimstatt aller Juden begreift, den

Anspruch ab, Deutschland habe die moralische Verpflichtung zur uneingeschränkten Unterstützung Israels.

Von dieser klaren Position Jerusalems unterscheidet sich die mehrpolige Israelpolitik Bonns erheblich. Alle führenden deutschen Politiker und die etablierten Parteien bekennen sich zur Verantwortung Deutschlands an den Judenmorden und betonen, daß sich daraus eine moralische Verpflichtung gegenüber den Juden und ihrem Staat ergebe. Nur, was bedeutet eine »moralische Verpflichtung«? Was wiegt sie auf? Wirtschaftliche und politische Interessen im arabischen Raum?

Die Bundesrepublik ist eine wirtschaftliche Großmacht. Unter anderem »Exportweltmeister«. Dies bedeutet die Notwendigkeit einer ungestörten Energiezufuhr sowie guter Beziehungen zu allen Staaten, vor allem den finanzkräftigen Importländern. Von der sentimentalen »traditionellen deutsch-arabischen Freundschaft« abgesehen, ergibt sich daraus, daß Deutschland um gute Beziehungen zu den arabischen Ländern bemüht sein *muß*. Wie aber läßt sich dies mit der kategorischen Forderung Jerusalems vereinbaren, Deutschland habe die Verpflichtung zu »besonderen Beziehungen« gegenüber Israel? Jerusalem versteht darunter eine Priorität israelischer Interessen, vor allen anderen Notwendigkeiten Deutschlands, etwa im Bereich des Exports.

Aus dem Leid des jüdischen Volkes ergeben sich unbestritten moralische Ansprüche. Ist es legitim, daraus konkrete politische und wirtschaftliche Forderungen abzuleiten? In israelischen Augen gewiß, denn die wirtschaftliche Hilfe Deutschlands soll zur Konsolidierung Israels und damit zur Sicherheit des jüdischen Volkes beitragen. Für Deutschland aber, zumal für die verantwortlichen Bonner Politiker, ist die Umsetzung der moralischen Verpflichtung in konkrete politische Inhalte zumindest problematisch. Nicht zuletzt aufgrund der deutschen Interessen in der arabischen Welt.

Bundeskanzler Kohl versuchte das Dilemma zu umgehen, indem er wie üblich von der eigenen Person ausging. Er selbst trägt keine Schuld an der Schoa. Gleiches gilt für den größten Teil der deutschen Bevölkerung. Nur ein Bruchteil der Bundesbürger der achtziger Jahre hat einstmals Adolf Hitler gewählt, noch weniger Konkretes gegen Juden unternommen. Die historische Verantwortung bleibt, die persönliche schwindet. Dadurch ergibt sich nach Meinung Kohls zwangsläufig eine Normalisierung der bilateralen Beziehungen. Die eingestandene moralische Verantwortung sollte auf diese Weise zumindest so weit relativiert werden, daß sie nicht mehr politisch instrumentalisiert werden, also Deutschlands Außen- und Wirtschaftspolitik beeinflussen dürfe – jedenfalls nicht wesentlich.

Dieses mühsame Jonglieren zwischen Vergangenheit und Gegenwart, moralischer Verpflichtung und politischer Notwendigkeit sowie der Wunsch nach erlösender »Normalisierung« wird in den unbeholfenen gedanklichen und sprachlichen Bemühungen deutlich, die Kohl zum Abschluß seines Israelbesuches von sich gab: »Aus unserem durch die Vergangenheit bedingten Sonderverhältnis wurde durch den Generationswechsel immer mehr ein normales Verhältnis, das allerdings auf einer besonderen moralischen Grundlage beruht.«

Dies war den Israelis zuwenig, eine Reihe von Ungeschicklichkeiten Kohls und Schnoddrigkeiten seines Regierungssprechers Boenisch wiederum zuviel. Die Macht, die Haltung des deutschen Kanzlers gemäß ihren Wünschen zu ändern, besaßen Shamir und seine Ministerkollegen nicht. Auch fehlte ihnen die moralische Legitimation dazu.

Knapp zwei Jahre nach Helmut Kohl, im Oktober 1985, besuchte Bundespräsident Richard von Weizsäcker Israel. Nicht allein protokollarisch war dies der bisherige Höhepunkt der deutsch-israelischen Beziehungen.

In der Vergangenheit hatte der Bundespräsident wiederholt mit der Leerformel einer »Kollektivscham« der Deutschen über ihre Vergangenheit operiert. Der Jahrestag des Kriegsendes gab von Weizsäcker schließlich Gelegenheit, als deutsches Staatsoberhaupt seine Haltung zur Vergangenheit offiziell kundzutun. Der Bundespräsident nutzte diesen Anlaß, um vor dem Bundestag unzweideutig die Verantwortung Deutschlands für seine Vergangenheit, auch der Verbrechen, die damals im deutschen Namen geschahen, zu betonen.

Von Weizsäcker erntete dafür im Inland nicht nur Sympathien. In

Israel dagegen wurde das konsequente Bekenntnis des Bundespräsidenten zur deutschen Geschichte fast einhellig begrüßt. Dies machte den späteren Staatsbesuch des Bundespräsidenten zu einem Erfolg. Die Juden in Israel und anderswo erkannten, daß hier ein Politiker auftrat, der nicht versuchte, sich und sein Land aus der Geschichte zu mogeln. Der Bundespräsident kann für sich nicht »die Gnade der späten Geburt« in Anspruch nehmen. Von Weizsäcker war Offizier der Wehrmacht. Sein Vater hatte Hitler als Staatssekretär im Auswärtigen Amt gedient. Nach dem Zweiten Weltkrieg hatte Richard von Weizsäcker an der Verteidigung seines Vaters mitgewirkt, als dieser der Mithilfe an Kriegsverbrechen angeklagt war.

Zum Erfolg des Besuchs des Bundespräsidenten in Israel trug auch bei, daß anstelle Begins der Sozialdemokrat Shimon Peres amtierte. Seit Jahrzehnten setzte sich Peres, ein Zauberlehrling Ben Gurions, für die Verbesserung des deutsch-israelischen Verhältnisses ein. Ein deutsches Staatsoberhaupt, das sich zur historischen Verantwortung seines Landes auch gegenüber den Juden bekannte, erleichterte dem israelischen Regierungschef sein Anliegen.

Wenige Monate später wollte auch Helmut Kohl auf seine Weise zur »Normalisierung« und damit zum Frieden Deutschlands mit der Vergangenheit beitragen. Er nötigte den amerikanischen Präsidenten Reagan, an seiner Seite außer dem KZ Bergen-Belsen auch den deutschen Soldatenfriedhof Bitburg zu besuchen. Dort ruhen neben den Gebeinen von Wehrmachtsgrenadieren auch die sterblichen Reste von Mitgliedern der Waffen-SS. Ein Reizthema für jeden Juden! Denn die Waffen-SS war nicht nur kämpfende Truppe; manche ihrer Angehörigen waren auch Mörder, nicht nur von Juden. Der übliche »Vergangenheits-Bewältigungs«-Streit innerhalb Deutschlands und zwischen Deutschen, Juden und Israelis aus Anlaß der Bitburg-Visite hätte jedem, der ein Mindestmaß an gesellschaftlicher oder psychologischer Sensibilität, zumindest aber an historischem Verständnis besitzt, also sogar Kanzler Kohl, klarmachen müssen, daß das deutsch-jüdisch-israelische »Sonderverhältnis« noch keineswegs »normal« war und es in absehbarer Zeit auch nicht werden würde.

Anfang 1988 begann die Intifada, der palästinensische Volksaufstand, in den von Israel besetzten Gebieten. Ebenso wie bei der israelischen Libanon-Invasion reagierten Bevölkerung und Politiker der Bundesrepublik kaum auf die »regulären« Zwangsmaßnahmen Israels sowie die Verbrechen seiner Streitkräfte gegen die arabische Zivilbevölkerung. Nach einer kurzen anfänglichen Schockphase, während der deutsche Fernsehzuschauer prügelnde, schießende und knochenbrechende israelische Soldaten erleben mußte, »normalisierten« sich die bilateralen Beziehungen Bonn/Jerusalem rasch. Auch die »Beliebtheit« Israels pendelte sich bald wieder bei den gewohnten Werten ein. Die Gründe: Man fühlte sich in Deutschland, ähnlich wie bei dem permanenten Konflikt in Nordirland – zunächst – kaum betroffen.

Die Popularität Israels in der Bundesrepublik war infolge der kollektiven Anschuldigungen Menachem Begins auf Jahre in den Keller gerutscht. Von 1981 bis zu den Raketenangriffen Iraks gegen israelische Städte im Februar 1991 äußerte nie mehr als ein Drittel der hiesigen Bevölkerung Sympathien für den Judenstaat.

Die Intifada »dauert zu lange«. Das Interesse der Menschen in der westlichen Medien-Konsumgesellschaft ist unstet. In rascher Folge wechselt die Aufmerksamkeit des Lesers und Zuschauers von einer Sensation zur anderen. Auch prügelnde und folternde jüdische Soldaten werden mit der Zeit eintönig. Ebenso wie entsprechende Uniformierte in Jugoslawien, Spanien, ja gelegentlich sogar in Deutschland. Auf diese Weise entwickelte sich in den deutsch-israelischen Beziehungen eine Art Normalität, die den Beziehungen von Juden und Nichtjuden in Deutschland abgeht: Ein gewalttätiger israelischer Soldat beweist deutschen Fernsehzuschauern, daß moralische Über- oder Unterlegenheit keine Frage des Erbes ist. Ein Israeli ist per se kein guter Mensch. Er besitzt als Einzelperson auch keinen moralischen Bonus, der ihm Narrenfreiheit verschaffte. Dies ändert nichts an der moralischen Verantwortung Deutschlands gegenüber den Juden, auch jenen in Israel. Ein Umstand, den manche Deutsche aus klammheimlicher Freude über vermeintlich Schuld und Verantwortung relativierende israelische Unrechtsakte übersehen.

Gut im Giftgasgeschäft

Ein knappes Jahr nach Beginn der Intifada interessierten sich nur noch wenige Bundesbürger für den Palästinenser-Aufstand. Ab 1989 begannen die Deutschen, ähnlich wie andere Völker, sich vorwiegend mit eigenen Angelegenheiten zu beschäftigen – die »Wiedervereinigung« wurde zum beherrschenden Thema. Im Gegensatz zu den Palästinensern blieben die Juden und Israelis jedoch in der deutschen Diskussion präsent. Dafür sorgten jüdische und israelische Funktionäre und Politiker ebenso wie ihre deutschen Kollegen, Ingenieure und Kaufleute.

Noch ehe sich die Deutschen mit der eigenen nationalen Frage beschäftigen konnten, gab es erneut Ärger mit den Juden. Seit Anfang der achtziger Jahre waren Ingenieure, Kaufleute und Chemiefirmen aus der Bundesrepublik gut im Giftgasgeschäft mit arabischen Staaten. Vor allem der Irak Saddam Husseins holte sich Rat und Ausrüstung bei deutschen Experten. Sie sollten Bagdad helfen, eigenständig Giftgas zu produzieren.

Das Geschäft ließ sich nicht vollständig verheimlichen. So fragte etwa der SPD-Bundestagsabgeordnete Norbert Gansel am 12. April 1984 die Bundesregierung, ob Meldungen zuträfen, daß die Firma Kolb aus Dreieich eine Giftgasfabrik in den Irak geliefert habe. Daraufhin erklärte Staatssekretär Alois Mertes vom Auswärtigen Amt, bei der exportierten Ausrüstung handle es sich um eine Anlage zur Produktion von »Pflanzenschutzmitteln«, die nicht »zur Herstellung von Nervengas benutzt« werden könne.

Die Bundesregierung blieb bei ihrer Haltung auch, nachdem Bagdad Giftgas gegen iranische Soldaten eingesetzt hatte. Denn Iraks Präsident Saddam Hussein bekämpfte – vorläufig wenigstens – stellvertretend für die westlichen ölimportierenden Industrienationen und ihre arabischen Lieferanten die »gefährlichen islamischen Fundamentalisten« aus dem Iran. Sogar nachdem Bagdad Tausende Kurden im eigenen Land mit Giftgas hatte ermorden lassen, tat Bonn so, als habe die Lieferung deutscher Chemietechnologie damit nichts zu tun.

Im Mai 1988 fragte Norbert Gansel im Bundestag wiederum, ob Geheiminformationen zuträfen, daß deutsche Techniker im Irak die sowjetischen Scud-Raketen so »verbesserten«, daß diese »mit einer Reichweite von 900 Kilometer nicht nur Teheran, sondern auch Tel Aviv und Jerusalem erreichen können«. Aus der Antwort von Staatssekretär Erich Riedl vom Bundeswirtschaftsministerium wurde deutlich, daß Bonn über die deutsche Waffenhilfe an Bagdad unterrichtet war. Um die Fortsetzung der guten Geschäfte nicht zu gefährden, bemühte man sich jedoch, die Rüstungskooperation als Hilfe zur Selbsthilfe zu tarnen. So betonte der CSU-Politiker, »daß es sich hierbei nach den uns vorliegenden Informationen *offensichtlich* um Raketen zur *Luftverteidigung* Bagdads handelt«. Man werde der Sache nachgehen. Dieses »Nachgehen« gestaltete sich, wie die Bundesregierung mehr als zwei Jahre später eingestehen mußte, so: »Das ist damals im Raum stehengeblieben.«

Auch bei der Überprüfung der Berichte, daß es sich bei den Anlagen der Firma Kolb eventuell doch um Einrichtungen zur Giftgasproduktion handeln könnte, ließ sich Bonn viel Zeit. Erst im Januar 1989, fünf Jahre nach Gansels Anfrage, sah sich die Bundesregierung veranlaßt einzugestehen, mit den gelieferten chemischen Anlagen ließen sich Substanzen produzieren, die nicht nur für Pflanzenschädlinge, sondern unter Umständen auch für Menschen tödlich sein könnten.

Just in dieser Zeit hatte Bonn auch Kummer mit deutschen Chemieexporten in einen anderen Staat. Libyen ließ sich von der deutschen Firma Imhausen eine Fabrik zur Produktion von Arzneimitteln im Wüstenort Rabta bauen – so jedenfalls erklärten es Revolutionsführer Khaddhafi und die Firma Imhausen. Die Israelis und Amerikaner dagegen behaupteten, Libyen baue mit deutscher Hilfe, ebenso wie einst Irak, eine Fabrik zur Herstellung von chemischen Kampfstoffen. Seit Herbst 1988 erhielt die Bundesregierung entsprechende Hinweise aus Washington und Jerusalem. Bonn stellte sich taub. Im November wurden Helmut Kohl während einer USA-Visite von den Amerikanern Beweise präsentiert, daß in Rabta, an dessen Errichtung neben der Firma Imhausen-Chemie auch das bundeseigene (!)

Unternehmen Salzgitter AG beteiligt war, chemische Kampfstoffe hergestellt werden sollten. Der Bundeskanzler versprach eine Prüfung. Praktische Konsequenzen wurden nicht gezogen.

Bei dieser passiven Haltung blieb Bonn auch, nachdem der Bundesnachrichtendienst die amerikanischen und israelischen Berichte am 24. November gegenüber der Regierung bestätigt hatte. Es bedurfte eines Eklats, um die Bundesregierung zum Handeln zu bewegen: Am 16. Januar 1989 berichtete die »New York Times« unter der Überschrift »Auschwitz im Wüstensand« über die Beteiligung deutscher Firmen beim Aufbau der Giftgasfabrik von Rabta.

Der jüdische Kolumnist Safire wetterte gegen die deutschen »Todes-Händler«. Daraufhin sah sich die Bundesregierung endlich zum Handeln veranlaßt; schleunigst wurde gegen die Firma Imhausen ermittelt, kurz darauf der Geschäftsführer Hippenstiel-Imhausen festgesetzt und das Unternehmen zur Aufgabe seiner Geschäftsbeziehungen mit Libyen gezwungen.

»Spiegel«-Herausgeber Augstein wiederum nahm die Polemik Safires in bekannter Manier als Anlaß zum Aufrechnen. Die Amerikaner, so Augstein, sollten gefälligst vor ihrer eigenen Tür kehren und ihrerseits die Produktion chemischer Waffen einstellen. Eine fürwahr berechtigte Forderung! Nur, was änderte sie am kriminellen Export deutscher Giftgasproduktionsanlagen an ein Regime, dem die Beseitigung des »zionistischen Gebildes« (Israel) höchstes Ziel ist, sowie am krampfhaften Wegsehenwollen deutscher Regierungsstellen?

Trittbrettfahrer der deutschen Einheit

Wenige Monate später hatte weder die deutsche Regierung noch der »Spiegel«-Chef Zeit, sich mit Kleinigkeiten wie illegalen deutschen Technologietransporten zu befassen. Der Zug der deutschen Einheit war, wie sich Rudolf Augstein ausdrückte, bereits abgefahren. Als einer der Verderber des Einheitsspiels entpuppte sich Israels Premier. Die »Wiedervereinigungs«-Diskussion kam Yitzhak Shamir gerade recht, um die Deutschen-Ängste seiner israelischen Wähler und der jüdischen Spender aus der Diaspora zu aktivieren. Von einem wiedervereinigten Deutschland könne eine »tödliche Gefahr für die Juden« ausgehen, warnte Shamir sein jüdisches Publikum. Wiederholt bemühte sich der Israeli, die kollektive Verantwortung der Deutschen für den Holocaust mit einer vermeintlich aktuellen Bedrohung der Juden zu verknüpfen: »Die große Mehrheit des deutschen Volkes entschied, Millionen des jüdischen Volkes zu töten, und jeder von uns kann sich denken, daß sie, sollten sie wieder die Gelegenheit haben und das stärkste Land in Europa, vielleicht der Welt zu sein, es wieder versuchen werden.«

Bundeskanzler Kohl war keineswegs gewillt, diese Äußerungen als das zu werten, was sie waren, durchsichtige Versuche, reale Ängste zur Werbung für die eigene Politik zu nutzen, und entsprechend gelassen zu reagieren. Im Gegenteil, was dem Israeli recht war, sollte dem deutschen Kanzler billig sein. So versuchte nun Kohl seinerseits die Angstmacherei des Israeli für seine Politik zu verwerten. In einem persönlichen Schreiben vom 1. Dezember 1989 gab der anzler seinem israelischen Kollegen zu verstehen, daß er dessen Äußerung als Belastung der »sonst guten und spannungsfreien (deutsch-israelischen) Beziehungen« werte. Diese berechtigte Zurechtweisung erweiterte Kohl durch die Mahnung, Deutschland erwarte von seinen »Freunden«, daß sie die Forderung nach Selbstbestimmung aller Deutschen unterstützten – ebenso wie »die Wiederherstellung der deutschen Einheit«.

Die Verärgerung des Kanzlers über Shamir war so groß, daß er sich nicht mit einem schriftlichen Verweis begnügen wollte. Das Kanzleramt spielte den Rüffel Kohls der Presse zu.[9] Um Israel deutlich zu machen, daß Bonn nicht gewillt war, weitere Attacken des israelischen Regierungschefs gegen Deutschlands Einheit ungestraft hinzunehmen, machte ein »enger Mitarbeiter Kohls« die Konsequenzen für Jerusalem deutlich: »Israel steht dauernd bei uns vor der Tür wegen diverser Kooperationsangebote, die einiges kosten. Man kann aber nicht verstärkte Zusammenarbeit wollen und auf der anderen

---

[9] Zitiert nach der »Süddeutschen Zeitung« vom 31. Januar 1990

Seite uns laufend gegen das Schienbein treten.«[10] Einfacher formuliert: Wenn ihr Israelis deutsches Geld wollt, dann laßt uns mit eurer Angstmacherei in Frieden.

Während Bonn Jerusalem in harschen Tönen seine Macht spüren ließ und politisches Wohlverhalten Israels einforderte, drangen aus Ost-Berlin bislang ungehörte Schalmeienklänge nach Zion. Die DDR hatte bis dahin eine strikt antiisraelische Politik betrieben. Nun war sie an einer Verbesserung des Verhältnisses zu Israel interessiert.[11]

Die arabischen Staaten, die aufgrund des expliziten »Antizionismus« der DDR sowie deren militärischen Kooperationswilligkeit vielfach enge Beziehungen mit Ost-Berlin unterhielten, erkannten rascher als die meisten anderen Staaten, daß die deutsche Einheit lediglich eine Frage der Zeit war. Entsprechend schnell und flexibel reagierte die arabische Diplomatie. So betonte der Doyen der arabischen Botschafter in Bonn, Khatars Emissär, al Khal, bei einem Treffen der arabischen Diplomaten mit Staatsminister Schäfer vom Auswärtigen Amt: »Möge die Wiedervereinigung gelingen – zum Nutzen des Friedens und des deutschen Volkes.«[12]

Die Araber bezeugten ihre »Wiedervereinigungs«-Sympathie nicht um Gotteslohn, sie verbanden damit vielmehr entsprechende politische Forderungen, denen Bonn sogleich nachkam. So forderte Schäfer am Ende dieser deutsch-arabischen Konferenz Israel auf, alles zu unterlassen, was den »Friedensprozeß« belaste, etwa die »illegalen israelischen Siedlungen in den besetzten Gebieten«. Darüber hinaus ermahnte der Bonner Politiker den israelischen Ministerpräsidenten Shamir, den Weg zu einer Verständigung mit den Palästinensern offenzuhalten.[13]

Der Historiker Wolffsohn interpretiert »Schäfers artigen Dank« an die Araber korrekt als »kein ›Wink mit dem diplomatischen Zaunpfahl‹; eher mit dem unübersehbaren Funkturm … Ihr (Araber)

[10] Ebenda
[11] Siehe hierzu S. 276 ff.
[12] Die Welt, 14. März 1990
[13] Ebenda

versteht uns, die Israelis kritisieren uns.«[14] Wolffsohn unterläßt es, die Chuzpe Schäfers beim Namen zu nennen: durch die arabischen Botschafter, deren Regierungen, von Ägypten abgesehen, die Beseitigung des »zionistischen Gebildes« Israel fordern, Jerusalem zu ermahnen, alles zu unterlassen, was den »Friedensprozeß« belaste, ist schlicht Heuchelei.

Mit entsprechendem Druck, Geld, schlechten und guten Worten, erreichte Bonn sein Ziel. Jerusalem unterließ fortan *offizielle* Kritik am deutschen Einigungsprozeß. Ungestört von aggressiven und klagenden Tönen aus Israel konnte Bonn im Sommer 1990 gemeinsam mit den Großen Vier – und dem notgedrungen willigen Ost-Berlin – die deutsche Einheit unter Dach und Fach bringen. Wie schon zuvor erwies sich auch am Beispiel der deutschen Einheit, daß opportunistische Politiker in Deutschland und Israel nicht der Versuchung widerstehen können, Emotionen und ethische Fragen *nicht* als Maßstab, sondern als Mittel der Politik zu nutzen. Auf diese Weise führte der Prozeß zur deutschen Einheit, der die deutsch-israelischen Beziehungen durch den Zusammenbruch des antizionistischen DDR-Regimes positiv hätte beeinflussen können, zu neuem Streit zwischen Bonn und Jerusalem und zur Beeinträchtigung des ohnehin traumatisierten Verhältnisses zwischen Juden und Deutschen.

Besonnenes Beobachten der deutschen Einigung und ein Eingehen auf Ängste der Juden hätten den moralisch-ideologischen Ansprüchen und politischen Interessen Jerusalems gedient. Das larmoyante Schüren von Ängsten vertiefte die seelischen Schäden der Überlebenden und schadete der politischen Position Israels. Es lieferte der einheitsbesessenen Regierung Kohls den Vorwand, Jerusalem mit der Keule der Machtpolitik in die Schranken zu weisen und die Ängste der Juden geflissentlich zu überhören.

---

[14] Keine Angst vor Deutschland, S. 205

KRIEG UND MORAL

Allen Leuten recht getan . . .

Kaum war die deutsche Einheit im Sommer 1990 überstürzt in die Wege geleitet worden, zeigte ein zunächst fern erscheinender Krieg, wie unentwirrbar Moral und Politik im deutsch-israelischen Verhältnis geblieben sind.

Am 1. August besetzten irakische Truppen das Emirat Kuwait. Für die Invasion nannte Iraks Präsident Saddam Hussein eine Reihe von Gründen: Kuwait hätte irakische Ölfelder geplündert, umstrittenes Grenzland besetzt, durch überhöhte Ölförderung den Ölpreis gedrückt und so Iraks Wirtschaft ruiniert, Bagdad die Schulden aus dessen Krieg gegen Iran nicht erlassen und so weiter. Die Industriestaaten des Westens, unter Führung der USA, erwirkten gemeinsam mit Moskau eine Verurteilung der Besetzung Kuwaits durch Irak im UNO-Sicherheitsrat. Das Unterbleiben sofortiger militärischer Gegenmaßnahmen bestärkte den irakischen Herrscher in seinem Glauben, die »feigen« Industriestaaten würden es nicht wagen, Irak mit der Waffe in der Hand entgegenzutreten. So annektierte Bagdad Kuwait und machte es zur 19. Provinz Iraks.

Irak rechtfertigte dies mit historischen Ansprüchen. Kuwait sei ein künstliches Produkt des britischen Imperialismus, tatsächlich jedoch gehöre die Provinz seit jeher zum Irak. Diese Erklärung stieß auf die Ablehnung fast aller arabischer Regierungen. Denn die Grenzen der meisten arabischen Staaten wurden einst von den Kolonialmächten gezogen. Stellte man diese Grenzziehungen – aufgrund mehr oder minder begründeter historischer Ansprüche – in Frage, wäre das gesamte arabische Staatensystem Makulatur.

Aus diesem Dilemma befreite sich der irakische Staatschef mit einer politischen Volte. Kuwaits Annexion, so machte Saddam Hussein nun deutlich, sei lediglich eine historische Etappe auf dem Weg Iraks zur Befreiung Palästinas. Er sei daher zum Heiligen Krieg gegen die Zionisten entschlossen. Wenn nötig, werde er »halb Israel verbrennen«. Diese Verheißung wurde von den Massen in vielen arabischen Ländern begeistert gefeiert.

In Deutschland nahm man die Drohungen des Iraki nicht allzu ernst. Dabei verdrängte man, daß Saddam kein Mann leerer Versprechungen war. Er hatte dies in der Vergangenheit wiederholt bewiesen, unter anderem durch einen jahrelangen blutigen Krieg gegen den Iran, durch die Ermordung Tausender Kurden und anderer vermeintlicher oder tatsächlicher Gegner seines Regimes. Von einigen hundert Kurden oder irakischen Oppositionellen abgesehen, hielt es in Deutschland dennoch kaum jemand für nötig, der Politik des irakischen Diktators entgegenzutreten, zumindest dagegen zu protestieren. Daran änderten auch seine Androhung eines brennenden jüdischen Staates wenig.

Wer erinnerte sich schon daran, daß deutsche Experten dem Iraki halfen, Giftgas und Raketen herzustellen? Die deutsche Friedensbewegung und die Bundesregierung offenbar nicht. Beide warteten zunächst ab, wie sich die Lage entwickeln würde.

Die Gründe für die vorsichtig-opportunistische Haltung der Bundesregierung im Golfkonflikt sind nachvollziehbar. Bonn war bei der Realisierung der »Wiedervereinigung« auf die Zustimmung der vier Siegermächte des Zweiten Weltkriegs angewiesen. Hier nahm die Sowjetunion eine Sonderstellung ein. Im Gegenzug für das Akzeptieren der deutschen Einheit und eine Nato-Mitgliedschaft dieses Landes erwartete Moskau – unter anderem – eine Berücksichtigung sowjetischer Interessen durch Bonn. Die UdSSR hatte zwar den Sanktionsmaßnahmen der UNO gegen Irak zugestimmt. Gleichzeitig machte der Kreml jedoch deutlich, daß eine Invasion des Zweistromlandes, unweit der südlichen Grenzen der Sowjetunion, durch westliche Truppen nicht im Interesse Moskaus war. Dies hatte die Bundesrepublik im Gegensatz zu den anderen West-

mächten besonders zu beachten. Ein Hinweis auf die Hunderttausende sowjetischer Soldaten auf deutschem Boden war da gar
nicht nötig.

Ein anderer Grund, der Bonn hinderte, sich aktiv an einer Politik
und Strategie zur Befreiung Kuwaits zu beteiligen, ist die Exportab-
hängigkeit der deutschen Wirtschaft. Länder, die auf Ausfuhren
angewiesen sind, wie Deutschland oder Japan, vermeiden es tun-
lichst, in zwischenstaatlichen Konflikten eindeutig Stellung zu beziehen. In solchen Fällen orientiert man sich am besten an der Weisheit
eines alten Rabbiners, der sowohl dem Kläger wie dem Beklagten
recht gab. Als ein verwirrter Schüler meinte: »Aber Rabbi, du kannst
doch nicht beiden gegnerischen Parteien recht geben, das ist gegen
Logik und Gesetz!«, antwortete der Alte: »Auch du hast recht, mein
Sohn.«

Diese Strategie, es allen recht machen zu wollen, verfolgte
Deutschland im Kuwait-Konflikt. So verurteilte Bonn die Annexion
des Scheichtums und unterstützte seine Alliierten, die besten Impor-
teure deutscher Güter, mit großzügigen finanziellen Zusagen. Die
Weigerung, deutsche Truppen gegen den Irak zu entsenden, wurde –
korrekt – mit entsprechenden Bestimmungen des Grundgesetzes
begründet, das den Einsatz der deutschen Militärs auf Nato-Gebiet
beschränkt. Auf diese Weise machte sich Deutschland auch bei den
arabischen Ländern, deren Bevölkerung die Invasion Kuwaits teilweise begeistert begrüßte, nicht unbeliebt. Auch diese Exportmärkte
wurden nicht leichtfertig gefährdet.

Das Schweigen der Kräfte, die in ihrer Gesamtheit die deutsche
Friedensbewegung ausmachen, anläßlich der Besetzung Kuwaits sowie der Vernichtungsdrohungen von Saddam Hussein gegenüber
Israel hat andere Gründe. Nur die wenigsten deutschen Friedens-
freunde demonstrieren unterschiedslos gegen den Krieg. So protestierten hierzulande nur sehr wenige Menschen beispielsweise gegen
die Invasion sowjetischer Truppen in Ungarn (1956), die Tschechoslowakei (1968) oder in Afghanistan (1980). Auch die Besetzung
Kambodschas durch Vietnam, der Krieg zwischen China und Vietnam, der Angriff Libyens auf den Tschad sowie zahllose andere

Kriege in der Dritten Welt bedrückten nur wenige deutsche Pazifisten.

Zulauf hatte die westdeutsche Friedensbewegung vor allem bei drei Gelegenheiten:

– Das erste Mal formierte sich der Widerstand zu Beginn der fünfziger Jahre, als viele Deutsche erbittert gegen die »Wiederbewaffnung« ihres Landes und die Stationierung von Massenvernichtungswaffen auf deutschem Boden protestierten.

– Etwa ein Dutzend Jahre später gingen in Deutschland Hunderttausende gegen die amerikanische Kriegführung in Vietnam auf die Straße. Eine führende Rolle nahm dabei die sogenannte 68er-Bewegung ein, die sich antiautoritären und marxistischen Idealen verpflichtet fühlte. Viele 68er werteten den Waffengang der USA in Vietnam als imperialistischen Krieg, den die USA aufgrund ihres monopolkapitalistischen Wirtschaftssystems führten. Sie selbst betrachteten sich als Verbündete des antiimperialistischen Kampfes der Dritten Welt. Die Kriegsgegner aus dem kirchlichen Bereich wiederum lehnten jeden Krieg als Akt der Gewalt prinzipiell ab.

– Zu Beginn der achtziger Jahre demonstrierten beide Lager gegen die geplante Stationierung nuklear armierter amerikanischer Marschflugkörper und Mittelstreckenraketen in Deutschland.

So orten große Teile des deutschen Friedenslagers, infolge ihrer Weltsicht sowie ihrer historischen Erfahrungen, in den Vereinigten Staaten den ärgsten Bedroher des Weltfriedens. Das gleiche galt für die Verbündeten der USA, vor allem in der Dritten Welt.

Israel und Kuwait sind abhängige Verbündete der Vereinigten Staaten. Von linker Seite werden sie vielfach als Lakaien des US-Kapitals bezeichnet. So konnten beide Staaten auf wenig Sympathie durch die deutsche Friedensbewegung rechnen.

Ein Gedankenexperiment mag die selektiven Sympathien der deutschen Friedensbewegung aufzeigen. Angenommen, amerikanische Truppen hätten Kuwait am 1. August mit der Begründung besetzt, man wolle einer Invasion des Irak zuvorkommen. Gleichzeitig hätte Washington Bagdad mit dem Einsatz chemischer Waffen für den Fall gedroht, daß Irak weiterhin versuchen sollte, Kuwait zu besetzen. Es bedarf keiner großen Phantasie, um sich den Proteststurm der deutschen Friedensbewegung gegen den »aggressiven amerikanischen Imperialismus« auszumalen.

So blieben die Bundesregierung *und* das Friedenslager in der Folge der Annexion Kuwaits aus unterschiedlichen Motiven zunächst inaktiv. Bonn unterstützte mit viel Geld und noch mehr guten Worten die Politik der Vereinigten Staaten, Irak durch eine Kombination von diplomatischem und militärischem Druck zum Rückzug aus Kuwait zu bewegen. An einen bewaffneten Konflikt dachte man kaum. Dabei übersahen die Deutschen offenbar, daß es Washington, wie ein halbes Jahrhundert zuvor, durchaus ernst war, eine expansive Diktatur notfalls mit Gewalt zur Räson zu bringen.

Erst als die Regierung des Nato-Landes Türkei Bonn um militärische Unterstützung bat, wurde weiten Teilen der deutschen Öffentlichkeit bewußt, daß die Bundesrepublik aufgrund ihrer Bündniszugehörigkeit und der engen Beziehungen zu den Vereinigten Staaten sich kaum aus dem unvermeidlich *erscheinenden* Konflikt entziehen konnte. Eine emotionale Debatte hob an. Deutschland müsse sich aufgrund seiner jüngsten Vergangenheit, koste es, was es wolle, aus jedem Krieg heraushalten, verlangten die einen. Andere dagegen meinten, Deutschland, das seine Sicherheit und seinen Wohlstand entscheidend dem Schutz des westlichen Bündnisses verdankte, dürfe sich nicht dem Drängen seiner Verbündeten entziehen. Eine dritte Fraktion schließlich sah in der Golfkrise die willkommene Gelegenheit, endlich wieder den deutschen Großmachtanspruch zu demonstrieren.

Der Kanzler plädierte für Bündnistreue und deutsche Truppensolidarität. Gleichzeitig wollten er und weite Teile seiner Partei das Grundgesetz ändern, um in Zukunft deutsche Soldaten – »zur Friedensschlichtung« – in alle Welt in Marsch setzen zu können. FDP-Außenminister Genscher forderte »Solidarität« mit den Verbündeten, warnte aber vor dem Einsatz deutscher Soldaten. Die Grünen waren dagegen, in der SPD konnte man sich nicht so recht einigen.

Schließlich entschied sich Bonn für eine symbolische militärische Geste: Achtzehn Kampfflugzeuge wurden in die Türkei entsandt, um das Land vor einem möglichen irakischen Angriff zu schützen. Damit verband man finanzielle Zusagen an Ankara und die westlichen Alliierten. Auf diese Weise hoffte die Bundesregierung, sich einer emotionalisierten innenpolitischen Kontroverse um eine militärische Beteiligung Deutschlands ebenso entziehen zu können, wie einer harschen Kritik durch die westlichen Alliierten wegen »Kriegsverweigerung«. Wie jeder, der es allen recht machen will, geriet auch Bonn bald zwischen alle Stühle.

Scheckbuchdiplomatie

Einen Tag nach Ablauf des UNO-Ultimatums starteten die Streitkräfte der »Vereinten Nationen«, also in erster Linie der USA und Großbritanniens, eine gewaltige Luftoffensive gegen Irak. In Deutschland demonstrierten allenthalben Tausende gegen den »Blut für Öl«-Krieg der Amerikaner.

Diverse Friedensgruppen, Parteien, Verbände sowie der Deutsche Gewerkschaftsbund riefen für den 26. Februar zu einer zentralen »Stoppt den Krieg am Golf«-Demonstration auf. Motto der Veranstaltung sollte sein: »Lieber Jahre verhandeln als eine Stunde Krieg.« Hatten die Demonstranten vergessen, daß der Krieg bereits Monate zuvor mit der Invasion Iraks gegen Kuwait begonnen hatte? Oder verdammten sie einen Krieg nur, wenn die Vereinigten Staaten ihn aus imperialistischen Motiven führten?

Die Frage, weshalb man damals nicht gegen den irakischen Überfall, aber nun gegen die Luftangriffe der Alliierten protestierte, stellten sich die Veranstalter vorläufig nicht. Von den zahlreichen Demonstranten gegen den Ölkrieg abgesehen, fühlte sich, wie aus Umfragen hervorgeht, die Mehrheit der Deutschen zunächst nicht vom vermeintlich fernen Kampf betroffen. Denn vorläufig ging es »nur« um Kuwait, kein Land, mit dem die Deutschen besondere Gefühle verbinden. Rasch wurde die Mehrheit der Deutschen jedoch aus ihrem gewollten Reservat des Kaum-Beteiligtseins vertrieben. Iraks Präsident machte seine Drohung, Israel zu bombardieren, falls sein Land angegriffen würde – unabhängig vom Verhalten Jerusalems – wahr: Irakische Raketen schlugen in israelischen Städten ein. Bagdads Kalkül: Jerusalem sollte zu einem Gegenangriff gereizt werden. Auf diese Weise sollte die amerikanisch-arabische Koalition gesprengt werden. Denn gegen ein arabisches »Bruderland« Krieg zu führen, das zur gleichen Zeit vom jüdischen Staat angegriffen wurde, schien den meisten Arabern und ihren Politikern undenkbar. So hatte beispielsweise Syrien noch vor dem Krieg erklärt, Jerusalem besitze kein Selbstverteidigungsrecht. Eine israelische Attacke, einerlei ob von Bagdad durch einen Angriff herausgefordert oder nicht, sei für Damaskus ein Grund, aus der Allianz gegen Irak auszuscheren und seinerseits Israel im Zeichen »arabischer Solidarität« anzugreifen.

Kein westlicher Staat, auch nicht Deutschland, dessen Politiker vorgaben, die »Sicherheit Israels ... (habe) erste Priorität«, protestierte gegen diesen syrischen Versuch, Israel verteidigungsunfähig zu machen. Zu wichtig war allen, auch den Deutschen, die westlich-arabische Allianz zur Befreiung Kuwaits – und seiner Ölfelder –, als daß man sie durch übertriebene Besorgnis um Israel gefährden durfte. So war es Washingtons vordringlichstes Anliegen, Israel nach den ersten Raketenangriffen auf Tel Aviv von Vergeltungsschlägen gegen den Irak abzuhalten. Dies gelang mit viel Geld, der sofortigen Lieferung amerikanischer Abwehrwaffen sowie diversen Versprechungen und Drohungen von seiten der USA. Jerusalem sah zähneknirschend von einem eigenen Angriff auf Irak ab: Israel beteiligte sich trotz mehrerer Dutzend Raketenangriffe nicht am Krieg gegen Bagdad.

Die acht arabischen Staaten konnten deshalb mit ihrer – zumindest verbalen – Bekämpfung Bagdads fortfahren. Saddams Plan, Israel in den Krieg zu treiben, schlug fehl.

Statt dessen zog der Iraki ein Land in den Waffengang, an das er bei seinen Provokationsattacken gegen Israel kaum gedacht haben dürfte: Deutschland.

Mit Angriffen gegen israelische Städte, vor allem aber durch die Drohung, Giftgas gegen Juden einzusetzen, hatte der irakische Diktator die Toleranzgrenze der meisten Deutschen weit überschritten. Nicht wenige Deutsche haben – nicht anders als Franzosen, Polen, Amerikaner, Russen und andere – antisemitische Vorurteile. Aber ermorden? Nein! Das war allein die Sache Hitlers und seiner Totschläger. Davon hatte man nichts gewußt – zumindest hatte man nichts wissen wollen. Daher mußte Hitler *seinen* Völkermord verheimlichen. Saddam Hussein dagegen brüstete sich offen damit, als er Israel anzugreifen begann. Makabrerweise wollte der irakische Diktator wie Hitler die Juden mit Giftgas ermorden. So machte der Iraki es den Deutschen 1991, anders als Hitler während des Krieges, unmöglich, zu behaupten, sie hätten nicht gewußt, was »mit den Juden geschehen« sollte.

Wer jetzt so tat, als hörte er Saddams Menetekel nicht, bestätigte nur jüdische Vorwürfe, die Deutschen hätten nichts wissen *wollen* oder den Juden *und sich selbst* vorgemacht, keine Ahnung gehabt zu haben.

Aufgrund dieser Psycho-Logik drängte Saddam, ohne es zu ahnen, viele Deutsche in die Solidarität zu Israel, machte sie sich zum Feind. Er tat dies, indem er den Gleichgültigen, Feigen, Opportunisten und Raffgierigen das Alibi des Nichtwissens und der Angst raubte. Nun konnte zumindest in Deutschland niemand mehr behaupten, nichts zu wissen, und keiner konnte sich, anders als nach dem Krieg, auf seine Angst vor Repressalien berufen.

Mit seinen fatalen Drohungen trug Iraks Diktator Streit in die deutsche Gesellschaft und Politik. Die große Mehrheit der Deutschen war 1991 nicht bereit, jene zu tolerieren, die sich nicht bedingungslos für die Sicherheit des gefährdeten Judenstaates einsetzten – wenigstens verbal.

Ein deutlicher Stimmungsumschwung zugunsten Israels machte sich auf zahlreichen Kundgebungen bemerkbar. Auf der zentralen Friedensdemonstration in Bonn etwa waren kontroverse Aufrufe und Reden zu hören. So übte beispielsweise der Berliner Bischof Gottfried Forck harsche Kritik an der »Fahrlässigkeit der amerikanischen Politik« und beschuldigte diese, das »Unrecht des Irak mit noch größerem Unrecht«, also Krieg, zu »beantworten«. Diesem Protest »gegen die falschen Ziele und falschen Mächte« wurde von rechten Politikern heftig widersprochen. In einem Punkt aber waren sich alle Redner vor den 200 000 Demonstranten einig: Israels Existenz *durfte* nicht gefährdet werden.

Ein Novum auch, daß erstmals seit 1967 auf einer Veranstaltung der Friedensbewegung wieder Sympathisanten des jüdischen Staates offen für ihre Sache warben. Auf Transparenten forderten sie »Solidarität mit –« und »Frieden für Israel«.

In zahlreichen Städten kam es zu Sympathiekundgebungen für Israel. Neben den jüdischen Gemeinden waren dabei vor allem die Gewerkschaften aktiv. So rief in Düsseldorf der nordrhein-westfälische Gewerkschaftschef Dieter Mahlberg »Staat und Bürger dazu auf, in einer Situation existentieller Bedrohung Israels mit Worten und Taten Solidarität zu üben«. Das Motiv des DGB-Funktionärs wurde in Sätzen wie diesem deutlich: »Mit dem Namen Deutschland bleiben Worte wie Endlösung, Holocaust und Auschwitz auf immer verbunden. Jetzt sollen mit deutscher Hilfe verbesserte Raketen und mit deutscher Technologie produziertes Giftgas Boten des Todes sein. Genau fünfzig Jahre nach der Berliner Wannsee-Konferenz geht es erneut um die ›Endlösung‹.«

Ähnlich äußerte sich der DGB in Bayern, dessen Vorsitzender Fritz Schösser sich samt Pressesprecherin (!) sogleich nach Israel begab, um vor Ort die Verbundenheit seines Verbandes mit den israelischen Kollegen zu demonstrieren. Er schloß sich damit dem rasch anwachsenden Heer deutscher Polittouristen an, die im Judenstaat ihre Verbundenheit mit den Davongekommenen und ihren Angehörigen unter Beweis stellen wollten.

SPD-Chef Vogel, sein Vize Rau, Außenminister Genscher, Ministerin Adam-Schwaetzer, Bundestagspräsidentin Süssmuth samt SPD-Stellvertreterin Renate Schmidt an der Spitze einer Delegation aller Bundestagsparteien (außer der in Israel unerwünschten PDS), zahlreiche Minister, Abgeordnete, Kirchen- und sonstige Vertreter reisten nach Israel. Die Deutschen wurden dort, wie sich denken läßt, keineswegs mit offenen Armen empfangen. Die Israelis »genossen« es, nach den Worten des Schriftstellers Amos Oz, »den deutschen Besuchern Schuldgefühle zu vermitteln. Und . . . die deutschen Besucher genießen es sehr, diese Schuldgefühle zu empfinden.«[1]

Nicht alle konnten »genießen«. Etwa ein israelischer Psychologe, der das KZ überlebt hatte und danach andere Davongekommene betreute: »Vor fünfzig Jahren lief ich mit dem gelben Stern herum, heute mit Kästchen und Gasmaske – wir sind wieder gekennzeichnet.«[2]

Dabei war den meisten israelischen Gastgebern durchaus bewußt, daß diejenigen Deutschen, die Israel nun besuchten, wie etwa der SPD-Politiker Koschnik oder der Christdemokrat Gerster, ausgewiesene Freunde des jüdischen Staates waren. Diese Gäste mußte man nicht von der Notwendigkeit einer Existenzsicherung des jüdischen Staates überzeugen. Aber was blieb den Israelis übrig? Sie hielten sich an jene Deutschen, derer sie habhaft werden konnten. Politiker haben die Aufgabe, für die Sicherheit ihres Landes zu sorgen und den Emotionen seiner Bewohner Rechnung zu tragen – auch in Israel.

Vitale Interessen Jerusalems lassen sich zumindest gegenüber Deutschland vermeintlich am wirkungsvollsten vertreten, wenn der Holocaust als »Brechstange« benutzt wird. Das wissen israelische und deutsche Politiker allemal. Auch Bundesaußenminister Genscher, der nach den ersten irakischen Raketenangriffen aufgrund der aufgebrachten öffentlichen Meinung in Israel *und* Deutschland nach Zion reisen *mußte.* Genscher kam nicht mit leeren Händen. Neben der üblichen verbalen Mogelpackung, daß sich Deutschland für die Sicherheit Israels verantwortlich fühle, überbrachte Genscher Jerusalem einen realen Scheck über 250 Millionen harter D-Mark. Allein damit ließen sich die Israelis jedoch nicht abspeisen. Sie forderten und bekamen von Bonn deutsche Abwehrwaffen, ein Plazet für weiteres Kriegsgerät, um das sie sich bis dahin vergeblich bemüht

[1] FAZ, 14. Februar 1991
[2] Spiegel, 7/1991

hatten, sowie die Zusage, daß Deutschland in der EG für die Aufhebung von Sanktionen gegen Israel (aufgrund seiner Besatzungspolitik) eintreten wolle.

Nach dem gewohnten Sühnebesuch in der Holocaust-Gedenkstätte Yad Vashem und einer nunmehr obligaten Visite eines Raketenkraters, der als Symbol für eine Beteiligung Deutscher an der erneuten Zerstörung Israels diente, machte sich Genscher wieder auf den Weg nach Bonn. Der deutsche Außenminister war nicht unzufrieden, denn trotz des massiven Gebrauchs der Holocaustkeule war es der israelischen Regierung nicht gelungen, ihn zu einer öffentlichen Stellungnahme gegen die PLO zu bewegen, die sich mit Iraks Angriffen solidarisierte.

Nach einer kurzen Verschnaufpause in Deutschland begab sich Genscher erneut in den Nahen Osten. Diesmal reiste er in die arabischen Länder, um hier ähnlich wie in Israel durch Wirtschaftshilfe und wohlklingende Absichtserklärungen die deutsche Unterstützung für Jerusalem »auszugleichen«.

Anders als dieser routinierte Beschwichtiger konnte – oder wollte – die politische Moralistin Rita Süssmuth dem psychologischen Druck der Israelis nicht widerstehen. Sie beschwor »die totale Beistandschaft« der Deutschen für den jüdischen Staat und ergänzte dieses Placebo mit der Auffassung, die PLO habe sich durch die Unterstützung der irakischen Kriegführung als Partner für eine zukünftige politische Lösung des arabisch-israelischen Konflikts disqualifiziert. Die Freude der israelischen Regierung und die Kritik einer Reihe deutscher Politiker an den Äußerungen der Bundestagspräsidentin waren nichts als propagandistischer Theaterdonner. Denn Deutsche und Israelis wissen, daß die PLO, ob im Golfkrieg politisch und moralisch klug beraten oder nicht, ein unverzichtbarer Partner für jedes reale politische Arrangement in Nahost bleiben wird.

Vertraute Opferrolle

Das Dilemma zwischen objektiven deutschen Wirtschafts- und Politinteressen im arabischen Raum sowie der proklamierten Verantwortung für Israels Sicherheit »bewältigten« die etablierten Bonner Parteien im Golfkrieg mit einer in Jahrzehnten »bewährten« Doppelstrategie. Die »Israelfreunde« und Moralisten wurden zur Schadensbegrenzung gen Zion gesandt, etwa Burkhard Hirsch für die FDP, Rita Süssmuth für die Union und Johannes Rau für die Sozialdemokraten. Unterdessen bemühten sich Vertrauensleute der Wirtschaft und »Araberfreunde« – wie der langjährige Vorsitzende der Deutsch-Arabischen Gesellschaft, Wirtschaftsminister Jürgen Möllemann, und der Sozialdemokrat Jürgen Wischnewski – bei den arabischen Geschäftspartnern um Verständnis für die aufgeregte Stimmung in Deutschland: ... aufgrund der »unglückseligen Vergangenheit«.

Die Politik, beim Export deutschen Kriegsgeräts und deutscher Technik in den Irak wegzusehen und beim drohenden Einsatz dieser Waffen gegen Israel dem Judenstaat Gasmasken zu verkaufen, wurde so zum Symbol für die Doppelgleisigkeit deutscher Politik und der sie tragenden Parteien.

Diesen Zynismus verabscheuten die Grünen, deren Erfolg wesentlich auch auf ihrer politischen Glaubwürdigkeit beruhte. Die Grünen wollten und konnten sich wegen ihres moralischen Anspruchs nicht damit begnügen, den Opportunismus und die Unehrlichkeit der Altparteien am Beispiel ihrer Haltung zum Golfkonflikt bloßzustellen – was indirekt gewiß den »ehrlicheren« Grünen zugute gekommen wäre. Das Selbstverständnis der Grünen gebot gerade in diesem Krieg eine eindeutige, moralisch fundierte Position. Also protestierte man energisch gegen den drohenden Krieg der USA gegen Irak. Man wollte kein Blut für Öl – sprich: amerikanische Wirtschaftsinteressen – vergießen lassen. Als die Alliierten, vor allem die USA, schließlich den Krieg gegen Irak zur Befreiung Kuwaits begannen, geschah genau das, was viele Grüne – Fundamentalisten aufgrund ihres Weltbildes – schon immer wußten: Die Industriemacht Amerika überzog das Dritte-Welt-Land Irak mit Krieg, um seine kapitalistischen Interessen durchzusetzen – sprich: die kuwaitischen Ölfelder wieder für die westlichen Monopole sprudeln zu lassen und die irakischen Störenfriede auszuschalten. Dieser offen imperialistischen Kriegführung am Golf begegnete man mit massiven Protesten und Demonstrationen in Deutschland.

Die moralisierende Empörung über die spätestens seit Vietnam sichtbare Schuld Amerikas an allen Konflikten, vor allem in der Dritten Welt, soeben durch den Angriff von US-Truppen auf Irak erneut bestätigt, reichte jedoch nur so lange, bis die erste irakische Rakete in Tel Aviv einschlug und Saddam Hussein dem Judenstaat mit weiteren fatalen Schlägen drohte. Für viele, die sich als Marxisten und Fundamentalisten begriffen, hatte sich nichts geändert: Israel war ein Lakai der US-Imperialisten, darüber hinaus führten die Zionisten einen fortwährenden Krieg gegen die Palästinenser. Israel stand seit seiner Gründung im Kampf gegen die arabischen Staaten; ein Angriff gegen den zionistischen Staat war also allemal legitim, zumal der Irak zuvor vom Schutzherrn Jerusalems, den USA, angegriffen worden war.

Für die Mehrheit des Friedenslagers indessen bedeuteten die Raketenangriffe auf Israel auch eine Attacke auf ihr Weltbild. Das Dogma, die imperialistische Politik der USA sei allein für den Krieg verantwortlich, zerbarst mit den Einschlägen der irakischen Scud-Raketen. Die Formel »Blut für Öl« reichte zur Erklärung, weshalb Bagdad israelische Wohngegenden angriff, obgleich der Judenstaat am Golfkrieg unbeteiligt war, nicht länger aus. Ausschließlicher Protest gegen die amerikanische Kriegspolitik wurde unglaubwürdig angesichts zerbombter Häuser in Israel.

Das ratlose Schweigen vieler Grüner angesichts der Bedrohung Israels endete zwangsläufig, als der Partei immer lautstärker der Vorwurf moralischer und politischer Indifferenz gemacht wurde. Etwa vom jüdischen Grünen, dem Frankfurter Stadtverordneten Micha Brumlik, der die Partei mit dem Vorwurf verließ, sich mit Juden erst dann zu solidarisieren, wenn diese bereits Opfer geworden seien – bis es soweit sei, jedoch zu schweigen.

Die hessischen Grünen zogen die Konsequenzen und verabschiedeten eine Resolution, in der Israel ein »Recht auf Selbstverteidigung gegen den irakischen Raketenterror« und ein »Anspruch auf Hilfe zu dessen Abwehr« zugebilligt wurde.

Daniel Cohn-Bendit, Veteran der linken Bewegung, versuchte die moralische Glaubwürdigkeit der Kriegsgegner zu erhalten, indem er aufgeregten Juden und Befürwortern eines Waffengangs in Erinnerung rief, daß »die Menschen, die jetzt gegen den Krieg demonstrieren, nicht die sind, die Gas an den Irak geliefert haben, (daß aber) die Menschen, die jetzt in Leitartikeln den Krieg unterstützen, nie gegen die Bewaffnung des Irak durch deutsche Firmen geschrieben« hätten.[3]

Durch solche und ähnliche Stellungnahmen und Diskussionen gewannen die Grünen allmählich ihre moralische Glaubwürdigkeit zurück. Sie verloren sie aber sogleich wieder, als ihr Vorstandssprecher Hans Christian Ströbele am Vorabend einer Israel-Visite »die irakischen Raketenangriffe« (auf Israel) als »logische, fast zwingende Konsequenz der Politik Israels (gegenüber) den Palästinensern und den arabischen Staaten . . ., auch dem Irak gegenüber« rechtfertigte.[4] Heftige Kritik innerhalb und außerhalb seiner Partei zwangen Ströbele daraufhin zum Rücktritt von seinem Amt. So forderte der von Saddam Hussein provozierte Krieg auch im fernen Deutschland seine Opfer.

Der Anspruch, Politik und Krieg ausschließlich mit moralischen Kriterien zu beurteilen, mußte scheitern. Er kostete die Grünen viel vom Vertrauensvorschuß ihrer Wähler und führte die Partei in eine tiefe, aber notwendige Existenzkrise.

Als Sieger dieses Krieges wähnten sich dagegen viele Juden in Deutschland. Sie fühlten »neuen Stolz, ein Jude zu sein«,[5] wie der Chefredakteur der »Jüdischen Zeitung« auftrumpfte. Allerdings nicht, weil »die jüdischen Denker zu allen Zeiten so hoch über«

---

[3] Süddeutsche Zeitung, 21. Februar 1991
[4] Ebenda, 19. Februar 1991
[5] Jüdische Zeitung, 31. Januar 1991

anderen standen, wie der Journalist meinte. Der wahre Grund hatte mit jüdischer Intelligenz nichts zu tun. Deutschlands Juden hatten sich wie gewohnt vorbehaltlos mit Israel identifiziert. Und Israel war aufgrund deutscher Schuldgefühle über Vergangenheit und Gegenwart – Stichwort Giftgas – in Deutschland so populär wie nie mehr seit dem Sechs-Tage-Krieg von 1967. Endlich sah man die Juden wieder so, wie man es seit je gewohnt war, als Opfer. Ein wenig Glanz von dieser israelischen Aura fiel auch auf die jüdischen Kryptogemeinden Deutschlands. Als eigenständigen Faktor nahm die deutsche Gesellschaft ihre »jüdischen Mitbürger« während des Golfkriegs – bedauernswerterweise zu Recht – dennoch nicht wahr. Die Nichtjuden und Juden Deutschlands bewunderten die erneute Opferrolle der Juden – diesmal in Israel – und zollten ihr vorbehaltlose Sympathie. So nannten bei einer Emnid-Umfrage die Deutschen als ihre größte Angst, »daß Israel in den Golfkrieg einbezogen« werden könnte (4,7 auf der Werte-Skala von 1 bis 6). Weit weniger Furcht hatten die Befragten vor »Terroranschlägen in Deutschland« (4,1) oder einem »Angriff Iraks (gegen das) Nato-Land Türkei«, »der die Nato (. . .) in den Golfkrieg einbezogen« (3,9) hätte.[6]

Die Resultate gilt es zu würdigen. Die Deutschen, Judenmörder von einst und vereinzelt Helfershelfer der arabischen Möchtegern-Judenkiller von heute, hatten mehr Angst davor, daß der Judenstaat vom Krieg erfaßt werden könnte (als ihr eigenes Land) oder daß Terroranschläge in Deutschland verübt werden könnten. Die Deutschen behaupteten, sich um die Juden mehr zu sorgen als um sich selbst – weil sie die Juden in der gewohnten Opferrolle wähnten. Denn die Menschen in Deutschland fühlten sich schuldig. 56 Prozent der Bevölkerung meinten, die Deutschen seien mitverantwortlich für diesen Krieg.[7]

Auch dieser Wert verdient Beachtung. Vergleichbare Meinungsumfragen selbst im Irak, in den Vereinigten Staaten, Ägypten, Großbritannien würden mit Sicherheit aufzeigen, daß sich die meisten

---

[6] Der Spiegel 5/1991
[7] Süddeutsche Zeitung, 19. Februar 1991

Menschen dort unschuldig am Krieg fühlten. Die Deutschen aber, die auf jede nur denkbare Weise diesen Krieg vermeiden und sich auf keinen Fall darin verstricken lassen wollten, fühlten sich schuldig, weil einzelne ihrer Landsleute Geschäfte gemacht hatten: Geschäfte mit dem Tod.

In ihrer Bußsucht übersahen die meisten Deutschen, daß die Israelis die Rolle des Opfers lediglich auf amerikanischen Druck hin und nur temporär und qualitativ beschränkt anzunehmen bereit waren – bereit sein mußten. Als Märtyrer fühlte sich die Mehrheit der Juden Israels keinesfalls – nach wie vor verachten die meisten von ihnen die wehrlosen europäischen Juden. Jerusalem wollte und würde Rache nehmen für die irakischen Raketenangriffe und das Militär- und Terrorpotential des Zweistromlandes zerstören, sobald es die politischen Umstände – sprich die Vereinigten Staaten – gestatteten. Die Israelis dachten auch nicht daran, den »Krämern des Todes«, also Iraks Waffenlieferanten, zu verzeihen.

Ihr größter Zorn richtete sich dabei – wie hätte es aufgrund der mörderischen Vergangenheit anders sein können – gegen die Deutschen. Die langfristige Aufbauarbeit der deutsch-israelischen Beziehungen, von zahlreichen wohlmeinenden Künstlern, Politikern, Gewerkschaftern, Theologen, Verbandsfunktionären und vielen anderen geduldig geleistet, erwies sich als Kartenhaus, sobald man erfuhr, daß auch deutsche Firmen an den Irak Giftgas-Technologie verkauft hatten. Binnen weniger Tage rutschte Deutschland auf der Skala der beliebten Länder in Israel von einem guten Mittelplatz an die letzte Stelle.

Auch dies gilt es festzuhalten: Der Schrecken und die daraus entstandenen Haßgefühle gegen das »deutsche Mördervolk« waren bei den Überlebenden und ihren Angehörigen keineswegs verarbeitet. Die Drohung eines erneuten Giftgas-Einsatzes gegen Juden und das Wissen, daß auch Deutsche mitgeholfen hatten, das Todesmittel herzustellen, genügten noch ein halbes Jahrhundert nach Auschwitz, um diese Emotionen wieder lebendig werden zu lassen.

244

Der gleiche Tatbestand aktivierte die verdrängt oder verarbeitet geglaubten Schuldgefühle vieler Deutschen. Durch die Skrupellosigkeit ihrer Geschäftsleute und die bewußte Ignoranz ihrer Politiker drohten die Deutschen ein zweites Mal mitschuldig am Judenmord zu werden. Hier liegt die Ursache für die Meinung der deutschen Bevölkerungsmehrheit, Mitschuld am Krieg zu tragen, mehr Angst um Israel zu haben als vor der Gefahr, das eigene Land könnte in den Krieg gezogen werden.

Die Betroffenheit der meisten Deutschen und ihre daraus entsprungene Sorge um die Sicherheit der Juden in deren Staat beweisen die Unsinnigkeit des Jetzt-ist-endlich-Schluß-Geredes!, ob am Stammtisch oder im Leitartikel. Bei Kindern und Kindeskindern von Opfern und Tätern bleibt das sichere Gefühl von untilgbarer Schuld – einerlei ob die Ratio dies akzeptiert oder nicht. Die deutsche Bußfertigkeit gegenüber den Israelis ist jedoch Funktion von deren Opferrolle.

Eine israelische Militäraktion gegen den Irak wäre völkerrechtlich legitim gewesen. Dabei wäre es mit Sicherheit auch zu Opfern unter der Zivilbevölkerung gekommen. Dies wiederum hätte bei den meisten Deutschen eine erneute »Gefühlswende« bewirkt: Die Juden, deren objektive Bedrohungssituation sich nicht verändert hätte, wären im kollektiven Unterbewußtsein vieler Deutscher von Opfern zu Tätern mutiert, die Araber von Giftgas-Judenmördern zu Judenopfern. Ebenso wie die Palästinenser wären auch die Iraker sicherlich als »Opfer der Opfer« bedauert worden. Sie wären Zielscheibe des deutschen Schuld-, nicht des Mitgefühls geworden. Die Juden dagegen hätte man mit den Deutschen von ehedem identifiziert, die eigenen Schuldgefühle auf sie projiziert – und dadurch relativiert. Die Opfer von ehedem wären so zu Tätern von jetzt geworden. Frei nach dem bewährten Muster im israelisch-palästinensischen Konflikt, wo die Palästinenser gegenüber der deutschen Linken die »neuen Juden« mimen und die Israelis damit zu Nazis stempeln. Für den arabischen Hausgebrauch jedoch identifizierten sie sich lieber mit den Nazis, den erfolgreichen Juden-»Bewältigern« von einst.

Von den Amerikanern zum widerstandslosen Einstecken der irakischen Raketenschläge genötigt, *konnten* die Israelis die Schuldgefühle der Deutschen nicht entlasten, indem sie sich als vermeintliche Täter gebärdeten. Die Hebräer brannten darauf, Rache zu nehmen, aber Washington ließ es nicht zu. So kam der Judenstaat in den zweifelhaften Genuß schuldbedingter deutscher Fürsorge und Sympathie.

Diese Psycho-Logik ist mir bei mehreren Podiumsdiskussionen während des Golfkrieges begegnet. Im Audi-Max der Universität Bayreuth etwa, sprach ich mich für einen Krieg aus, um Saddam Hussein daran zu hindern, »halb Israel zu verbrennen«. Ein Großteil der Studenten reagierte ungläubig und verstört. Tenor ihres Entsetzens war die Frage einer Studentin: »Wie können Sie als Jude für Krieg und Gewalt sein? Gerade Sie, als Opfer!«

Die Juden haben Opfer zu bleiben! Es ist ihnen verboten, Gewalt zu befürworten, einerlei ob zur Verteidigung oder zum Angriff. Wenn Juden Krieg führen, werden auch sie zu Tätern und müssen dessen Schuld und Sühne auf sich nehmen.

Wenige Deutsche besaßen den intellektuellen Mut, *nicht* in folgenlosem Selbstmitleid und in Gewissensqual zu verharren oder mit Geld und Waffen vergeblich zu versuchen, sich von Schuldgefühlen loszukaufen, statt die geschichtliche Verantwortung ihres Landes gegenüber Israel anzumahnen. Dazu gehören gewiß jene rund 150 Historiker, die öffentlich zur Solidarität Deutschlands mit dem jüdischen Volk aufriefen. Unter ihnen befand sich bemerkenswerterweise eine Reihe von Geschichtsforschern, die fünf Jahre zuvor im sogenannten Historikerstreit hervorgetreten waren. Damals hatten sie in der Auseinandersetzung mit Historikern und Publizisten, die die Lehren der Geschichte so revidieren wollten, daß die Verbrechen Nazideutschlands zumindest relativiert worden wären, die Erfordernisse deutscher Verantwortung gegenüber den Opfern betont. Zu jenen, die 1986 wie 1991 für die Verantwortung der Deutschen zu ihrer Geschichte eintraten, waren unter anderem: Karl Dietrich Bracher, Eberhard Jäckel, Immanuel Geis und Hans Mommsen.[8]

---

[8] Zur Historikerdebatte siehe S. 268 ff.

Das Manifest ist vor allem deshalb so bemerkenswert, weil seine Unterzeichner sich nicht damit zufriedengeben, den Krieg per se zu verurteilen oder über die unlösbare Frage nach Gerechtigkeit oder Ungerechtigkeit eines Waffengangs zu philosophieren, wie dies etwa Peter Glotz und andere taten[9] – womit sie sich der Verantwortung für die Opfer von Vergangenheit und Gegenwart entzogen. Auch verzichten die Autoren auf die nutzlose intellektuelle »Spiegel«-Fechterei, zu beweisen oder zu widerlegen, daß Saddam ein »Wiedergänger Hitlers« sei. Die Unterzeichner geben nicht vor zu wissen, ob ein Krieg das probate Mittel wäre, den Verbrechen des irakischen Diktators ein Ende zu setzen. Aber sie verzichten auf eine Paralyse ihres Denkens und Handelns, indem sie den Krieg nicht von vornherein als das absolut Schlimme darstellen, dessen Verhinderung *alles* rechtfertigt. Das Manifest plädiert vielmehr für die Verbundenheit der Deutschen mit dem jüdischen Staat:

»Das Deutschland unserer Väter hat den Versuch unternommen, die Juden Europas durch Gas zu vernichten. Diesem Völkermord ist nicht durch uns Deutsche, sondern allein durch die Kriegsbereitschaft von Amerikanern, Engländern, Russen und anderen Völkern ein Ende gesetzt worden. Seit Auschwitz muß jeder wissen, daß Schlimmeres als Krieg möglich ist.

Auch deutsche Profiteure unserer Tage haben den irakischen Diktator – wissentlich oder unwissentlich – darin unterstützt, den Mord am jüdischen Volk fortzusetzen. Die deutsche Regierung hat dies nicht zu verhindern gewußt.

Ob der Krieg das einzige Mittel ist, den Massenmörder von Bagdad zu stoppen, wird die Zukunft erweisen. In dieser Stunde aber, da Israel sich erneut der Bedrohung durch Gas ausgesetzt sieht, wissen wir ungeachtet der notwendigen Verständigung zwischen Juden und Arabern, wo wir zu stehen haben: Das jüdische Volk braucht jetzt mehr als deutsche Gasmasken, deutsche Abwehrwaffen und deutsche Millionen. Es braucht die Solidarität aller Deutschen.«[10]

---

[9] Peter Glotz: Der ungerechte Krieg, in: Der Spiegel 2/91
[10] Abgedruckt in der Frankfurter Rundschau vom 9. Februar 1991

Diese verantwortungsbewußte Aussage blieb im *lähmenden* Entsetzen über die »deutsche Schuld« eine Ausnahme.

So war das deutsch-israelische Verhältnis während des Golfkrieges ein Spiegelbild des »Sonderverhältnisses« zwischen beiden Staaten und Völkern. Eine Melange eingestandener und instrumentalisierter Schuld, folgenloser Verantwortungsbeteuerungen, moralischer Zerknirschung und kühl verfolgter nationaler Interessen.

Tarnfarbe

Aufgrund des Völkermords ergibt sich eine historische Verantwortung Deutschlands für die Juden und den jüdischen Staat. Diese Notwendigkeit wird von großen Teilen der deutschen Bevölkerung und ihrer Politiker mittlerweile akzeptiert. Offen allerdings ist die Frage, was »Verantwortung« bedeutet. Gewiß keine Garantie für »Israels Sicherheit«, wie dies deutsche Politiker, etwa Kanzler, Bundespräsident, Oppositionsführer und zahlreiche andere Politiker, vollmundig verkünden. Denn »Sicherheit« bedeutet für jeden Staat, erst recht für ein gefährdetes Land wie Israel, in erster Linie *militärische* Sicherheit. Daraus ergeben sich folgende Fragen:

1. Ist den »Sicherheits-Versprechern« bekannt, daß sie damit indirekt eine strategische Garantie aussprechen?
2. Kann Deutschland eine derartige Zusage im Ernstfall einhalten?
3. Ist Bonn willens, Israels »Sicherheit« in einer Kriegssituation zu gewährleisten?

Das Verhalten Deutschlands während des Golfkriegs gibt eindeutige Hinweise und Antworten. Ehe Bonn das Ersuchen des Nato-Landes Türkei um militärische Unterstützung positiv mit der Entsendung von achtzehn (!) Kampfflugzeugen beantwortete, vergingen Wochen lebhafter innenpolitischer Debatten. Als die Bundesrepublik Ankara während des Krieges eine geringe Anzahl Luftabwehrraketen zur Verfügung stellen wollte, entdeckte man, daß Deutschland über keine geeigneten Transportmittel verfügt. Also charterte man ein sowjetisches Antonow-Großflugzeug. Dies gab Moskau ausführlich Gelegenheit zu einem publikumswirksamen Katz- und Mausspiel, das die Friedensliebe der Sowjetunion und die militärische Impotenz Deutschlands bewies. Nach mehr als einer Woche erbarmten sich schließlich die USA und verfrachteten die deutschen Raketen in die Türkei.

Diese tragikomischen Beispiele zeigen, daß Deutschland selbst bei »gutem« Willen unfähig wäre, einem in militärische Bedrängnis geratenen Israel mit Waffen zu helfen – von Truppen ganz zu schweigen.

Daraus folgt die nächste Frage: Wissen deutsche Politiker, was sie versprechen, wenn sie für eine Sicherheitsgarantie gegenüber Israel plädieren, und, sind sie überhaupt willens, diese notfalls in die Tat umzusetzen? Die aufgeregte Diskussion um eine *mögliche* deutsche Truppenbeteiligung am Golfkrieg hat erwiesen, daß jede deutsche Regierung aus innenpolitischen Gründen eine wirksame militärische Aktion außerhalb der Nato auf unabsehbare Zeit nicht anordnen kann. Jedenfalls nicht in einer so umkämpften Region wie dem Nahen Osten.

Bleibt also eine »indirekte« Sicherheitsgarantie: die Lieferung modernen Kriegsgeräts im großen Maßstab und, da Israel ein armes Land ist, dessen teilweise oder vollständige Finanzierung durch Bonn. Derartige Exporte lehnt die Bundesregierung ab, da sie um Deutschlands politische und wirtschaftliche Interessen im arabischen Raum und Markt besorgt ist. Darüber hinaus ist der Export von Offensivwaffen – und welche Waffe ließe sich nicht zu einem Angriff verwenden? – in der deutschen Öffentlichkeit *zu Recht* unpopulär.

Fazit: Das Gerede deutscher Politiker von Sicherheitsgarantien für Israel entpuppte sich bei näherem Hinsehen als Phrasendrescherei, zumindest als Wunschdenken. Deutschen und Israelis wird suggeriert, Deutschland sei aufgrund seiner Vergangenheit willens, für Israels Sicherheit einzustehen. Da Bonn weder daran denkt, diese Zusage einzuhalten, noch dazu fähig ist, werden in beiden Völkern Erwartungen geweckt, die unerfüllbar sind – das ohnehin labile deutsch-israelische Verhältnis wird unnötig belastet.

Läßt man die schädlichen, weil unerfüllbaren deutschen Sicherheitszusagen für den jüdischen Staat jedoch beiseite, was bleibt dann übrig von der vielbeschworenen Verantwortung Deutschlands gegenüber Israel? Worauf soll das deutsch-israelische Verhältnis beruhen? Was ist die Basis der deutsch-israelischen Beziehungen? In offiziellen Erklärungen wird vor allem die historische Schuld Deutschlands und die daraus entspringende Verantwortung gegenüber den Juden und ihrem Staat hervorgehoben.

Kaum jemand wagt – zumindest öffentlich – einzugestehen, daß Deutschland *und* Israel als Staaten durchaus legitime politische, wirtschaftliche und militärische Interessen haben, die den Rahmen ihres Handelns bestimmen. Da man aufgrund von Schuldgefühlen und Nichtverzeihen- und Vergessenkönnen und -wollen vorgibt, eine ausschließlich von moralischen Prämissen diktierte Politik zu betreiben, muß man die realen Staatsinteressen zumindest in ein moralisches Gewand kleiden. So wird Moral mißbraucht, Politik unglaubwürdig und das deutsch-israelische Verhältnis geschädigt.

Ein Staatsmann wie Konrad Adenauer, der sich in seinem Verhältnis zu den Juden und Israel vom moralischen Primat leiten ließ und ohne machtpolitische Notwendigkeit den Judenstaat großzügig wirtschaftlich und militärisch – weniger politisch – unterstützte, ist eine historische Ausnahmeerscheinung. Seine Nachfolger dagegen berücksichtigten in ihrer Israelpolitik in erster Linie politische und ökonomische Interessen. Sie wagen es jedoch nicht, dies der deutschen und israelischen Öffentlichkeit einzugestehen, und überziehen daher ihre Politik mit moralischer Tarnfarbe.

Dies geht soweit, daß auch die deutsch-arabischen Beziehungen moralisiert werden. Man spricht nicht von deutschen Interessen, sondern von der »traditionellen deutsch-arabischen Freundschaft« und der »deutschen Verantwortung gegenüber den Palästinensern«, den sekundären Opfern der (jüdischen) Opfer.

Solange Bonn vorgibt, in den deutsch-israelischen Beziehungen ausschließlich moralische Maßstäbe zu befolgen, seine Politik jedoch an objektivierbaren Interessen orientiert, wird es ständig zu Erpressungen, Belehrungen, Heucheleien und Streit im Verhältnis beider

Staaten und Völker kommen *müssen*. Denn, man mag dies beklagen, Staaten sind keine ausschließlich moralorientierten Körperschaften. Eine Verbesserung des deutsch-israelischen Verhältnisses kann es daher nur geben, wenn man sich in Bonn zur historischen Verantwortung Deutschlands bekennt und dies in der Politik gegenüber Jerusalem berücksichtigt, daneben aber auch die deutschen Interessen in der arabischen Welt nennt und die deutsche Nahost-Politik von Fall zu Fall erläutert, statt sie zu tarnen. Unterläßt man dies, ist die Bundesregierung zu einer verlogen-moralisierenden Politik im Nahen Osten geradezu verurteilt.

So erklärt Bonn nicht etwa offen, daß es an guten Beziehungen zu Riad interessiert ist, damit die deutsche Wirtschaft gute Geschäfte mit dem reichen Ölstaat Saudi-Arabien machen kann. Die Bundesregierung begründet ihre Saudi-Arabien-Politik vielmehr mit der »traditionellen Freundschaft« zum israelfeindlichen Königreich und begleitet sie im allgemeinen mit scharfer Kritik an Jerusalems »unflexibler Politik« sowie der harschen israelischen Besatzungspolitik. Israel wiederum, das dem wirtschaftlichen und geopolitischen Potential der arabischen Welt hoffnungslos unterlegen ist, spielt gegenüber Deutschland seinen vermeintlich einzigen Trumpf aus, die *deutsche Schuld*. Jerusalem instrumentalisiert die Schoa, baut in seiner Deutschlandpolitik allein auf *Moral*.

Dies hat für Israel die fatale Folge, daß sein Handeln von der deutschen Öffentlichkeit fast ausschließlich »moralisch« beurteilt wird. Da Jerusalem aber wie jeder andere Staat seine Entscheidungen nicht nur an moralischen Werten orientieren kann – als politisch und militärisch bedrohter Kleinstaat noch weniger als andere –, muß diese Moralkritik gegenüber Israel besonders hart ausfallen. So läßt sich erklären, weshalb die Politik Israels in Deutschland viel rigoroser bewertet wird als die anderer Staaten.

Die deutsche Beurteilung der israelischen Politik unter fast ausschließlich moralischen Kriterien hat ihre Ursache jedoch nur zum geringen Anteil in der »Holocaust-Instrumentalisierung« Jerusalems. Die Wurzel dieser Betrachtungsweise ist der Holocaust selbst, *nicht* dessen Mißbrauch durch tatsächlich Betroffene oder skrupellose, dumme, ratlose israelische Politiker. Einerlei, ob Deutsche einen »Schlußstrich unter die Vergangenheit« fordern, sich dagegen wehren, daß die Israelis ihnen »die Erinnerung an die Rampe Auschwitz für immer ins Gedächtnis brennen wollen«[11], oder die Verantwortung Deutschlands am Völkermord akzeptieren, die meisten Deutschen leiden an dieser historischen Schuld. Lädt der Staat Israel seinerseits Schuld auf sich – was ein Land, das sich seit seiner Proklamation, aus eigener wie aus fremder Verantwortung, im Kriegszustand mit fast all seinen Nachbarn befindet, zwangsläufig fast ständig tun *muß*, so kommen viele Deutsche in die Versuchung, deutsche Schuld mit israelischer Schuld aufzuwiegen und auf diese Weise vermindern zu wollen.

Dies ist ein nachvollziehbarer Prozeß, der verstanden werden sollte. Unentschuldbar jedoch ist, daß dieser psychologische Mechanismus von der Bundesregierung und von interessierten Politikern sowie Publizisten als Alibi mißbraucht wird, um deutsche *Realpolitik* im Nahen Osten, die Israels Existenz bedroht – beispielsweise Waffenlieferungen an arabische Staaten –, mit moralischer *Schuld* des jüdischen Staates begründet wird.

Deutschland hat politische und wirtschaftliche Interessen in der arabischen Welt, und Bonn ist legitimiert, ihnen nachzugehen. Die Grenze dieser Interessen sollten jedoch von der *Verantwortung* Deutschlands zum jüdischen Staat markiert werden. Dies bedeutet keinesfalls Kritiklosigkeit gegenüber der tagtäglichen Politik Jerusalems. Deutsche Verantwortung für Israel bedeutet aber ein Handeln Bonns, das die Gefährdung des jüdischen Staates mindert, statt sie zu steigern – eine Maxime übrigens, die die Politik gegenüber *jedem* Land diktieren sollte.

Dies heißt im Falle Israels: Die Bundesrepublik darf keinem Land, das die Existenz des jüdischen Staates negiert – dies tun mit Ausnahme Ägyptens alle arabischen Staaten –, Kriegsgerät liefern, weder direkt noch indirekt durch Kooperation deutscher Firmen mit aus-

---

[11] So Rudolf Augstein in einem Leitartikel des »Spiegel«, 42/1990, mit der bemerkenswerten Überschrift: »Ist Israel noch zu retten?«

ländischen Unternehmen, die Waffen in diese Staaten exportieren. Bonn muß dafür sorgen, daß deutsche Techniker und Betriebe nicht an der Produktion von Waffen mitwirken oder entsprechende Anlagen erstellen, die gegen Israel eingesetzt werden könnten. Von diesen restriktiven Maßnahmen abgesehen, sollte die Bundesrepublik ihrer Verantwortung gegenüber Israel auch aktiv gerecht werden. Vor allem durch die Förderung eines Ausgleichs zwischen Israel und seinen Nachbarstaaten. Deutschland ist als hochtechnisierter Industriestaat auf Rohstoffimporte, darunter Erdöl aus den arabischen Staaten angewiesen. Und Deutschlands exportorientierte Wirtschaft benötigt den arabischen Markt. Dies muß die Bundesregierung im Auge behalten. Aber Bonn weiß auch, daß die arabischen Staaten deutsche Exportartikel benötigen. So besteht eine gegenseitige Abhängigkeit, die Deutschlands Wort Gewicht im Nahen Osten gäbe, *falls* es gesprochen würde.

Statt dessen machen sich viele deutsche Firmen zum Büttel arabischer Israelfeindschaft, indem sie willig arabische Boykottklauseln gegenüber Jerusalem akzeptieren. Die Bundesregierung tut, als ob sie nichts davon wüßte. Die Vereinigten Staaten, die im Gegensatz zu Deutschland ein gewaltiges Außenhandelsdefizit tragen, haben Gesetze, die ihren Firmen verbieten, Israel zu boykottieren. Jerusalem bittet Bonn seit Jahren um entsprechende gesetzliche Bestimmungen. Vergeblich, denn Bonn will die »traditionelle deutsch-arabische Freundschaft« nicht gefährden. Zur gleichen Zeit gebraucht die Bundesregierung die Leerformel von der »deutschen Verantwortung gegenüber Israel« und gibt vor, ihr durch gelegentliche zinsgünstige Kredite gerecht zu werden.

Deutschland und Israel sind Staaten mit legitimen nationalen Interessen. Sie gilt es zu betonen und mit der historischen Verantwortung der Deutschen gegenüber den Juden – Israel ist ein zentraler Ort dieses Volkes – zu vereinbaren, *nicht* deutsche Interessenspolitik damit zu tarnen. Dies hat man in Deutschland zu akzeptieren, aber auch in Israel.

Jerusalem muß sich abgewöhnen, zu versuchen, den deutschen Tiger ein ums andere Mal nach dem Knall mit der Holocaust-Peitsche durch den Ring der nationalen Interessen Israels springen zu lassen. Geschieht dies zu oft, und wird der Mißbrauch des Völkermords zu deutlich, dann wird der Tiger aufhören, auf das Knallen der Peitsche zu hören, oder ihr mit leerem Verantwortungsgebrüll antworten, selbst dann, wenn Hilfe dringend notwendig sein sollte.

IV

DEUTSCHLANDS ERWACHEN

»SCHNITTPUNKT DER GESCHICHTE«

Kreuzzugmentalität

Deutschlands Einigung ist mit Recht als »Wagnis« bezeichnet worden.[1] Dennoch gibt dieser geschichtliche Prozeß Anlaß zu Hoffnung. Der Zusammenbruch des SED-Regimes war nicht zuletzt das Ergebnis der ostdeutschen Freiheitsbewegung. Ungeachtet des DDR-Repressionsapparates wirkten Tausende für eine menschlichere Gesellschaft in Ostdeutschland. Trotz jahrzehntelanger Unterdrückung hatte keiner der Freiheitskämpfer Gewalt im Sinn. Diese Friedfertigkeit war eine der Ursachen, daß das SED- und Stasi-System ohne gewaltsame Gegenwehr verschwand.

Das Ende der DDR bedeutet für sechzehn Millionen Menschen Freiheit. Den Schluß einer diktatorischen Herrschaft, die am 30. Januar 1933 mit der »Machtübernahme« Hitlers begann, sich in der sowjetischen Besatzung nach 1945 fortsetzte, um schließlich 1949 in das SED-Zwangsregime zu münden.

Ich werde nie vergessen, was ich als Achtzehnjähriger empfand, als ich erstmals die Berliner Mauer sah: »Genau wie Dachau!« Wie im ehemaligen KZ waren auch hier Wachtürme, Stacheldraht, Scheinwerfer und Maschinengewehre nach bewährt deutscher Art von gepflegtem Rasen umgeben. Mit dieser Ordnungs- und Unterdrückungstradition war es im Herbst 1989 erst mal vorbei. Dies erfüllte mich mit spontaner Freude.

Zur damaligen Genugtuung haben sich bei mir inzwischen Besorg-

[1] Siehe dazu Klaus von Dohnanyis klug abwägendes Buch: Das deutsche Wagnis. Europas Schlüssel zum Frieden, München 1990

nisse gesellt. Darunter verstehe ich nicht objektive Probleme der Wirtschaft und Politik, deren volles Ausmaß in der Vereinigungseuphorie des Herbsts 1989 kaum jemand erahnen konnte.

Mich beschäftigen vielmehr Tendenzen, die in der deutschen Gesellschaft offenbar latent vorhanden, in der erhitzten Umbruchphase des Einheitsprozesses deutlich sichtbar wurden.

Die Stabilität der angelsächsischen und skandinavischen Demokratien beruht nicht zuletzt auf Common sense. Voraussetzung dafür ist *Toleranz*. Eine Gesellschaft ist nur dann stabil, wenn die Mehrheit bereit ist, auch abweichende Meinungen zu berücksichtigen. Denn bei näherem Hinsehen zerfällt jede Gesellschaft in unzählige Minderheiten und Interessengruppen. Erst der tragfähige Kompromiß zwischen diesen Kreisen verleiht der Gesellschaft und damit dem Staat Stärke. Eine Einigung aber läßt sich nicht erzwingen, sie muß ausdiskutiert und ausgehandelt werden. Toleranz, Diskussions- und Kompromißbereitschaft sind das Fundament des Common sense.

Nimmt man die Grundlagen des Common sense zum Maßstab, so muß einen die innerdeutsche Auseinandersetzung über das Ob und Wie der deutschen Einheit zwangsläufig erschrecken. Denn hier wurde vielfach nicht diskutiert, gerungen und gestritten, sondern mit unbarmherziger Verbissenheit gekämpft. Kaum einer suchte den Kompromiß, viele dagegen den »gerechten Krieg«, den Kreuzzug, bei dem bekanntlich der Andersgläubige auf der Strecke zu bleiben hat. Streit muß sein, denn keiner wußte, wie man die Einheit zu bewerkstelligen hatte. Woher auch? Als Exempel gab es nur die 120 Jahre zurückliegende, von Bismarck erzwungene Reichseinheit. Dieser Staat, das müssen selbst die Bewunderer des »Eisernen Kanzlers« zugeben, hatte eine Reihe katastrophaler Webfehler. Aber 1989 und 1990 gab in der Bundesrepublik fast niemand, der mit Politik oder Publizistik zu tun hatte, etwas zu. Jeder besaß vermeintlich das Patentrezept, der Andersmeinende war vielfach ein Scharlatan, nicht selten ein Feind, also wurde er erbarmungslos bekriegt.

Bemerkenswert hierbei, daß die verbissenste Auseinandersetzung *nicht* in der Politik ausgefochten wurde, in der es immerhin um Machterhalt oder Machtgewinn ging, sondern in der Publizistik, wo es außer »Rechthaben« nichts zu gewinnen gab. Im Gegenteil, hier mußte damit gerechnet werden, daß rigorose Kompromißlosigkeit einen Teil der Leser abschrecken könnte. Sei's drum! Wo es um die »gerechte Sache« geht, ist vielen Deutschen selten ein Opfer zu groß. Die Kampfeslust beschränkte sich jedoch keineswegs auf die »sturen« Deutschen. »Tolerante« Juden, »konsensfähige« Engländer, »diplomatische« Franzosen fochten dummdreist mit. Neben Politikern, Publizisten und Journalisten droschen auch Wissenschaftler und Philosophen aufeinander ein, ihre vermeintliche Objektivität als scharfe Waffe im Meinungskrieg benutzend. Wobei die Verbissenheit des Kampfes viele Akteure die mitunter kaum zu überbietende Lächerlichkeit ihres Agierens nicht erkennen ließ.

Im Sommer 1989 deutete in der Bundesrepublik zunächst nichts auf einen historischen Umbruch hin. Sogar auf der rechten Seite des politischen Spektrums begann man sich zunehmend mit der ostdeutschen Staatlichkeit anzufreunden. Die Springer-Zeitungen warfen die Anführungszeichen auf den Müll, mit denen sie bis dahin die DDR zu brandmarken gesucht hatten. Die »Bild«-Zeitung verzichtete fortan auf die tägliche Mitteilung, wie lange die Berliner Mauer steht, und auf den dazugehörigen symbolischen Stacheldraht. Es ist anzunehmen, daß diese Schritte Teil eines Arrangements mit den DDR-Behörden waren, die im Gegenzug die Akkreditierung von Springer-Korrespondenten im Arbeiter- und Bauernstaat gestatten würden. Statt mit antisozialistischen Anführungszeichen erfreuten »Welt« und »Bild« ihre Leser bald mit dem Vorabdruck der Memoiren Willy Brandts.[2] In der getragenen Sprache des »elder statesman«, oder was er dafür hielt, rief der Architekt der Ostpolitik seine Leser dazu auf, endlich von der »Lebenslüge Wiedervereinigung« abzulassen und sich mit der eigenen Staatlichkeit zufriedenzugeben – dies sei *friedenserhaltend* und *realistisch.*

Die postumen »Erinnerungen« von Brandts politischem Rivalen Strauß dagegen erschienen im Magazin seines haßgeliebten Erz-

---

[2] Erinnerungen, Berlin 1989

feindes, im »Spiegel« Rudolf Augsteins. Zufall oder Omen für das bald Kommende? Als Straußens Nachlaß[3] im Spätsommer auf den Markt kam, war bereits deutlich, daß die Tage des SED-Regimes gezählt sein würden: Tausende DDR-Bürger flohen via Ungarn, dessen Reformkommunisten den Eisernen Vorhang zurückgezogen hatten, in die Bundesrepublik. Bald darauf gaben auch die tschechischen Kommunisten, die selbst am Ende waren, dem Druck fluchtwilliger DDRler und Bonner Diplomaten nach und ließen die Ostdeutschen, die sich in der Botschaft der Bundesrepublik in Prag aufhielten, in das Land ihrer Illusionen ziehen. Nur mühsam konnten Honecker und Genossen Anfang Oktober den 40. Jahrestag der DDR-Gründung zelebrieren – dann war's vorbei.

Der Ehrengast des Jubelfestes, KPdSU-Generalsekretär Gorbatschow, brachte den Totenschein im Gepäck mit: »Wer zu spät kommt, den bestraft das Leben«, meinte er realistisch-unbarmherzig und gab damit seinen ostdeutschen SED-Genossen zu verstehen, daß ihre Zeit abgelaufen sei. Der Sowjetmensch war dabei, sein marodes Reich innenpolitisch und gesellschaftlich zu reformieren – Stichwort Perestroika. Dazu brauchte er die Hilfe des Westens, dessen Staatsmänner und -frauen Gorbatschow versicherten, man könne mit ihm »gute Geschäfte« machen (Maggy Thatcher).

Bei seinem (West-)Deutschland-Besuch im Juni erlebte Gorbatschow einen Zuspruch durch Politiker, Presse und Publikum, wie er ihn zuvor und danach nirgends, schon gar nicht in seiner Heimat, erfuhr. Gorbatschows selbstsicheres Auftreten und seine Schlagworte »Perestroika«, worunter sich jeder vorstellen kann, was ihm lieb und teuer ist, »Friede« und »europäisches Haus« begeisterten die Deutschen.

Weshalb? Der kommunistische Politiker gab dem Affen Zucker. Er stillte das unbezähmbare Bedürfnis der im Alltag so kontrolliert wirkenden Deutschen nach Romantik in der Politik, nach charismatischen Führern und mitreißenden Parolen.

---

[3] Franz Josef Strauß: Die Erinnerungen, Berlin 1989

Davon hatte einst Hitler profitiert. Leider erkannten dies nur wenige. Etwa die klerikal-monarchistische bayerische Staatsregierung in den zwanziger Jahren. So erteilten die bayerischen Behörden Hitler 1924 nach dessen Entlassung aus der Festung Landsberg (wo er nach seinem Umsturzversuch vom November 1923 einsaß) ein öffentliches Redeverbot. Ergebnis, der Obernazi sank zur Bedeutungslosigkeit herab und verwandte im nächsten Jahr all seine Energie darauf, das für ihn psychologisch und politisch fatale Redeverbot aufheben zu lassen. Leider ließen sich die ultramontanen bayerischen Politiker schließlich von Hitler und seinen reaktionären Verbündeten erweichen. Sie und Millionen andere bezahlten den Fehler, Hitler wieder auf die nach Charisma lechzenden Deutschen loszulassen, mit ihrer Freiheit oder ihrem Leben.

Nach Hitler jubelten die Deutschen in diesem Jahrhundert noch drei weiteren Führern zu, die die meisten von ihnen nicht einmal verstehen konnten, deren persönliches Charisma aber ebenso unumstritten ist wie die Primitivität ihrer Schlagworte: Charles de Gaulle, 1958: »Deutsches Volk, großes Volk!«, John F. Kennedy, 1961: »Ich bin ein Berliner!« Und nun eben Michail Sergejewitsch Gorbatschow 1989: »Perestroika!«

Niemand äußerte sich über dieses Begeisterungsphänomen so sarkastisch wie die Polen, die in der deutsch-russischen Zange eingezwängt sind. Sie nannten den jüngsten deutschen Begeisterungstaumel schlicht »Gorbasmus«.

Gorbatschow selbst muß spätestens während seiner denkwürdigen Reise in die Bundesrepublik klargeworden sein, welches Deutschland seine Reformpläne unterstützen und welches ihn dabei aufhalten würde. Der Russe machte aus seiner Entscheidung kein Geheimnis.

Die Menschen in der DDR begriffen, daß die Stunde des SED-Regimes geschlagen hatte. Denn ohne Zwang konnte sich die ostdeutsche Diktatur nicht im Sattel halten, wie die Rebellion des 17. Juni 1953, der gewaltige Stasi-Apparat und die erst 1961 gewaltsam gestoppte Fluchtbewegung bewiesen. Die Macht, diesen Zwang auszuüben, besaß die SED selbst nicht, sie war von Moskau geliehen. Sperrte die Sowjetunion diesen Machtkredit, war es um das SED-Regime geschehen, wie jeder in der DDR wußte.

Gorbatschows Signal wurde sogleich verstanden. Hatten bis zum Verdikt des Generalsekretärs bestenfalls Tausende offen gegen das Regime zu protestieren gewagt, so gingen nun Zehn-, ja bald Hunderttausende auf die Straßen, um kundzutun, daß *sie* »das Volk« seien, der SED-Staat aber ein politischer und gesellschaftlicher Anachronismus, der abzutreten habe.

Als der altersstarre Honecker darangehen wollte, sein Volk mit Gewalt zur Räson zu bringen, stürzte ihn, nur gut eine Woche nach Gorbatschows Besuch, die eigene Partei. Neuer SED-Chef wurde Honecker-Kronprinz Egon Krenz, der mit vorsichtigen Reformen sein Regime nach Gorbatschows Muster zu stabilisieren suchte. Vergeblich! Über Leipzig und Dresden schwappte die Protestwelle nach Berlin, wo sie nur einen Monat nach dem 40. DDR-Jubiläum die Mauer widerstandslos überwand. So stempelten die Demonstranten das fatale Symbol eines vermeintlich unüberwindbaren Gewaltregimes zur historischen Makulatur. Der Versuch von Egon Krenz, für die SED zu retten, was noch zu retten war, indem er die Grenzen zur Bundesrepublik öffnete, gab seinem Regime mit historischer Notwendigkeit den Rest: Damit nahm er der abwartenden Bevölkerungsmehrheit die Angst, den letzten und stabilsten Schutzwall des DDR-Regimes.

Es dauerte nicht lange, ehe auch Krenz, Mielke, Tisch und andere Paladine Honeckers gehen mußten. So fand Krenz endlich Muße, mit tatkräftiger Assistenz der »Bild«-Zeitung seine Sicht der Ereignisse aufzuzeichnen. Das Prinzip hatten bereits unzählige Naziverbrecher entwickelt: Beitritt aus Idealismus, bald die schlimme Seite des Systems erkannt, aber mitgemacht, um »Schlimmeres zu verhindern«, Befehl ist Befehl ... Max Liebermanns Worte angesichts der SA kommen einem in den Sinn: »Ik kann nischt so viel essen, wie ik kotzen mechte!«

Nach dem knapp zweimonatigen Krenz-Interregnum bemühte sich der als »Reformer« – was immer das heißen mag – apostrophierte

Hans Modrow, zumindest ein Mindestmaß der jahrzehntelang nicht nur in Ostdeutschland gepriesenen DDR-Errungenschaften, beispielsweise die »Stasi«, in das neue Deutschland zu retten. Als Konkursverwalter der SED konnte er den moralischen Bankrott der Partei jedoch ebensowenig verheimlichen wie das politische, wirtschaftliche und ökologische Scheitern der DDR. Westdeutschlands Regierung und Wirtschaft forderten die bedingungslose Kapitulation, sprich die »Wiedervereinigung«. Und die Mehrheit der Ostdeutschen, getragen von der Verachtung des politischen Systems der DDR, in das sie vielfach selbst verstrickt waren, sowie von der Hoffnung auf eine schnelle Verbesserung ihrer wirtschaftlichen Lage – die politischen Freiheiten waren bald unumstritten – befürwortete den »Anschluß« ihres Landes an die Bundesrepublik. Denn um mehr als einen »Anschluß«, also eine Übernahme der politischen, wirtschaftlichen und, wie sich bald zeigen sollte, Mediensysteme der Bundesrepublik konnte es bei einem raschen Zusammenschluß beider Staaten nicht gehen. Denn die konservativ-liberale Bundesregierung und die westdeutsche Wirtschaft waren nicht bereit, Geld in ein kaputtes System zu investieren, wie Modrow in Bonn und den Ostdeutschen via Fernsehen und Wahlveranstaltungen immer drastischer deutlich gemacht wurde. Bonn hatte kein Interesse, die DDR zu sanieren, um sich einen Konkurrenten zu schaffen, sondern wollte den maroden ostdeutschen Betrieb in sein wirtschaftlich prosperierendes Unternehmen eingliedern.

Den gleichen Wunsch hatte auch die Mehrheit der Ostdeutschen, wie die politischen Parolen (»Deutschland, einig Vaterland!«), Meinungsumfragen und schließlich das Wahlergebnis vom 18. März 1990 zeigten. *Nicht* aus Sympathie für die vom SED-Regime korrumpierte Blockpartei CDU stimmten über 40 Prozent der Wähler für sie, sondern weil dieses Votum die sicherste Gewähr für einen raschen Tod der DDR war und eine Eingliederung in die Bundesrepublik verhieß. So kam es auch. Dem neuen CDU-Ministerpräsidenten Lothar de Maizière blieb trotz eigener politischer Ambitionen nichts übrig, als dieses Urteil zügig zu vollstrecken. Für den entsprechenden Druck sorgten Kohl und Genscher aus Bonn.

So eilig hatten die Westdeutschen es mit der »Wiedervereinigung« nicht. Sie verhielten sich im Einigungsprozeß nicht wie ein stürmischer Brautwerber, sondern eher wie der notorische Rundfunksprecher aus Eriwan: »Im Prinzip« waren sie für die Einheit, jedenfalls die große Mehrheit. Als ihnen jedoch nicht zuletzt vom sozialdemokratischen Kanzlerkandidaten Lafontaine und von Wirtschaftsexperten klargemacht wurde, daß die Einheit teuer würde, meinten zwei Drittel der »Wessis«, die »Vereinigung« komme »zu schnell« oder »viel zu schnell«. Die Westdeutschen wußten, daß sie für die Einheit in der einen oder anderen Form zahlen mußten, deshalb waren sie nur »im Prinzip« dafür. Die meisten Menschen in der DDR dagegen waren ohne Einschränkung für die Einheit, denn sie glaubten davon zu profitieren.

Dies alles ist nachvollziehbar: das Streben der Ostdeutschen nach Wohlstand und politischer Stabilität, das Zögern vieler Westdeutscher, den Preis dafür zu zahlen, das Drängen Helmut Kohls nach einer raschen »Wiedervereinigung«, die ihn zum »Kanzler der Einheit« machen und damit seinen nächsten Wahlsieg nicht zuletzt mit Hilfe der DDR-Wähler sichern sollte. Auch das Gegenhalten Lafontaines macht Sinn: Das »Wiedervereinen« war eindeutig von Helmut Kohl besetzt, profilieren konnte sich der Saarländer also nur als Neinsager und als Sprecher der Ängstlichen und Unzufriedenen. Wenn dabei viele Grüne und einige Repsen zur SPD umschwenkten, um so besser.

Lafontaines Pech: Die biedere SPD-Führung unter dem Musterknaben Vogel begriff den machiavellistischen Kurs ihres Kanzlerkandidaten nicht, zumindest tat sie so, als würde sie ihn nicht verstehen. Und der alte politische Recke Willy Brandt, der gerade noch als tapferer Ritter Georg dem Drachen der Wiedervereinigungslüge den Todesstoß versetzen wollte, stilisierte sich nun unter dem Druck der neuen Verhältnisse und seiner Frau Brigitte zum Vorkämpfer einer »Wiedervereinigung«. Daß er damit de facto seinen politischen Enkel Lafontaine der Unglaubwürdigkeit zieh und so dessen Chancen zunichte machte, war dem alten Herrn schlicht egal. Brandt kämpfte unter dem Jubel der Rechten, nicht zuletzt seiner neuen Freunde bei »Bild« und »Welt«, und bald auch der SPD-Führung dafür, daß nun »zusammenwächst, was zusammengehört«.

Auch Gorbatschows Position ist verstehbar, er schaffte sich eine meckernde, altersschwache Geliebte vom Hals und tauschte dafür im Gegenzug eine frischverliebte, reiche und willige Braut ein.

Nicht so leicht zu begreifen ist dagegen das schwindende Urteilsvermögen in den westdeutschen Massenmedien angesichts der »Wiedervereinigung«. Die immer häufiger werdenden schwarz-rot-goldenen Fahnen und Einrahmungen der »Bild«-Zeitung wurden als das gewertet, was sie tatsächlich waren, wortwörtliche Farbtupfer in der westdeutschen Presselandschaft. Die Ernennung Gorbatschows zum »Ehrendeutschen« von »Bilds« Gnaden gab allerdings bereits einen Hinweis, wohin der Realitätssinn mancher deutscher Journalisten abgetrieben war: ins Mythische. Eine Marotte des deutschen Massenblatts? Mitnichten. Rudolf Augstein stand keineswegs im Schatten von »Bilds« Gorbasmus, als er seinen Helden besang: »Er verkörpert durch seine Person den Schnittpunkt der Geschichte von Alexander bis Hiroshima.«

Viel Feind', viel Ehr'!

Im westlichen Ausland waren der Fall der Mauer und der Zusammenbruch des SED-Regimes zunächst freudig begrüßt worden. Dies sei der Beweis für den Bankrott des Sozialismus, triumphierten viele westliche Politiker. Bald wurde jedoch in Deutschland offen über die Frage der staatlichen Einheit diskutiert. Die Option eines einheitlichen Deutschland aber erschreckte viele Europäer.

Die Furcht vor einem erneuten Erwachen des deutschen Expansionismus war naturgemäß am größten bei der polnischen Bevölkerung. Entsprechende Ängste gab es auch bei vielen, vor allem älteren, Westeuropäern, die Zeugen der deutschen Besatzung waren. Bei den Politikern dieser Staaten jedoch überwogen größtenteils rationale, gegenwartsbezogene Befürchtungen. Vor allem Großbritannien und Frankreich hatten sich als Siegermächte des Zweiten Weltkriegs daran gewöhnt, die Bundesrepublik – trotz der ökonomischen Überlegenheit Deutschlands – politisch zu dominieren. Bonn hatte es dabei bewenden lassen und gute Geschäfte gemacht. Ein einiges Deutschland aber, so die Angst in Paris und London, würde kraft seines Bevölkerungspotentials bald auch die politische Führung Europas beanspruchen. Also gaben Frankreich, Großbritannien und Italien Bonn unmißverständlich zu verstehen, daß sie die Einheit Deutschlands ablehnten.

Dies wiederum schmerzte viele einheitsbesessene Deutsche, vor allem in der Presse, die die »Wiedervereinigung« als ausschließlich deutsches Problem ansahen und in jedem ausländischen Widerstand eine unzulässige Einmischung in deutsche Angelegenheiten witterten. So empörte sich etwa die »Frankfurter Allgemeine«, ansonsten Bannerträgerin der militärischen, politischen und wirtschaftlichen Westintegration, bereits Anfang Dezember gegen das »rigorose Blokkieren« der deutschen Einheit durch Paris und London sowie nationalvergessener Deutscher. Das bis dahin für seine Nüchternheit bekannte Blatt verlor angesichts dieser Einheitsobstruktion die Contenance und verlieh seiner Empörung sakrale Töne gegen die »unheilige Allianz in- und ausländischer Kräfte, die sich zum Ziel gesetzt hat, jeden Schritt in ... Richtung (eines gesamtdeutschen Staates) zu verhindern«.

Das passende Gegenmittel nennt die »Zeitung für Deutschland« bereits in der Überschrift ihres Leitartikels: »Für die Einheit auf die Straße«, und erläutert: »Unter diesen Umständen und angesichts des wirksamen Drucks, der auf die politische Führung der Bundesrepublik ausgeübt wird, halten tatsächlich die Menschen in Leipzig, Dresden und Ost-Berlin das künftige Schicksal der Nation in ihren Händen.« Hier bringt die für gewöhnlich präzise »FAZ« die Anatomie durcheinander: Nicht die »Hände« der Ostdeutschen waren gefragt, sondern deren Füße, die sie »für die Einheit auf die Straße« tragen sollten.

Bei allem Pathos hatte sich der Leitartikler immerhin ein realistisches Urteil über den politischen Aktivismus seiner westdeutschen Landsleute gewahrt: Hier wäre sein Appell, für die deutsche Einheit zu marschieren, ohne nennenswertes Echo geblieben. In der Noch-DDR allerdings war die Zahl der »FAZ«-Leser äußerst begrenzt. So war der Marsch-Appell zur Einheit wohl eher als Ermutigung an die Regierung in Bonn und für die westdeutsche Leserschaft der »Frankfurter Allgemeinen« gedacht, sich in ihrem Einigungsbestreben nicht von ausländischer Obstruktion entmutigen zu lassen.

Gehör bei den Ostdeutschen fand, sobald der Verkauf in großem Umfang gestattet war, zunächst nur ein westdeutsches Presseerzeugnis: die »Bild«-Zeitung. Kurze Zeit nachdem sie ungehindert in der DDR verkauft werden konnte, erreichte »Bild« dort eine Auflage von einer Million täglich, knapp 25 Prozent der westdeutschen Auflage. So gerieten wenige Monate nach dem Umsturz in der DDR die »Bild«-Zeitung und Helmut Kohl zu Lieblingen der Ostdeutschen.

Die von vielen DDR-Bewohnern sehnlich herbeigewünschte Einheit Deutschlands rief bei Juden die heftigsten Ängste hervor. Wie gewohnt wagten die Repräsentanten der Juden Westdeutschlands nicht, die Furcht ihrer Klientel öffentlich auszusprechen. Diese Zurückhaltung kannten die amerikanischen Juden nicht. Ihre zumeist abstrakte Furcht vor Deutschland wird von der dortigen jüdischen Gemeinde weitgehend geteilt, von der nichtjüdischen Gesellschaft Amerikas zumindest toleriert. Da läßt es sich trefflich mit der Deutschenangst argumentieren und profilieren.

Einer der ersten, der sich zum (Deutschen-)Angstverwerter aufschwang, war Eli Wiesel. Seine Mahnung an die Deutschen: »Wartet ab!« (mit der Einheit). »Deutschland und wir (Juden) sind (auch) noch nicht bereit.« Dadurch fühlte sich Rudolf Augstein, in dessen »Spiegel« sich Wiesel entsprechend geäußert hatte, zur Replik herausgefordert, die über Wiesels Angstmacherei wenig Neues sagt.[4]

4 Spiegel 2/1990

Um so deutlicher zeigt der Kommentar den aggressiven Nationalismus des Autors sowie dessen antijüdische Vorurteile.

In entlarvender Weise lamentiert Augstein zunächst über die vermeintliche Macht der Hebräer: »Ist es denn zu bestreiten, daß kein amerikanischer Außenminister im Vorderen Orient eine Politik des Ausgleichs und der Vernunft treiben kann, weil sein (auf die jüdische Wählerschaft angewiesener) Präsident ihm das verbietet?« Dabei übersieht der Schreiber allerdings die Tatsache, daß die republikanischen Präsidenten Reagan und Bush nur von einem geringen Prozentsatz der amerikanischen Juden gewählt wurden und daher in ihrer Nahostpolitik kaum Rücksicht auf diese Wählergruppe nehmen müssen. Dies ist jedem, der über die amerikanische Innenpolitik Bescheid weiß, bekannt.

»Der Ansatz Ernst Noltes, um den sich der sogenannte ›Historikerstreit‹ rankt, war ja philosophisch richtig . . . Nur hat er ihn mit kaum glaublichen Beispielen und absurden Ergebnissen zerstört . . .« fährt Augstein fort.

Was meint der Kommentator damit? Worum ging es im »Historikerstreit«, der in den achtziger Jahren in Deutschland ausgetragen wurde? Welche Position nahm Augstein damals ein?

Histori(k)scher Streit

Ausgelöst wurde die »Debatte« durch einen Vortrag, den der Historiker und Faschismus-Experte Ernst Nolte[5] 1980 in der »Carl-Friedrich-von-Siemens-Stiftung« hielt. Darin bestätigt Nolte die »nach Motivation und Ausführung« beispiellose »Vernichtung von mehreren Millionen europäischer Juden«. Die »Hitlersche (!) Judenvernichtung« dürfe man jedoch nicht isoliert betrachten, sondern im Zusammenhang mit den »Klassen-, Völker- und Gruppenvernichtungen« Asiens, vor allem der Sowjetunion. Nur so könne man

---

[5] Siehe etwa: Ernst Nolte: Die faschistischen Bewegungen. Die Krise des liberalen Systems und die Entwicklung der Faschismen, München 1966

erkennen, was »Original und was Kopie war«. »Die sogenannte (!) Judenvernichtung des Dritten Reiches (war) eine Reaktion oder verzerrte Kopie . . .«

»Auschwitz resultiert nicht in erster Linie aus dem überlieferten Antisemitismus und war im Kern nicht ein bloßer Völkermord . . ., sondern es handelt sich vor allem um die aus Angst geborene Reaktion auf die Vernichtungsvorgänge der Russischen Revolution.«

Immerhin sei zu bedenken, so Nolte, daß Chaim Weizmann »die Juden in aller Welt« »in den ersten Septembertagen 1939« aufgerufen habe, »in diesem Krieg auf der Seite Englands« zu kämpfen, dies könne die These begründen, »daß Hitler die deutschen Juden als Kriegsgefangene behandeln und d. h. internieren durfte.«

Die Rede Noltes blieb zunächst ohne nennenswertes Echo, obgleich sie am 24. Juli 1980 in gekürzter Form in der »Frankfurter Allgemeinen« abgedruckt wurde. Offenbar fühlten sich weder die Redaktion noch die Leser der »FAZ« von den Aussagen Noltes zum Widerspruch herausgefordert.

Da seine Thesen im Kollegenkreis wenig Zustimmung erfuhren, suchte der Historiker Würdigung in der Öffentlichkeit. Am 6. Juni 1986 veröffentlichte die »Frankfurter Allgemeine« unter der Überschrift »Vergangenheit, die nicht vergehen will« einen Artikel Noltes, in dem dieser seine sechs Jahre zuvor verkündeten Ideen bekräftigte.

Hitlers »Judenvernichtung« wird nun als »asiatische Tat« bezeichnet. Rechtfertigend fragt Nolte: »Vollbrachten die Nationalsozialisten, vollbrachte Hitler eine ›asiatische‹ Tat vielleicht nur deshalb, weil sie sich und ihresgleichen als potentielle oder wirkliche Opfer einer asiatischen Tat betrachteten?«

Noltes Verlangen nach öffentlicher Beachtung seiner Vorstellungen wurde nunmehr erfüllt, wenngleich auf eine Weise, die wohl weder er noch die »Zeitung für Deutschland« erwarten konnten. Wenige Wochen später publizierte Jürgen Habermas in der »Zeit« eine Streitschrift gegen »Die apologetischen Tendenzen in der deutschen Zeitgeschichtsschreibung«[6].

[6] 11. Juli 1986

Habermas stellt dabei Noltes relativierend-apologetische Thesen als Ergebnis von dessen philosophisch-historischem Verständnis sowie der revisionistischen Tendenz rechter deutscher Nachkriegshistoriker dar. Dabei geht er vom Bestreben des früheren Erlanger Historikers und Kanzler-Beraters Michael Stürmer aus, »die Zukunft (in einem geschichtslosen Land) zu gewinnen, (indem man) die Erinnerung füllt, die Begriffe prägt und die Vergangenheit deutet«. Als Beispiele führt der Frankfurter Philosoph zunächst das damals erschienene Buch »Zweierlei Untergang. Die Zerschlagung des Deutschen Reiches und das Ende des europäischen Judentums«[7] des Kölner Historikers Andreas Hillgruber an. Darin konzentriert sich Hillgruber darauf, den zähen Widerstand des deutschen Militärs in der letzten Kriegsphase als Rettungsmaßnahme zum Schutz der deutschen Zivilbevölkerung gegenüber den rachsüchtigen Sowjettruppen zu rechtfertigen. »Das Ende«, also die Vernichtung der europäischen Juden, dagegen war dem Kölner Forscher gerade gut zwanzig Seiten wert. Die Verantwortung hierfür trage fast ausschließlich Hitler, der, so Hillgruber, gegen den Willen der deutschen Bevölkerung *und* der nationalsozialistischen Führung (!) das Ende der Juden betrieb – vor allem mit dem »effektiven Mittel« der Gaskammern.

Habermas zeigt auf, daß Hillgruber durch Wortwahl und Gedankengang eine Rechtfertigung der Kriegführung der deutschen Bevölkerung ebenso anstrebt wie deren Exkulpierung für den Judenmord. Den Schwerpunkt seiner Kritik richtet Habermas jedoch gegen Nolte, der die Ermordung des europäischen Judentums als präventive Maßnahme Hitlers begründet und als »asiatische Tat« relativiert. Besonders empört den Frankfurter Philosophen, daß Nolte die »Kriegserklärung, die Chaim Weizmann im September 1939 für den jüdischen Weltkongreß abgegeben (hat)«, als Rechtfertigung benutzt habe, »die deutschen Juden als Kriegsgefangene zu behandeln und als Kriegsgefangene zu deportieren«.

---

[7] Andreas Hillgruber: Zweierlei Untergang. Die Zerschlagung des Deutschen Reiches und das Ende des europäischen Judentums, Berlin ²1986

Die Entrüstung von Habermas wäre gewiß noch größer gewesen, hätte er gewußt, daß Chaim Weizmann nie Präsident des »Jüdischen Weltkongresses« war. Weizmann amtierte 1939 als Vorsitzender der »Zionistischen Weltorganisation«, die weder die deutschen Juden vertrat noch dies beanspruchte. Man hat davon auszugehen, daß unter den im Herbst 1939 in Deutschland verbliebenen Juden so gut wie keine Zionisten mehr waren. Dadurch wird Noltes Rechtfertigungsversuch antijüdischer Maßnahmen durch Hitler und die Seinen noch bodenloser.

Habermas geht es jedoch nicht um die Person Noltes, sondern um die durch ihn repräsentierten Revisionsbemühungen der Geschichtsforscher, beispielsweise des Bonner Historikers Klaus Hildebrand. Dieser hatte Noltes Ansatz als »wegweisend« gepriesen, dem Lob gebühre, da so dem Hitlerreich das »scheinbar Einzigartige« genommen werde.

Habermas' Artikel wurde umgehend von einem Leserbrief Noltes in der »Zeit« beantwortet, in dem dieser sich zu rechtfertigen suchte, woraufhin Habermas ebenfalls mit einem Leserbrief in der »FAZ« antwortete. Nun sah sich der »Frankfurter Allgemeine«-Herausgeber Fest veranlaßt, die revisionistischen Thesen seines »freien« Autors Nolte zu verteidigen, indem er Habermas unter anderem »akademische Legasthenie« und/oder »ein ideologisches Vorurteil« bescheinigte, das »sich die Dinge erst zurechtrückt, um sie dann attackieren zu können«.

Dies war der Startschuß des sogenannten Historikerstreits, an dem sich jeder dazu berufene geschichtskundige – und wer fühlt sich nicht als solcher – Journalist, Publizist, Politologe, Philosoph und last not least Historiker beteiligte. Dabei war es vielen »Debattierern« nicht in erster Linie darum zu tun, die Vergangenheit möglichst unvoreingenommen zu untersuchen. Das Ziel der meisten Beiträge – etwa von Michael Stürmer, Immanuel Geis, Andreas Hillgruber, Robert Leicht und anderer – war vielmehr, ihre ohnehin festgefügte Weltanschauung durch eine subjektive Selektion historischer Beispiele zu »beweisen«. Nur selten hörte und las man in dieser verbissenen Auseinandersetzung um Objektivität bemühte Stimmen, wie etwa

die des Münchner Historikers Christian Meier, der sich zur moralischen Verantwortung Deutschlands für den Völkermord bekannte,
oder seines Kollegen Karl-Dietrich Bracher, welcher Nolte und Habermas gleichermaßen wissenschaftliche Subjektivität und Profilie-
rungsgelüste vorwarf.

Nach wenigen Monaten erstarb die Auseinandersetzung. Um eine
»Debatte« hatte es sich nicht gehandelt. Denn den Kontrahenten war
es nicht darum gegangen, die eigenen Erkenntnisse zur Diskussion zu
stellen und dabei auch von anderen zu lernen, womöglich den eigenen Standpunkt zu revidieren. Sie wollten vor allem möglichst
viele Unbeteiligte von der eigenen Sichtweise überzeugen. Um die
Vertreter konkurrierender Anschauung scherte man sich von vornherein wenig oder gar nicht: Sie waren verlorengegebene Geister. So
ist der Historikerzank Beispiel für das Fehlen einer Streitkultur in
Deutschland, wo man nach wie vor lieber kämpft als debattiert.

Ein Beitrag dieser Rauferei verdient es im Zusammenhang mit dem
deutschen Einigungsprozeß dennoch hervorgehoben zu werden.
Nicht aufgrund seines hohen intellektuellen Niveaus, sondern in
erster Linie wegen der scheinbar bemerkenswert gewandelten Ansicht des Autors sowie dessen unbestreitbarem Einfluß auf die
(ver)öffentlich(t)e Meinung. Am 6. Oktober 1986 schaltete sich Rudolf Augstein mit dem »Spiegel«-Kommentar »Die neue Auschwitz-
lüge« in den Historikerstreit ein. In gewohnter Manier machte er aus
seinem Herzen keine Mördergrube. So nennt Augstein Andreas
Hillgruber aufgrund des Klappentextes von dessen »Zweierlei Untergang«-Buches (»Hillgruber . . . wendet sich gegen die Meinung, wo-
nach die Zerschlagung des Deutschen Reiches eine Antwort auf die
Untaten des NS-Regimes gewesen sei«) einen »konstitutionellen
Nazi«.

Noch härter geht der Kommentator mit Ernst Nolte ins Gericht.
Pauschal verwirft er die Rechtfertigungsthesen des Historikers, unter
anderem das vermeintliche Alibi der Weizmann-»Kriegserklärung«.
Bemerkenswerterweise übernimmt Augstein unbesehen die falsche
Titelbezeichnung »Präsident des Jüdischen Weltkongresses« von Ha-

bermas. Auch das übrige »Gefasel« Noltes läßt der »Spiegel«-Chef nicht gelten. Allein das »diskutable Etwas« (!), ob Stalin Hitlers Liquidierung der eigenen Parteigenossen »gefallen hat«, hält Augstein für erwägenswert.

Drei Jahre später gibt Augstein Nolte »philosophisch« recht, kritisiert lediglich dessen »Beispiele«. Was mag das heißen? Nolte ist es wie so manchem besessenen »Geisteswissenschaftler« nicht um die wertfreie Erforschung der historischen Wahrheit zu tun, sondern um die Untermauerung der eigenen Vorstellungen oder »Philosophie« mittels geschichtlicher Fakten. Noltes historische Exempel, etwa sein Beispiel mit Weizmanns »Kriegserklärung« an das Deutsche Reich, sind dumm und verfälschend. Daran läßt Rudolf Augstein 1986 keinen Zweifel.

Dennoch will Augstein jetzt Noltes »Philosophie« gelten lassen, deren Grundgedanken – die »sogenannte Judenvernichtung des Dritten Reiches (war) eine Reaktion . . ., nicht das Original«; das Original waren vielmehr die »asiatischen Taten« der sowjetischen Revolution, durch die Hitler Deutschland bedroht sah – der »Spiegel«-Herausgeber zuvor als Gefasel verspottet hatte.

Hatte sich Augstein Noltes »Philosophie« zu eigen gemacht? War er zum geschichtlichen Revisionisten geworden? Sah er Auschwitz nunmehr ebenso wie Nolte als Angstreaktion Hitlers vor der kommunistischen Bedrohung? Dafür gibt es keine Hinweise. Die vermeintliche Rehabilitierung Noltes durch Augstein läßt sich so einfach nicht erklären.

Der »Spiegel«-Chef ist trotz allen weltoffenen Getues stets ein in die Wolle gefärbter deutscher Nationalist gewesen. Daher hatte er 1952 die März-Note Stalins befürwortet, in der Moskau Deutschland die staatliche Einheit im Gegenzug zur Neutralität bot. Nüchternes Denken, etwa das des damaligen Kanzlers Adenauer, besagte, daß das Angebot der Sowjets unseriös war. Es wurde ausgesprochen, um Bonns Teilnahme an der geplanten europäischen Verteidigungsgemeinschaft EVG zu torpedieren, was unter anderem der Zeitpunkt der Note deutlich machte.

Dennoch plädierten rechte wie linke Nationalisten, unter ihnen Augstein, für die Annahme der Offerte Stalins. Der emotionale Wunsch nach einem einheitlichen Deutschland überwog ihre rationalen Bedenken.

An der Wende zu den neunziger Jahren sah Augstein erneut die Chance zur deutschen Einheit. Auch diesmal zögerte er nicht, falls Moskau dies gefordert hätte, dafür den Preis einer destabilisierenden Neutralität zu zahlen. Daher kritisierte er im Dezember 1989 den gaullistischen Politiker Chirac, der die Westorientierung eines vereinten Deutschland forderte: »Ein vereinigtes Deutschland müsse, so meint er (Chirac), der Nato angehören. Das ist die amerikanische Position. Wie der Weltmacht Sowjetunion etwas zumuten, was die Mittelmacht Frankreich für sich selbst als unzumutbar betrachtet?«[8] Hier irrt Augstein. Paris ist seit der Gründung des westlichen Pakts Mitglied der NATO. De Gaulle hat lediglich de jure den Rückzug aus der militärischen Integration des Bündnisses vollzogen. Der Irrtum Augsteins hat dieselbe Ursache wie dessen Feindseligkeit gegenüber allen, die in seinen Augen der deutschen Einheit im Wege standen. Und dies waren nicht zuletzt die Juden. Daher richtete sich die ganze Wucht seines Zorns gegen sie. Aus Trotz verstieg sich Augstein daher sogar zur temporären Rechtfertigung eines Historikers, dessen Nazismus-Relativierung dem »Spiegel«-Herausgeber gewiß von Herzen zuwider war.

Ist Augstein demnach kein Antisemit, sondern lediglich einer, der die Juden anblafft, wenn er sich von ihnen angegriffen fühlt? Die Häufung antijüdischer Klischees in seinen diversen Artikeln, die Forderung nach einem Schlußstrich, die er an anderer Stelle unrichtigerweise Richard von Weizsäcker unterstellt (». . . hatte der Bundespräsident zum 40. Jahrestag der deutschen Kapitulation einen *Schlußstrich* unter eine lange Epoche ›europäischer Geschichte‹ ziehen wollen«)[9], sowie die Niedertracht, sich auf den Hitler-Exkulpator Nolte zu berufen, waren nicht nur eine »Stunde

---

[8] Spiegel 51/1989
[9] Spiegel, 6. Oktober 1986

Null« des Journalisten Augstein, wie dieser seinen Artikel treffend nannte, darin zeigt sich auch seine Verhaftung in antijüdischen Vorurteilen.

Mit seinem Null-Stunden-Kommentar führte Augstein darüber hinaus ein Nachhutgefecht im Historikerkrieg. 1986 war es ihm darum gegangen, die Vermessenheit der Geschichtsrevisionisten zu entlarven. Fünf Jahre später gab er vor, Noltes »Philosophie« zu goutieren. Tatsächlich jedoch wollte er diese lediglich als Waffe gegen jüdische »Wiedervereinigungs«gegner gebrauchen. Deren Ängste scherten ihn ebensowenig wie die Aussagen der Geschichte, wenn es um Deutschland und um die eigene Weltanschauung ging. Insofern war Augstein ein typisches Beispiel eines betriebsblinden Historiker-Streithahns.

Die Angst vieler Juden vor Deutschland, einem vereinten Deutschland zumal, ist, wie gezeigt wurde, aufgrund der jüdischen und speziell der deutsch-jüdischen Geschichte eine Tatsache, einerlei ob die »deutsche Gefahr« heute Realität ist oder nicht. Die Anmaßung jüdischer Angstpropheten, im Namen *der* Juden zu sprechen und die Ängste ihres Volkes zu vertiefen, ist moralisch verwerflich. Ebenso das Bestreben deutscher Publizisten, jeden Einheitsgegner oder -fürchter das Fürchten zu lehren. Insofern läßt sich die permanente Einheits-Jubelorgie der »Bild«-Zeitung nicht mit den Verteufelungen der »Feinde« dieses Prozesses durch »Spiegel«, »FAZ« und andere »Intelligenzblätter« und »Intellektuelle« vergleichen.

Gleichwohl verdienen diese Kampagnen Verständnis – nicht Billigung. Denn ihre Beweggründe waren emotional, der Streit wurde öffentlich ausgetragen – was zugleich Zweck war, um Propaganda für die eigene Position zu machen.

Dieses Verständnis ist jedoch dem nüchternen Spiel mit und um Macht zu verweigern, bei dem Gefühle von Menschengruppen zynisch als Vehikel zur Konsolidierung der eigenen Position genutzt wurden. Ein Beispiel für dieses Vorgehen ist im Zusammenspiel des »Jüdischen Weltkongresses« mit der DDR zu sehen, ein anderes in Helmut Kohls Polenpolitik.

KONSEQUENZEN
IN DER PRAXIS

Judenhilfe für die DDR?

Seit Mitte der achtziger Jahre waren der »Jüdische Weltkongreß« (WJC) und die DDR im informellen Gespräch. Eine bemerkenswerte Verbindung, denn der WJC unterstützte Israel und dessen Außenpolitik vermeintlich bedingungslos. Die DDR dagegen verweigerte Jerusalem staatliche Anerkennung und diplomatische Beziehungen. Statt dessen unterstützte Ost-Berlin die PLO, die Israels Zerstörung anstrebte, politisch und militärisch, beispielsweise indem PLO-Kämpfer in der DDR für den Terrorkampf ausgebildet wurden. Die unterschiedliche Politik und Strategie des WJC und der DDR hinderten diese ungleichen Kräfte nicht, ab Mitte der achtziger Jahre – wortwörtlich – ins Geschäft zu kommen. Zu dieser Zeit wußte die SED-Führung, daß die eigene Volkswirtschaft nur durch die massive Unterstützung der »kapitalistischen« Staaten und eine Zusammenarbeit mit ihnen vor dem Kollaps gerettet werden konnte. So nahm man etwa die Hilfe des »Revanchisten« Strauß bei der Kreditbeschaffung in der Bundesrepublik in Anspruch.

In den USA wiederum sollte ein anderer traditioneller ideologisch-politischer DDR-Gegner, der »Jüdische Weltkongreß«, Ost-Berlin helfen, Washingtons politisches Wohlwollen und damit die ökonomisch so nötige US-Meistbegünstigungsklausel zu erlangen. Als Geste ihres guten Willens verlieh die DDR im Oktober 1988 dem Präsidenten des »Jüdischen Weltkongresses«, Edgar Bronfman, ihren höchsten Orden, den »Stern der Völkerfreundschaft«. Erich Honecker ließ es sich nicht nehmen, den milliardenschweren amerikanischen Unternehmer persönlich »auszuzeichnen«. Bronfman bedankte sich für die »hohe« Ehrung unter anderem mit der Bemerkung, die Nazis hätten vielen Kommunisten gleiches Leid angetan wie den Juden. Dann kam der amerikanische Geschäftsmann zur Sache und nannte dem SED-Chef den Preis für die Unterstützung der DDR durch den »Jüdischen Weltkongreß«: 100 Millionen Dollar Entschädigungsleistungen – mehr ließ sich aus dem maroden SED-Staat nicht herausholen. Ehe Honecker darüber entscheiden konnte, wurde er jedoch gestürzt. Dies hinderte seine Nachfolger, die offenbar die Überschätzung des jüdischen Einflusses in den USA mit ihrem ehemaligen Generalsekretär teilten, nicht, mit Hilfe des »Jüdischen Weltkongresses« die Eigenstaatlichkeit der DDR erhalten zu wollen. Bronfmans Auslassung, der WJC sei »ein Freund der DDR und werde es bleiben«, bestärkte Honeckers Erben. So luden sie Ende November 1989, nur wenige Wochen nach dem Fall der Mauer, Maram Stern, der im »Weltkongreß« für die Beziehungen zur DDR verantwortlich war, zu Gesprächen nach Ost-Berlin ein. Dort beriet sich der langjährige Außenminister Fischer mit einem kaum dreißigjährigen WJC-Funktionär ohne nennenswerte diplomatische Erfahrungen, wie man die Eigenstaatlichkeit der DDR erhalten könne.

Stern war im Sinne Fischers durchaus guten Willens: »Für seine Organisation stehe die Frage der Wiedervereinigung nicht auf der Tagesordnung. Der WJC werde alles tun, damit es nicht dazu komme ... Allerdings wäre es schwer, diese Position gegenwärtig *öffentlich* zu vertreten ...«[1] Um die DDR und die eigene Stellung zu stabilisieren, empfahl Stern Ost-Berlin, die Mitverantwortung, auch der DDR, für den Holocaust anzuerkennen sowie unverzüglich und ohne Vorbedingungen, etwa in der »Palästinafrage«, mit Jerusalem diplomatische Beziehungen aufzunehmen. Die konfuse DDR-Regierung war durchaus bereit, diese Ratschläge zu akzeptieren. So betonte Ministerpräsident Modrow in einem Brief an den »DDR-Freund« Bronfman, daß Ost-Berlin die Verantwortung für die im deutschen Namen begangenen Verbrechen anerkenne. Den Mut,

---

[1] »Die Welt«, 5. Dezember 1990

dies öffentlich zu bekennen und das jüdische Volk um Entschuldigung zu bitten, hatte erst Modrows Nachfolger, der CDU-Politiker Lothar de Maizière.

Die WJC-Empfehlung an Ost-Berlin, unverzüglich und vorbehaltlos diplomatische Beziehungen mit Israel aufzunehmen, erwies sich als nicht praktikabel. Jerusalem dachte nicht daran, die DDR, die seit Jahrzehnten den jüdischen Staat politisch und indirekt auch militärisch bekämpft hatte, anzuerkennen. So schnell können revolutionäre Entwicklungen, von Marx »Lokomotiven der Geschichte« genannt, politische Konstellationen verändern. Nun war es ein jüdischer Staat, der einem deutschen Land die Anerkennung und damit politisches Prestige vorenthielt.

Neben DDR-Regierungschef Modrow und Außenminister Fischer versuchte auch Krenz' Nachfolger als SED/PDS-Chef, Gregor Gysi, die Souveränität der DDR zu retten, indem er jüdische Ressentiments gegen ein einheitliches Deutschland mobilisieren wollte. So erklärte Gysi dem orthodoxen israelischen Rabbiner Zwi Weismann im März 1990 in Berlin, die Weltöffentlichkeit beobachte aufmerksam die Haltung der Juden in der Deutschlandfrage: »Wenn die Juden die Wiedervereinigung unterstützen, weshalb sollte sich ihr sonst irgend jemand widersetzen?«[2] Darüber hinaus ersuchte der SED/PDS-Chef Rabbi Weismann um die Vermittlung finanzieller Unterstützung durch jüdische Stellen.

Katz-und-Maus-Spiel mit Polen

Zynischer noch als das Agoniespiel der DDR mit dem eitlen und geschäftstüchtigen Edgar Bronfman und dessen politisch impotenten »Jüdischen Weltkongreß« war die kaltschnäuzig exekutierte Machtpolitik Helmut Kohls gegenüber Polen. Kein Land hatte unter den Verbrechen der deutschen Besatzung so viel zu leiden gehabt wie Polen. Von Israel abgesehen, herrscht nirgends so viel Angst vor

[2] Zitiert in: Wolffsohn, Keine Angst vor Deutschland, S. 211 f.

Deutschland wie dort. Ein neuralgischer Punkt der polnisch-deutschen Nachkriegsbeziehungen war die ungeklärte Grenzfrage. Die alliierten Kriegsgegner Deutschlands hatten sich in der Potsdamer Konferenz im August 1945 auf die Oder-Neiße-Linie als Grenze zwischen Deutschland und Polen geeinigt – provisorisch, bis zur endgültigen Regelung durch einen Friedensvertrag. Später hatte die DDR die Oder-Neiße-Linie als »Friedensgrenze« zum »sozialistischen Bruderland« anerkannt. Auch die Bundesrepublik akzeptierte im Warschauer Vertrag vom Dezember 1970 die Oder-Neiße-Linie als polnische Westgrenze. Allerdings konnte Bonn nur im Namen der Bundesrepublik sprechen, die endgültige Regelung, so sah es das Grundgesetz vor, mußten Regierung und Parlament des vereinigten Deutschland sprechen.

Knapp zwei Jahrzehnte nach seinem Abschluß geriet der Deutsch-Polnische Vertrag durch die sich abzeichnende Einheit Deutschlands zur historischen Makulatur. Polens Bevölkerung und Regierung hatten Angst vor den Ansprüchen eines »wiedervereinigten« Deutschland. Ein deutliches Wort des Bundeskanzlers, daß auch ein einheitliches Deutschland die Oder-Neiße-Linie als Westgrenze Polens anerkennen würde, hätte die Menschen in unserem östlichen Nachbarland beruhigt und das Prestige des christlich-liberalen Ministerpräsidenten Mazowiecki gestärkt. Helmut Kohl aber verweigerte eine entsprechende Versicherung. Im Gegenteil, wiederholt betonte er, daß die polnische Westgrenze lediglich von einem gesamtdeutschen Parlament endgültig anerkannt werden könne, nicht jedoch vom westlichen Teilstaat Bundesrepublik.

Legalistisch hatte der Bundeskanzler ohne Zweifel recht. Aber, »Kohl war nie ein Paragraphenreiter, wenn Aussicht auf politische Geländegewinne bestand. Wenn es um die Übertragung nationaler Souveränität auf internationale Institutionen, vor allem die Europäische Gemeinschaft, geht, wartet Bonn auch nicht auf den staatsrechtlichen Vollzug der Vereinigung«, kommentierte Wolfgang Herles Kohls Verhalten.[3] Warum verweigerte der Kanzler den Polen eine

---

[3] Nationalrausch, Szenen aus dem gesamtdeutschen Wahlkampf, München 1990

territoriale Besitzstandsgarantie, die sie ruhiger hätte schlafen lassen? Gewiß nicht, weil der Pragmatiker Kohl die Illusion hegte, er könne mit internationaler Zustimmung eine Revision der deutsch-polnischen Grenze erreichen. Ein glaubhafter Expansionsverdacht, das wußte Kohl, würde ausreichen, das deutsche Einigungsbestreben international zu blockieren. Weshalb zeigte der Kanzler also Polen die kalte Schulter?

1990 würde Nachkriegsdeutschlands härtestes Wahljahr werden: Neben den Voten für den Bundestag und die Volkskammer standen Landtagswahlen im Saarland sowie in den drei größten Bundesländern, Nordrhein-Westfalen, Bayern und Niedersachsen, an; darüber hinaus Kommunalwahlen in Bayern, Schleswig-Holstein und Hessen. Der CDU-Vorsitzende Kohl wollte optimale Ergebnisse erzielen, indem er das rechte Wählerspektrum für seine Partei aktivierte. Nicht- und Rep-Wähler, Vertriebene und Nationalisten sollten wieder an den Busen der christlich-konservativen »Volkspartei« gedrückt werden. Wollte Kohl deren Stimmen gewinnen, so schien es ihm opportun, einen nationalistischen Kurs zu verkünden. Dies aber schloß einen »Verzicht« auf die Gebiete östlich von Oder und Neiße aus. Zumindest vorläufig, bis Kohl und seine Parteifreunde die Wahlen gewonnen hatten.

Das außenpolitische Motiv für Kohls Offenlassen der Grenzfragen war: Warschau sollte für seine Ängste bezahlen: Im Gegenzug zu Deutschlands »Verzicht« auf Gebiete, die zu erlangen es keine Chance besaß, sollte Warschau seinerseits auf Reparationsforderungen gegenüber Deutschland verzichten. Kohl ließ die Polen lange schmoren. Die wichtigste Wahl, jene zum Bundestag, war für den Herbst geplant. Bis dahin wollte der Kanzler Zeit gewinnen. Im September 1989, zum 50. Jahrestag des Kriegsbeginns, war Kohl nicht nach Polen gereist und hatte auch den Bundespräsidenten daran gehindert. Bewußt vereitelte er so eine Geste, die Deutschlands historische Verantwortung unterstrichen hätte.

Im November 1989 flog Helmut Kohl nach Warschau. Zuvor hatte er die Visite durch sein Bestehen auf einem Besuch im schlesischen Annaberg, wo Deutsche und Polen einander einst erschlagen hatten, gefährdet. Erst auf inständiges Bitten der Polen sowie durch negative Pressekommentare ließ der Kanzler von seiner Annaberg-Idee ab. Auch in Warschau dachte Kohl nicht daran, die Polen durch eine Grenzgarantie zu beruhigen. Die Zeit bis zu den deutschen Urnengängen war ihm noch zu lang. Während Kohls Polenreise wurde in Berlin die Mauer überwunden. Daher unterbrach der Kanzler seinen Besuch kurzfristig, um mit den Berlinern zu jubeln. Viele Berliner pfiffen Kohl jedoch aus. Also kehrte er hurtig nach Polen zurück, um Auschwitz zu besuchen. Aber auch bei dieser Visite gab es Komplikationen. Regierungssprecher Klein entschlüpfte der unselige Begriff »internationales Judentum«. Proteste hüben und drüben. Mißlaunig kehrten der Kanzler und seine Delegation nach Deutschland zurück. Auch die Polen waren enttäuscht. Wider Kohls (Wahl-)Vernunft hatten sie auf eine juristisch notwendigerweise unverbindliche Grenzgarantie des Deutschen Kanzlers gehofft – er brachte es nicht über sich.

Helmut Kohl ist ein gerissener politischer Taktiker. Zum Staatsmann jedoch fehlen ihm, der Geschichte studierte, strategisch historisches Denken und moralische Souveränität. So wurde erneut, ähnlich wie beim zurückliegenden Besuch des Kanzlers in Israel, eine Chance verpaßt, die Beziehungen zu Menschen, die einst unter Deutschen gelitten hatten, zu verbessern – indem man ihre Furcht abbauen half.

... aber Respekt vor der UdSSR

Politische Engstirnigkeit und moralische Hartherzigkeit beschränkte Kohl bewußt auf Partner mit wenig Macht, wie Polen und Israel. Starken Staaten gegenüber dagegen konnte der Bundeskanzler ungeahnte Flexibilität und Großzügigkeit entwickeln. Dies bewies Kohl während seiner Moskaureise im Februar 1990. Um Gorbatschow die deutsche Einheit inklusive Nato-Mitgliedschaft – auf der die westlichen Partner bestanden – schmackhaft zu machen, waren der Kanzler und sein Außenminister bereit, Moskau in generösester Weise entgegenzukommen. An der Nato-Mitgliedschaft eines geeinten Deutschland führe, wie der Kremlherr wisse, kein Weg vorbei, dennoch werde man die Friedfertigkeit Deutschlands beweisen, indem man:

- nichts gegen eine langfristige Stationierung sowjetischer Truppen in Deutschland einwende;
- für die Finanzierung ihrer schließlichen Verlegung in die Sowjetunion aufkomme; dabei sei man auch bereit, für die neuen Quartiere der Rotarmisten *und* deren Angehörige zu zahlen;
- sich verpflichte, die Lieferungen ostdeutscher Firmen an die UdSSR zu garantieren;
- die Sowjetunion faktisch zum Nulltarif mit deutschen und europäischen Lebensmitteln beliefere;
- Moskau großzügige Kredite oder entsprechende private Anleihen gewähre und dafür bürge;
- die deutsche Wirtschaft zu Investitionen in der UdSSR ermutige;
- sich in den internationalen Finanzgremien und bei seinen finanzstarken westlichen Partnern zum Fürsprecher umfangreicher wirtschaftlicher Unterstützung für die Sowjetunion mache.

Angesichts der Vetomacht Moskaus gegenüber der deutschen Einigung kam es dem Kanzler gar nicht in den Sinn, vom legal-provisorischen Status der deutsch-sowjetischen Grenze zu sprechen – etwa über die Zukunft Königsbergs und des Memellandes. Kohl wußte, daß allein die Erwähnung dieser Problematik – die völkerrechtlich in etwa der offenen deutsch-polnischen Grenzfrage entsprach – die rote Karte des Kreml für die deutsche Einheit bedeutet hätte. Also schwiegen der Kanzler und die Bonner Betonriege um den Unionsfraktionsvorsitzenden Alfred Dregger. In dieser vitalen Einheitsfrage nahm Kohl *keine* Rücksicht auf deutsche Nationalisten, Rep-Wähler und Vertriebene. Mehr als das, den Vertriebenenvertretern wurde in der kritischen Phase der Verhandlungen zwischen Moskau und Bonn über Deutschlands Einheit schlicht das Maul verboten. Nichts sollte das deutschsowjetische Wohlwollen und damit Moskaus Konzessionsbereitschaft gegenüber einem einheitlichen Deutschland stören.

Die so bewiesene außenpolitische Flexibilität des Kanzlers kontrastierte auffallend mit dessen unverantwortlichem Katz-und-Maus-Spiel mit den Ängsten der Polen und machte diese Politik moralisch noch verwerflicher. Denn sie geschah nicht allein aufgrund von Unfähigkeit und Ignoranz. Es war ein kühl berechnetes, rücksichtsloses Manöver, mit Hilfe einer Verunsicherung der Polen die innen- und außenpolitische Position des Kanzlers und seiner Partei zu stärken.

Ohne »Juden-Präambel«

Nach den März-Wahlen in der DDR verhandelten Bonn und Ost-Berlin über die Vereinigung beider deutscher Staaten. Legale Basis sollte ein Einigungsvertrag sein. Bald nach Bekanntwerden der Gespräche forderte der Vorsitzende des »Zentralrats der Juden in Deutschland«, Galinski, in der Präambel des Vertrags festzuhalten, daß die Herrschaft des Nationalsozialismus Ursache der deutschen Teilung war. Deutschland habe daher eine Verpflichtung gegenüber den Nazi-Opfern, namentlich den Juden. Galinskis Anliegen wurde von der Bundesregierung zur Kenntnis genommen – weiter geschah nichts.

Als Meister des Hinhaltens erwies sich dabei Bundesinnenminister Schäuble. Wiederholt gab er Galinski zu verstehen, man werde seine Argumente berücksichtigen. Ende August wurde der fertig ausgehandelte Vertragstext veröffentlicht. Ein deutlicher Bezug auf die verhängnisvolle Rolle des Nationalsozialismus fehlte ebenso wie die Erwähnung einer Verantwortung Deutschlands gegenüber den Opfern. Als Galinski das monierte, wurde er mit der *falschen* Behauptung abgespeist, Ost-Berlin habe sich gegen eine derartige Erklärung ausgesprochen.

Die Ursache für diese verantwortungslose Haltung der Bundesregierung ist unschwer nachzuvollziehen. Bundeskanzler Kohl ist offenbar der Meinung, die glückliche Zukunft des einigen deutschen Vaterlandes dürfe nicht durch die Schatten einer »unglückseligen« Vergangenheit belastet werden.

Darüber hinaus könnte *moralische* Verantwortungsbereitschaft rasch zur *finanziellen* Verpflichtung werden, wie die Nachkriegsgeschichte gezeigt hat. Auch von dieser Belastung wollten Kohl und seine Mannschaft Deutschland, dessen Einheit von Prognose zu Prognose teurer wurde, freihalten. Diese Position der Bundesregierung ist zumindest begreifbar.

Nicht zu verstehen dagegen ist die Haltung der Opposition und der deutschen Öffentlichkeit in dieser Frage. Der Einwand, allein die Bundesregierung habe mit Ost-Berlin über die deutsche Einheit verhandelt, ist nur scheinbar richtig. Denn der Vertrag mußte vom Bundestag und der Volkskammer mit Zweidrittelmehrheit gebilligt werden. Dazu benötigte man hüben wie drüben die Stimmen der SPD. Zumindest der sozialdemokratische Kanzlerkandidat Lafontaine war nicht bereit, sich zum Büttel Kohls machen zu lassen. Dies hatte er unter anderem bewiesen, indem er seine träge Partei zwang, mit der Bundesregierung über Vertragsmodalitäten und Wahltermin zu verhandeln und dabei die eigene Position durchzusetzen. Die Verantwortlichkeit Deutschlands für seine Vergangenheit und gegenüber den Opfern gehörte offenbar nicht zu den Essentials der Opposition.

Dieses Manko wurde in der SPD durchaus erkannt. So meinte etwa Bremens SPD-Bürgermeister Klaus Wedemeier: »Es wäre weit mehr Aufgabe und Pflicht der nichtjüdischen Deutschen, das Erinnern wachzuhalten. Wir dürfen das neue deutsche Haus nicht auf Steinen des Vergessens aufbauen.«

Diese Sätze schrieb Wedemeier allerdings lediglich als Grußbotschaft zum jüdischen Neujahrsfest an die »Allgemeine Jüdische Wochenzeitung«[4]. In der nichtjüdischen Öffentlichkeit, zumal in den Führungsgremien der SPD, gab sich der Bremer in dieser Frage sehr leise.

Nicht anders verhielten sich SPD-Chef Vogel, sein Vize, Nordrhein-Westfalens Ministerpräsident Rau, Bundestagsvizepräsidentin Annemarie Renger und viele andere sozialdemokratische Politiker sowie einflußreiche Gewerkschafter, Kirchenführer und weitere Ver-

[4] 18. September 1990

284

bände samt ihren Funktionären – Gruppen, die durchaus imstande sind, ihre unmittelbaren Interessen durchzusetzen. Auch die demokratisch orientierte Presse, die kaum zögert, offensichtlichen Antisemitismus anzuprangern und vor seinen Gefahren zu warnen, engagierte sich nicht sonderlich in der Präambelfrage. Unnötig zu erwähnen, daß es keine öffentlichen Kundgebungen zugunsten dieser »Vergangenheitsklausel« gab.

In summa: Die legale Feststellung einer Verantwortung für die Verbrechen, die im Namen Deutschlands verübt wurden, sowie die Verpflichtung gegenüber den Juden in Form einer Präambel zum Einigungsvertrag wurden von der Bundesregierung abgelehnt. Die offizielle Form hätte dazu beitragen können, die Verantwortlichkeiten Deutschlands für Vergangenheit, Gegenwart und Zukunft in weiten Kreisen der deutschen Bevölkerung, vor allem bei der jüngeren Generation, zu vertiefen.

Dies wurde von vielen erkannt. Gewerkschaften, Parteien, Kirchen, Verbände, Organisationen, Presse und Öffentlichkeit waren aber nicht bereit, sich dafür energisch einzusetzen. Sie erkennen durchaus die Verantwortung Deutschlands für seine Geschichte *und* deren Opfer an, aber diese Frage berührt offenbar nicht ihre entscheidenden Werte. Deshalb haben sie Kohls unverantwortliche Position hingenommen.

Und Deutschlands Juden? Hier besitzt allein der fast achtzigjährige Heinz Galinski das intellektuelle Format und die Durchsetzungskraft, seine Vorstellung in der Öffentlichkeit wirksam zu präsentieren und Taten folgen zu lassen. Aber fortschreitendes Alter, eitles Wissen um seine singuläre Rolle als alleiniger ernstzunehmender jüdischer Vertreter sowie eine verständliche Fixierung auf die aus der Vergangenheit herrührenden Ängste haben dazu beigetragen, daß Galinskis Appelle an Politiker und Öffentlichkeit nicht die Wirkung erzielen, die ihnen mitunter zukommen sollte. Dies gilt insbesondere für die Aufforderung des Zentralrats-Vorsitzenden, in der Präambel des Einigungsvertrages die Verantwortung Deutschlands für seine Vergangenheit zu betonen.

Galinski begreift sich als unermüdlichen Mahner gegen den Antisemitismus. Da er in der von den Nazis verursachten quantitativen und intellektuellen Wüste des deutschen Nachkriegsjudentums agiert, wäre er klug beraten gewesen, sich auf Wichtiges zu konzentrieren. Vor allem darauf, die Integration der Juden in die deutsche Gesellschaft zu fördern und dabei gleichzeitig besorgniserregenden Tendenzen in Gesellschaft und Politik rechtzeitig und wirksam entgegenzutreten. Ein dem Zentralrat zuarbeitender Apparat hätte sich mit dem »tagtäglichen« Antisemitismus beschäftigen können, den es in der Bundesrepublik wie in fast jedem anderen Diasporaland zuhauf gibt. Galinski tat nichts von alledem. Er will in Figaro-hier-, Figaro-da-Manier alles allein machen. Durch ihre Monotonie und das Fehlen einer qualitativen Unterscheidung, wobei er kaum zwischen den dümmlich-antijüdischen Vorurteilen eines Provinzbürgermeisters und dem Wirken von ehemaligen Nazis in Politik, Medien und Rechtsprechung oder deutschen Rüstungsexporten an israel-feindliche Staaten differenziert, wird Galinskis mahnende Stimme überhört. Sie gerät allmählich zur gewohnten, kaum beachteten Anti-Antisemitismus »Hintergrundmusik«.

Eine besondere Kostprobe seiner Egozentrik lieferte Galinski während des Polenbesuchs des Bundeskanzlers im November 1989. Als sich die deutsche Delegation, der auch der »Zentralrats«-Vorsitzende angehörte, bereits auf polnischem Boden befand, »entdeckte« Galinski, daß der Besuch in Auschwitz für den Samstag, den jüdischen Sabbat, geplant war. Galinski ist als ein religiös-liberaler Mann bekannt, der sich vom Sabbat-Ruhegebot im allgemeinen wenig beeinflussen läßt. Verständlich jedoch, daß der »Zentralrats«-Chef, als Repräsentant des deutschen Judentums, durch einen Auschwitz-Besuch den Sabbat nicht entweihen wollte. Eine deutliche Mahnung hinter den Kulissen hätte gewiß eine entsprechende Änderung des Besuchsprogramms herbeigeführt. Dies war dem publizitätssüchtigen Galinski jedoch zuwenig. Er wußte, daß in Israel bereits eine Regierung (1977) über eine vermeintliche Verletzung der Sabbat-Ruhe gestürzt war. Sollte es da dem obersten Repräsentanten der Juden Deutschlands verwehrt sein, nicht ebenfalls einen Schabbes-

Wirbel zu veranstalten? Zumal damals alle Aufmerksamkeit auf den »Fall« der Mauer in Berlin gerichtet war und sich so gut wie niemand um Galinski kümmerte. Also inszenierte er in Polen eine folkloristisch-politische Groteske um Auschwitz und Sabbat. Regierungssprecher Klein fügte sich mit seiner »Internationales-Judentum«-Bemerkung eher als Tor denn als Schurke in diese Tragikomödie ein. Fazit: Niemand wurde ernst genommen.

Durch solche und ähnliche Publicity-Gags büßte Galinski viel von der Glaubwürdigkeit ein, die ihm aufgrund seines Amtes und seiner Persönlichkeit zustünden. Dieses Manko behinderte ihn im Frühjahr 1990 in seinem Kampf um die legale Festschreibung der historischen deutschen Verantwortung im Einheitsvertrag. Die Schwächen Galinskis und der jüdischen Institutionen in Deutschland dürfen jedoch nicht ablenken von den Hauptverantwortlichen: Regierung, Opposition, Gesellschaft und Öffentlichkeit versäumten es bei der historischen Gelegenheit der deutschen Einigung, sich eindeutig zur Verantwortung dieses Landes zu bekennen. Weil sie aus geschichtlicher Kurzsichtigkeit und politischer Anmaßung nicht dazu willens waren oder – mindestens ebenso schlimm – weil sie zwar die »Pflicht, das Erinnern wachzuhalten«, erkannten, diese Aufgabe jedoch nicht ernst genug genommen hatten, dafür mit ganzer Kraft einzutreten.

Keine reine Freude

Die Einheit Deutschlands und ihr gewaltloses Zustandekommen berechtigen zu Optimismus. Die mehr als ein halbes Jahrhundert währende Herrschaft diktatorischer Regime wurde auch im Ostteil dieses Landes beendet – auch mit Hilfe der eigenen Bürger. Sechzehn Millionen Ostdeutsche können fortan in größerer Freiheit leben.

Diesen positiven Aspekten stehen Umstände gegenüber, die Anlaß zur Sorge geben. Erschreckend war die Verbissenheit des Kampfes über das Ob und das Wie der Einheit – zu der es keine praktizierbare Alternative gab. Die Brutalität, mit der Andersdenkende, vor allem von seiten der »Wiedervereiniger« abgekanzelt und diffamiert wurden, bleibt beklemmend. Ein erstaunlicher Mangel an Gemeinschaftssinn, einer wichtigen Voraussetzung für das Funktionieren einer Demokratie, wurde sichtbar.

Alarmierend sind auch zunehmende Anfeindungen und Übergriffe gegen Ausländer, vor allem in der DDR. Die latente Bereitschaft, gegen Nichtdeutsche vorzugehen, ist besonders bei Jugendlichen bedrohlich hoch. Im Frühjahr 1990 sprach sich nach einer Umfrage des »Leipziger Zentralinstituts für Jugendfragen« ein Viertel der befragten Schüler und Lehrlinge für öffentliches Auftreten gegen Ausländer aus. Parallel dazu häufen sich antisemitische Vorfälle in den östlichen und westlichen Bundesländern.

Der Prozeß der deutschen Einheit bot der Bundesregierung die Möglichkeit, durch ein Bekenntnis zur Verantwortung Deutschlands für die Verbrechen in seiner Vergangenheit sowie eine Zusicherung über seine territoriale Saturiertheit Ängste von Juden und Polen zu mindern. Dies wurde aufgrund kleinlicher, taktischer innenpolitischer Erwägungen sowie mangelnder geschichtlicher Perspektive unterlassen.

Deutschland bedroht gegenwärtig weder seine Nachbarn, noch müssen Ausländer und Minderheiten allgemeine Verfolgung befürchten. Das wird auf absehbare Zeit so bleiben. Gleichzeitig aber gilt es, Anzeichen von Intoleranz und Aggressivität zu erkennen und ihnen entgegenzutreten. Diese Signale bleiben keineswegs auf das rechtsradikale Lager beschränkt. Historische Unbelehrsamkeit und revanchistische Absichten gibt es bis weit ins sogenannte bürgerliche Lager. Etwa in der »Vergangenheitsbewältigung« des geachteten Industriellen, Kunstmäzens und Arno-Breker-Bewunderers Peter Ludwig: »Nach dem Raub der Ost-Gebiete 1945 und der barbarischen Vertreibung von Millionen und Abermillionen Deutschen aus ihrer Heimat wurde die widernatürliche Zerschneidung Rest-Deutschlands (sic!) jetzt beendet.«[5]

Ähnliche Tendenzen wurden Ende 1990 in einer Meinungsum-

[5] Die Welt, 31. Dezember 1990

288

frage des »American Jewish Committee« in Deutschland sichtbar: 58 Prozent der Bevölkerung meinten, die Erinnerung an den »Holocaust« sollte verdrängt werden, und annähernd 40 Prozent glaubten, daß die Juden »heute wie früher zuviel Einfluß auf die Ereignisse in der Welt« hätten.[6] Der jüdisch-stämmige Bundeswehr-Historiker Wolffsohn hat prinzipiell recht, wenn er meint, ein Buch dem Beweis widmen zu müssen, daß man »Keine Angst vor Deutschland!« zu haben brauche. Im Detail jedoch werden Ungereimtheiten sichtbar. Das Ausrufezeichen im Titel ebenso wie die unzähligen Wiederholungen des versal gedruckten Kennsatzes: KEINE ANGST VOR DEUTSCHLAND!, die bis zu drei Ausrufezeichen dahinter; unablässig zitierte Meinungsumfragen, die Deutschlands Friedfertigkeit beweisen wollen und sollen; andererseits das Fehlen deutscher Pressepolemiken gegen in- und ausländische »Wiedervereinigungs«gegner – all das macht deutlich, daß Wolffsohn seiner angstfreien Sache wohl doch nicht so sicher ist, wie er wohl selbst meint. Daß er möglicherweise gegen seine eigenen Befürchtungen anschreibt.

Die deutsche Einheit ist völkerrechtlich vollzogen. Wirtschaftlich und gesellschaftlich wird es noch lange dauern, bis die Menschen dieses Landes sich gleichermaßen als gleichberechtigte Bürger fühlen werden. Anfang 1991 begriffen sich 86 (!) Prozent der Einwohner der früheren DDR als Bürger zweiter Klasse, fast achtzig Prozent bezeichneten ihre wirtschaftliche Lage als »schlecht« oder »sehr schlecht«, während zwei Drittel der »alten« Bundesbürger ihre ökonomische Situation als »gut« oder gar als »sehr gut« empfanden. Die langfristige Stabilität Deutschlands und damit das Urteil über den Erfolg der Vereinigung werden auch davon abhängen, inwieweit die Deutschen willens sind, die Verantwortung für ihre Vergangenheit zu akzeptieren und ihre Zukunft entsprechend zu gestalten.

Der bayerische CSU-Politiker Peter Gauweiler hat in Verbindung mit der Einigung Deutschlands die »Unfähigkeit zur Freude« beklagt.

[6] Zitiert nach: taz, 21. Dezember 1990

Es besteht in der Tat Grund zur Freude über die Einheit Deutschlands, die so vielen Menschen mehr Freiheit brachte und ihnen auch mehr wirtschaftlichen Wohlstand verspricht. Aber in dieser Freude sollte nicht die vergrößerte Verantwortung der deutschen Bevölkerung und ihrer politischen, publizistischen und lehrenden Schichten übersehen werden. Gelingt es, dieser Verantwortung gerecht zu werden, dann wird man Grund zur Freude haben, unter anderem weil so gute Aussicht bestehen wird, die Herausforderung des Einheitsprozesses zu bewältigen.

V

GRENZEN DER ZUMUTBARKEIT?

Plädoyer für die Aufnahme
sowjetischer Juden in Deutschland

DIE SCHUTZBEFOHLENEN

Massenflucht

Welch anderer Ort nähm uns gütiger auf als eure Stadt und als euer Land«, fragt der Chor der Bedrohten in Europas ältestem Theaterstück, Aischylos' Emigrantentragödie »Die Schutzbefohlenen«. In vergleichbarer Lage befinden sich gegenwärtig Tausende sowjetischer Juden, die nach Deutschland auswandern wollen.

Rund die Hälfte der verbliebenen, etwa zwei Millionen Juden in der UdSSR möchten ihre Heimat verlassen. Als eine Folge der größeren Freiheiten, die die Perestroika mit sich brachte, konnte sich der latente Antisemitismus weiter Kreise der sowjetischen, vor allem der russischen Gesellschaft offen artikulieren. Im Ursprungsland der »Protokolle der Weisen von Zion«, wo der Glaube an die böse Allmacht der Hebräer stets lebendig geblieben war, stempeln heute viele chauvinistische und religiöse, monarchistische und faschistische Organisationen die Juden in »bewährter« Tradition erneut zur Wurzel allen Übels. Vor allem für die kommunistische Herrschaft werden die Juden verantwortlich gemacht. Die Antisemiten sind sich über die Schuld ihrer »satanischen (Christen-)Feinde« prinzipiell einig. Ständig werden Gerüchte über bevorstehende Pogrome ausgestreut, um möglichst viele Juden zur Flucht zu veranlassen.

Die zunehmende Verschlechterung der wirtschaftlichen Lage bestätigt vermeintlich die Scheinargumente der Antisemiten, ihre Anhänger erhalten verstärkt Zulauf. Die Bedrohung der Juden nimmt zu. »Jeden Augenblick kann der unter der Oberfläche schwelende Antisemitismus in der Sowjetunion offen ausbrechen. Dann sind die Juden bei uns in höchster Gefahr«, warnt der Schriftsteller Grigori

Kanowitsch, einer der wenigen jüdischen Abgeordneten des Obersten Sowjet; konsequent fordert er die Juden zur raschen Auswanderung nach Israel auf.

Die größere Freiheit der Perestroika kam nicht allein den Antisemiten zugute. Der Wegfall von Diskriminierung und Gängelung durch den Staat führte zu einer jüdischen Renaissance in der Sowjetunion. Jüdische Schulen, Theater, Kulturvereine, Synagogen, jiddische, jüdische und hebräische Literatur und Presse entwickelten sich. Nach Jahrzehnten war es wieder möglich, gefahrlos Hebräisch zu lernen, an jüdischen Gottesdiensten teilzunehmen und (von sowjetischen Störsendern) unbehelligt Rundfunksendungen aus Israel zu hören. Kurzum: jüdische Kultur und jüdisches Selbstbewußtsein blühten nach Jahrzehnten wieder auf. Der parallel dazu offen agierende Antisemitismus verleiht der zionistischen Propaganda, Juden seien allein in Israel sicher und willkommen, erhöhte Glaubwürdigkeit.

1990 emigrierten etwa 200 000 Juden, also knapp zehn Prozent der sowjetischen Juden, nach Israel. Etwa eine weitere Million beantragte eine Auswanderung in den jüdischen Staat. Dabei sind keineswegs alle emigrationswilligen Juden überzeugte Zionisten. Solange sie die Möglichkeit besaßen, zogen es jüdische Auswanderer aus der UdSSR meist vor, in die USA statt ins »Gelobte Land«, Israel, zu ziehen. Seit Ende der achtziger Jahre aber lassen die Vereinigten Staaten, nicht zuletzt auf Intervention Jerusalems, kaum mehr sowjetische Juden in ihr Land. So sehen sich die Juden der UdSSR, wenn sie aufgrund des steigenden Antisemitismus oder auf der Suche nach einem höheren Lebensstandard ihre Heimat verlassen wollen, veranlaßt, nach Zion auszuwandern. Kein leichter Entschluß, bei aller emotionalen Verbundenheit mit Israel. Denn im jüdischen Staat müssen so gut wie alle erst einmal Hebräisch lernen. Die klimatische Umstellung von den zumeist kühlen Zonen Rußlands ins subtropische Israel fällt vielen Auswanderern schwer (wenn man von den Einwohnern der südlichen Republiken absieht).

Am problematischsten aber ist für die sowjetischen Juden, daß sie in einen Staat voller jüdisch-ethnischer Konflikte kommen, ein Land, das sich in einem inneren (Intifada) wie äußeren Dauerkonflikt mit den arabischen Nachbarstaaten befindet. Nicht zuletzt deshalb steckt Israels Volkswirtschaft seit Jahren in der Krise. Dies bedeutet für die meisten sowjetischen Einwanderer, vor allem für jene mit akademischen Berufen, Arbeitslosigkeit oder unterqualifizierte Tätigkeit. Aus Angst vor gewaltsamen Ausbrüchen der Judenfeindschaft wandern täglich dennoch bis zu 5000 Juden aus der Sowjetunion nach Israel aus.

». . . konträr zur Auffassung Israels«

Die Installierung einer demokratischen Regierung in der DDR im Frühjahr 1990 öffnete sowjetischen Juden, die ihre Heimat verlassen wollten, aber aus dem einen oder anderen Grund nicht vorhatten, nach Israel zu emigrieren, eine Alternative. Seither fließt vom jüdischen Auswandererstrom ein dünnes Rinnsal nach Deutschland. Ab Frühsommer 1990 versuchten täglich bis zu hundert sowjetische Juden, also rund zwei bis drei Prozent der Emigranten, via Berlin Fuß in Deutschland zu fassen. Damit begann eine neue Ära in den deutsch-jüdischen Beziehungen. Ein Novum war auch die Verteilung der Charakterrollen: Den Heldenpart übernahm die Regierung Ostdeutschlands. Die Allparteienkoalition unter Ministerpräsident de Maizière bewies, daß ihr, im Gegensatz zu den Bonner Kabinetten seit Adenauer und Erhard, die Verantwortung für das jüdische Volk keine rhetorische Seifenblase, sondern moralische Pflicht war. Im Mai bekannten sich Regierung und Volkskammer der DDR einmütig zur Verantwortung gegenüber den Juden. Im Juli zog Ost-Berlin eine praktische Konsequenz: Sowjetischen Juden wurde die Möglichkeit gegeben, in (Ost-)Deutschland eine neue Heimat, zumindest eine Bleibe zu finden.

Der Wert dieser Politik Ost-Berlins wird deutlich, wenn man sie mit dem Verhalten Bonns und der einzelnen Bundesländer vergleicht. Die DDR stand im Frühjahr 1990 vor dem finanziellen Ruin.

Dennoch fand ihre Regierung über alle Parteigrenzen hinweg den Mut, ihren Worten Taten folgen zu lassen, »eine Art (praktische) Wiedergutmachung« zu üben, wie »SZ«-Kommentator Josef Riedmiller schrieb.[1]

Die Bundesregierung dagegen vertrat einen der reichsten Staaten der Welt. Auch sie betonte bei jeder Gelegenheit die moralische Verpflichtung gegenüber dem jüdischen Volk. Praktische Konsequenzen dieser Aufgabe aber wollte Bonn mit allen nur denkbaren Ausweichmanövern entgehen. Das beliebteste Argument der Bundesregierung dabei war die Haltung Jerusalems: Israel ist gegen die Einwanderung von Juden nach Deutschland.

Aufgrund seiner zionistischen Ideologie und um seine quantitative Unterlegenheit gegenüber den arabischen Staaten zu verringern, ist Jerusalem dringend daran interessiert, daß möglichst viele sowjetische Juden nach Israel einwandern: um »dieses große jüdische menschliche Reservoir nach Israel zu bringen«, wie man sich in Jerusalem ausdrückt.

Gegen eine Immigration in die Vereinigten Staaten mußte Israel vorsichtig, meist hinter den Kulissen, angehen, um die öffentliche Meinung im Land des mächtigen Verbündeten nicht zu verärgern. Die Regierung der USA dagegen ließ sich von Jerusalem gern überzeugen, daß die Juden nach Israel gehören. Welcher gojische Staat wünscht sich schon eine jüdische Einwanderung im großen Maßstab?

Gegenüber Deutschland konnte Jerusalem diese Rücksicht fahrenlassen. Die Bundesregierung wollte ebensowenig jüdische Einwanderer in Deutschland wie Israel. Den Standpunkt Israels machte dessen Botschafter in der Bundesrepublik unmißverständlich deutlich: »(Es) steht konträr zur zionistischen Auffassung, daß es, seit es den Staat Israel gibt, einen jüdischen Flüchtling auf der Welt nicht mehr geben kann.«[2]

[1] Süddeutsche Zeitung, 15. Dezember 1990
[2] Allgemeine Jüdische Wochenzeitung, 10. Januar 1991

Getreu dem Motto, daß nicht sein kann, was nicht sein darf, hatte es gefälligst keine jüdischen Flüchtlinge zu geben, selbst wenn sie in ihren Heimatländern verfolgt wurden. Denn ihre wahre Heimat ist »der Staat Israel ... (wo sie) ... mit offenen Armen empfangen (werden)«[3]. Hinter dieser Logik suchte Bonn Deckung. Die russischen Juden seien keine Flüchtlinge, denn in ihrer »wahren Heimat« Zion seien sie hochwillkommen – sagten die Israelis. Was die bedrohten russischen Juden selbst wollten, war Bonn unwichtig. Hauptsache, die Juden kamen nicht in größerer Zahl nach Deutschland, dessen »Schiff«, wie es so häßlich heißt, »voll« ist. In Einzelfällen, etwa der Zusammenführung von Familienangehörigen, wollten die deutschen Behörden durchaus nicht knauserig sein. So wurde in den Jahren 1988 und 1989 insgesamt 400 sowjetischen Juden der Aufenthalt in der Bundesrepublik gestattet. Was Bonn jedoch unter allen Umständen vermeiden wollte, war eine *jüdische Einwanderungswelle*. Denn, erlaubte Bonn den ungehinderten Zuzug sowjetischer Juden, bestand durchaus die »Gefahr«, daß die meisten von ihnen, statt ins krisengeplagte Schwellenland Israel, in den deutschen Wohlstandsstaat auswanderten. Womöglich kamen dann hunderttausend Juden nach Deutschland.

Die »furchtbaren« Konsequenzen waren kaum auszudenken. Neben finanziellen Belastungen waren in erster Linie gravierende gesellschaftliche Probleme zu erwarten. Nicht zuletzt die Fremdenfeindlichkeit vieler Deutscher hatte zu den Wahlerfolgen der Republikaner beigetragen.

Die Xenophobie machte nicht einmal vor *deutschen* Aussiedlern aus den osteuropäischen Ländern halt. Entsprechende feindselige Gefühle und Handlungen gegenüber jüdischen Emigranten hätten für Deutschland unangenehme Folgen. Die Auslandspresse, die jüdische zumal, würde sich auf jeden tatsächlichen oder vermeintlichen antisemitischen Vorfall »stürzen« und Deutschland erneut an den internationalen Antisemitismus-Pranger stellen. Hinzu kam das »gra-

---

[3] So Botschafter Benjamin Navon gegenüber der Jüdischen Zeitung, 21. Dezember 1990

vierende« Problem der Integration von Hunderttausenden landesfremden, zumeist des Deutschen unkundigen Menschen. Man hatte mit der mühsamen Einordnung der *deutschen* Aus- und Übersiedler genug zu tun.

Die Aufnahme »zahlloser« sowjetischer Juden hätte das Ende der deutschen Einwanderungs-Abschottungspolitik bedeutet. Denn, wenn man den verfolgten Juden erlaubte, sich in Deutschland niederzulassen, weil die Juden einst von Deutschen verfolgt wurden, konnte man das gleiche Recht den Sinti und Roma nicht gut vorenthalten; man würde es womöglich sogar den Polen, Ukrainern und Russen zugestehen müssen. Die »Gefahr«, daß die Deutschen zur Minderheit im eigenen Land gerieten, erschien durchaus »real«. Daher galt es, bei aller Humanität, den Anfängen zu wehren und die sowjetischen Juden nicht nach Deutschland zu lassen.

In dieser schwierigen Situation erschien die kategorische Forderung Jerusalems, die sowjetischen Juden allein ins zionistische Reich ziehen zu lassen, der Bundesregierung als unverhofftes Geschenk: Die Israelis wollten ja selbst »ihre« russischen Juden! Da war es Deutschland *moralisch* nicht erlaubt, die sowjetischen Juden durch Einwanderungserlaubnis von ihrem zionistischen Heil abzubringen. In ihrer scheinheiligen Kleinkariertheit und Inhumanität übersah die Bundesregierung dabei zweierlei:

– Nicht die Wünsche des Staates Israel, auf die Bonn in seiner Nahostpolitik nur Rücksicht nahm, wenn es der eigenen Interessenlage entsprach, sondern die der bedrohten sowjetischen Juden sind hier entscheidend. Wenn vom russischen Antisemitismus bedrohte Menschen ihre Heimat verlassen und sich und ihre Familien nicht neuen Bedrohungen durch arabische Judenfeinde in Israel aussetzen wollten, so ist ihr Wunsch durchaus verständlich. Er sollte von einem Land, das vorgibt, seine Politik an humanen Idealen zu orientieren und die Verantwortung für seine teils kriminelle Geschichte wahrzunehmen, respektiert und nicht in intellektueller Taschenspielermanier unterlaufen werden.

Die Notwendigkeit einer Unterstützung für die sowjetischen Juden begründet der UdSSR-Parlamentarier Kanowitsch so: »Ich meine, die Deutschen haben die Pflicht, den sowjetischen Juden zu helfen. Und zwar nicht nur wegen der furchtbaren Vergangenheit, sondern wegen der Gegenwart. *Heute* sind diese Menschen in Gefahr, und man muß ihnen helfen, vor allem weil sie Menschen sind – Menschen in Not.«

– Ein zweiter Punkt, den die Bonner »Bedenkenträger« (J. Riedmiller) in ihrer historischen Engstirnigkeit und Hartherzigkeit übersahen, war, daß die jüdische Gemeinschaft Deutschlands, trotz jahrhundertelanger Diskriminierung und immer wieder auftretender Verfolgung, bis zur Hitlerherrschaft stets gut ein halbes Prozent der deutschen Bevölkerung betrug. Seit der formalen Judenemanzipation im vergangenen Jahrhundert hatten Juden entscheidende Beiträge in der deutschen Kultur, Wissenschaft, Wirtschaft und teilweise auch Politik geleistet. Jüdische Männer und Frauen wie Einstein, Marx, Liebermann, Kortner, Reinhard, Rathenau, Meitner, Hertz, Ehrlich und unzählige andere hatten zur führenden Stellung der deutschen Wissenschaft und Kultur beigetragen. Ihr Fehlen fiel perspektivlosen Politpragmatikern wie Kohl und Schäuble nicht auf.

Wegen des an ihnen »klebenden« Antisemitismus waren die Juden stets auch ein Element der Unruhe. Die modernen Manager der Politik sind gewiß nicht unglücklich, daß ihnen durch das Fehlen einer jüdischen Gemeinde von quantitativem und intellektuellem Gewicht auch die damit vermeintlich notwendig einhergehenden sozialen Konflikte erspart geblieben waren. Deutschlands erste Pflicht, so meinen der Kanzler und sein Adlatus, ihrer scheinheiligen Vergangenheitsbewältigungsrhetorik zum Trotz, sei gesellschaftliche Ruhe und wirtschaftlicher Aufbau. Eine »unkontrollierte« jüdische Einwanderung würde nur für soziale Unrast sorgen. Daß die Einwanderung sowjetischer Juden auch die Chance zum erneuten langfristigen Aufbau einer jüdischen Gemeinschaft geboten hätte, die das deutsche Geistes-, Kultur- und Wirtschaftsleben bereichern würde, begriffen diese scheuklappigen deutschen Politpragmatiker nicht.

Dieses Urteil betrifft keineswegs allein Kanzler Kohl und seine Mitarbeiter. Auch der sich unkonventionell und weltoffen gebende

SPD-Kanzlerkandidat Lafontaine nahm von seiner liberalen Haltung in der Einwanderungspolitik schleunigst Abstand, als in der saarländischen Bevölkerung Äußerungen von Unmut und Fremdenfeindlichkeit gegen das Kampieren von Sinti und Roma in ihrer Region laut wurden. So tolerierte man auch von seiten der SPD, vor allem in der heißen Wahlkampfphase, welche die deutsche Einigung begleitete, stillschweigend die Einwanderer-Abweisungspolitik des Bundeskanzlers. Und dies, obgleich führende SPD-Politiker durchaus die historische Chance des allmählichen Wiederaufbaus einer nennenswerten jüdischen Gemeinschaft im Nachkriegsdeutschland erkannten und *prinzipiell* begrüßen.

Judenselektion

Der stillschweigende Konsens von Union, SPD und Liberalen, eine nennenswerte Einwanderung sowjetischer Juden nach Deutschland zu unterbinden, wurde im Sommer 1990 durch den erwähnten Beschluß der Ostberliner Regierung, Juden in Deutschland eine Heimat zu bieten, zunichte gemacht. Die Maßnahme der DDR sprach sich bei den sowjetischen Juden rasch herum. Täglich kamen bis zu hundert sowjetische Juden über den Ostberliner Flughafen Schönefeld nach Deutschland, um zumindest vorläufig hierzubleiben. Innerhalb weniger Wochen stellten rund zehntausend sowjetische Juden bei den deutschen Konsulaten in Moskau, Leningrad und in Kiew Anträge auf Ausreise und Aufnahme in Deutschland. Sie taten dies in der logischen, aber naiven Überzeugung, daß die Zusage der DDR, Juden aufzunehmen, auch nach der Vereinigung Deutschlands Gültigkeit behalten würde.

Diese Vorstellung erfüllte die Bundesregierung, vor allem Innenminister Schäuble, mit Schrecken. Er reagierte umgehend. Aufgrund seiner dringenden Intervention weigerten sich die deutschen Konsulate in der Sowjetunion ab Ende August, Einreiseanträge sowjetischer Juden entgegenzunehmen. Damit ließ es das Innenministerium aber nicht genug sein. Um zu verhindern, daß »clevere«

sowjetische Juden über den Umweg DDR ins westdeutsche Wirtschaftswunderland einsickerten, sah sich das Innenressort veranlaßt, auch dieses Schlupfloch zu schließen. Es »sprach . . . auch gegenüber der DDR die *Bitte* aus«, keine sowjetischen Juden ins Land zu lassen. Weniger als ein halbes Jahrhundert nach Auschwitz, Maidanek und Treblinka verhängte eine *demokratische* deutsche Regierung de facto eine »Einreisesperre« (so die »Süddeutsche Zeitung«) just gegenüber jenen (sowjetischen) Juden, denen erneut Gefahr drohte. Nicht genug damit, Bonn versuchte, die von ihr abhängige Regierung der Noch-DDR zu nötigen, ihrerseits ebenfalls den gefährdeten Sowjetjuden die Tore zu verschließen. Dies geschah, während gleichzeitig Hunderttausende »deutsche« Aussiedler aus der Sowjetunion und Osteuropa unbürokratisch in der Bundesrepublik Deutschland willkommen geheißen wurden. 45 Jahre nach dem Ende des Dritten Reiches gilt für einwanderungswillige Juden aus dem Osten in Deutschland erneut: Juden haben keinen Zutritt! Volksgenossen sind willkommen!

Warum? Was ist »Deutschtum«? Ist ein Sowjetmensch – nennen wir ihn Igor Grabow – »deutscher« als etwa sein Landsmann Moriz Rosenbaum? Weshalb? Weil die Vorfahren Grabows vor Jahrhunderten nach Rußland zogen und dort ihren deutschen Grab-Namen russifizierten? Oder weil Igor Grabow zwar keine deutschen Ahnen hat, aber clever genug war, einen sowjetischen Beamten zu bestechen, um sich so »amtlich« eine *deutsche* Abstammung bestätigen zu lassen, da er in den »goldenen Westen« will, ohne ein Wort Deutsch zu sprechen? Ist Grabow »deutscher« als Rosenbaum, dessen Name immerhin darauf hindeutet, daß seine Vorfahren aus deutschen Landen kamen, zumindest unter deutscher Herrschaft gelebt haben? Und sein jiddisches Idiom, dessen sprachliche Wurzeln im Mittelhochdeutschen liegen? Auf diese Weise ist die deutsche Sprache vielen sowjetischen Juden vertraut.

Ein Großteil der »deutschen« Aussiedler aus der Sowjetunion hat deutsche Vorfahren. Viele von ihnen mußten in der Vergangenheit schuldlos für ihre Herkunft büßen. Dagegen gibt es unter den

»jüdischen« Auswanderungswilligen aus der UdSSR sicherlich auch Menschen, die weder »jüdischer« noch »deutscher« Abstammung sind, die allein eine günstige Gelegenheit suchen, um auf die eine oder andere Weise ins »reiche« Deutschland zu gelangen. Dies ändert jedoch nichts an der prinzipiellen moralischen Verpflichtung Deutschlands, Menschen in Not aufzunehmen. Zumal wenn unter den »Schutzflehenden« unzählige Personen sind, deren Familien von Deutschen ermordet worden sind, die oftmals selbst von Deutschen verfolgt wurden.

Im geschwätzig-scheinheiligen Bonn wollte man diese moralische Verpflichtung Deutschlands nicht wahrhaben. In der DDR dagegen erkannte man die Verantwortung an. Und Ost-Berlin blieb trotz der Intervention Bonns bei dieser klaren Haltung. So fanden 1990 etwa 4000 sowjetische Juden in der DDR Zuflucht. Das Bundesinnenministerium dagegen hielt an seinem Einwanderungsboykott gegen sowjetische Juden fest. Natürlich versuchte man diese Tatsache in gewohnter Bonner Manier zu verschleiern. So ließ Innenminister Schäuble im September dementieren, daß eine »Sperre« gegen die Aufnahme sowjetischer Juden verhängt worden sei. Zugleich mußte das Bundesinnenministerium jedoch einräumen, daß aufgrund der »sprunghaft gestiegenen Ausreisewünsche« Aufnahmeanträge »zunächst« nicht bearbeitet würden. In dieser Politik konnte Bonn auf Jerusalem zählen, das darauf erpicht war, das »jüdische Menschenpotential« der Sowjetunion ungeschmälert nach Zion zu transferieren.

Aufgrund ihrer Erfahrung in der Vergangenheit glaubte die Bundesregierung, davon ausgehen zu können, daß auch die jüdische Gemeinschaft Deutschlands diese Haltung tolerieren würde. Aus schlechten Gründen:

– Die verschreckte Gemeinde der deutschen Juden war vorwiegend mit der Bewältigung der eigenen Antisemiten- und Naziängste beschäftigt.

– Der »Zentralrat« vertiefte diese Furcht und war gegenüber seinen Geld- und Prestigegebern, den deutschen Behörden, in der Regel fügsam.

– Geradezu devot reagierte Deutschlands zionistische Trocken-schwimmergemeinde in der Vergangenheit auf die Wünsche Jerusa-lems.

Wenn Israel die sowjetischen Juden bei sich haben wollte, wür-den die Juden Deutschlands dieses Anliegen widerspruchslos hin-nehmen, zumal eine nennenswerte Zuwanderung sowjetischer Ju-den die winzige, stark überalterte israelitische Gemeinde rasch dominieren würde – so dachte man zumindest in Bonn. Diese Angst und Egoismuslogik mag in der Zeit Werner Nachmanns durchaus Gültigkeit besessen haben.

Die zynische Erwartung der Bundesregierung bewahrheitete sich zum Teil. So äußerte beispielsweise das ehemalige »Zentralrat«-Di-rektoriums-Mitglied Michael Fürst »Verständnis« für die restriktive Haltung der Bundesregierung. Nachmanns Nachfolger Galinski dage-gen vergaß über die finanzielle und politische Abhängigkeit des »Zentralrats« von Bonn sowie die enge Verbundenheit von Deutsch-lands Juden mit Zion nicht den primären Gesichtspunkt in dieser Problematik: die Angst und Not der einreisewilligen Juden aus der UdSSR. Entsprechend reagierte er: Ohne Rücksicht auf die in dieser Frage um leise Töne bemühte Bundesregierung forderte der Vorsit-zende des »Zentralrats« lautstark die Aufhebung der faktischen Ein-reisesperre für sowjetische Juden nach Deutschland. Wohlgemerkt, Galinski ermutigte die sowjetischen Juden nicht, nach Deutschland einzuwandern, aber er verlangte mit gutem – moralischem – Recht, daß Juden aus der UdSSR, die nach Deutschland emigrieren wollten, hier aufgenommen würden.

Die unzweideutig humane Haltung Galinskis in der Frage der Zuwanderung sowjetischer Juden nach Deutschland wurde in Teilen der linksliberalen Presse, etwa der »Frankfurter Rundschau«, der »Süddeutschen Zeitung« und der »taz« unterstützt. Auch eine Reihe grüner Politiker trat »ohne Wenn und Aber« für die Eingliederung sowjetischer Juden ein.

In dieser Situation versuchte das Bundesinnenministerium auf Zeit zu spielen. Es galt, die wenigen Wochen bis zur »Wiedervereini-

gung« hinter einem Rauchvorhang unverbindlicher Erklärungen aus-
zusitzen, dabei die faktische Einreisesperre in die Bundesrepublik
aufrechtzuerhalten, um nach dem Vollzug der Einheit auch das
»Schlupfloch« DDR für die jüdischen Emigranten aus der Sowjetunion zu stopfen. So plädierten Bonner Stellen für eine »Denk-
pause«[4] – bis zum kompletten Zuzugsstopp nach der deutschen
Einheit. Dabei zögerte Bundesinnenminister Schäuble nicht, bewußt
die Öffentlichkeit zu belügen. »Wir sind darüber seit langem mit dem
Vorsitzenden des Zentralrats der Juden in Deutschland in engem
Kontakt«, behauptete der Innenminister in einem Rundfunkinterview. Davon wußte Heinz Galinski allerdings nichts. Vergeblich bemühte er sich zunächst um einen Gesprächstermin in dieser Frage mit
Minister Schäuble.

Während sich in der DDR bereits mehr als 3000 Juden aus der
UdSSR aufhielten, die meist in ehemaligen Kasernen der Stasi unter-
gebracht waren, bastelte man im Bundesinnenministerium sowie in
den für die Aufnahme der Emigranten zuständigen Länderministe-
rien an »Denkmodellen«. In Bonn erwog man vor allem eine sogenannte »Kontingentlösung«. Eine begrenzte Zahl sowjetischer Juden,
man dachte dabei an 2000 bis 3000 Menschen, sollte in einem Zeitraum von bis zu *fünf Jahren* in Deutschland einwandern dürfen.

Während dieses Moratoriums baten in Ost-Berlin *täglich* bis zu
hundert sowjetische Juden um Aufnahme. Im Bundesinnenministerium dagegen war man dabei, Kriterien für die Integration der *jährlich*
zu duldenden etwa 500 jüdischen Einwanderer festzulegen. Erwünscht waren vor allem Personen, die »dem deutschen Kulturkreis
angehören oder ihm nahestehen«. Für die Auswahl der betreffenden
Personen sollte der »Zentralrat der Juden« verantwortlich sein.

Überwog hier Dummheit, Ignoranz oder Zynismus? Gehörten die
betreffenden Menschen aus Rußland, der Ukraine, dem Banat oder
sonstwoher »dem deutschen Kulturkreis an«, so waren sie Deutsche
und hatten legalen Anspruch auf Einbürgerung. Oder machte sich
das Bundesinnenministerium die Logik der abgewählten christ-

---

[4] Allgemeine Jüdische Wochenzeitung, 19. September 1990

lich(!)-liberalen niedersächsischen Landesregierung zu eigen, die einem seit zehn Jahren in der Bundesrepublik lebenden sowjetischen Juden den ihm von den Behörden zuerkannten Vertriebenenstatus wieder absprechen lassen wollte, da dies der »jüdischen Volkszugehörigkeit« widerspreche?

Mehr als vierzig Jahre nach dem Ende des Nazireichs meinte eine deutsche Landesregierung ihren Rechtsstandpunkt, »jüdische Volkszugehörigkeit« schließe Deutschsein aus, vor einem deutschen Gericht *durchsetzen* zu müssen. Es bedurfte erst des Regierungswechsels in Hannover, ehe der grüne Minister für Bundesangelegenheiten, Jürgen Trittin, dem Beklagten aus »politisch-moralischen und rechtlichen Gründen« dessen »Zugehörigkeit zum deutschen Volkstum« bestätigte.

In Bonn dagegen war – und bleibt auf unabsehbare Zeit – die christlich-liberale Regierung weiterhin im Amt. Ähnlich wie einst in Hannover meinte man im Bundesinnenministerium wohl, Judentum schließe Deutschsein prinzipiell aus, selbst wenn die betreffende *jüdische* Person »dem deutschen Kulturkreis« angehörte. Die wenigen »Glücklichen«, die trotz ihres Judentums auf das Privileg hoffen durften, Deutsche zu werden, sollten in bewährter Weise – etwa nach Art der von Nazis abhängigen »Judenräte«, in den von der SS errichteten Judenghettos von *jüdischen* Stellen selektiert werden.

Kein Wunder, daß Galinski sich »auf keinen Fall auf dieses Spiel einlassen« wollte. Vehement protestierte er gegen das infame Ansinnen, der »Zentralrat« solle erneut Judenselektion betreiben, und nannte die Zahl von 3000 Juden, die die Bundesregierung in fünf (!) Jahren aufzunehmen bereit sei, schlichtweg »einen Witz«.[5]

Die Bundesländer wollten sich im Gegensatz zu Bonn nicht auf vertrackte Logik- und »deutsche Kulturkreis«-Spielereien einlassen. Ihre Innenminister plädierten für »Großzügigkeit« im Fall der einreisewilligen sowjetischen Juden. Was darunter zu verstehen war, geht aus einer offiziellen Mitteilung des bayerischen Innenministeriums hervor.

[5] Allgemeine Jüdische Wochenzeitung, 19. September 1990

»Allgemeine Meinung (der Landesinnenminister, R. S.) war, die Zuwanderung im Rahmen eines erweiterten Familiennachzugs *großzügig* zu handhaben, wenn es sich um eine begrenzte Anzahl von Fällen handelt.«[6]

Diese heuchlerische Politik wurde vom Chef des »Zentralrats« kompromißlos bekämpft. Nicht alle jüdischen Funktionäre erkannten mit der gleichen Klarheit wie Galinski diese infame Politik der Bundesregierung und ihre Konsequenzen. So warb etwa ein Vorstandsmitglied der Israelitischen Kultusgemeinde Münchens beim deutschen Publikum um Wohlwollen für die Aufnahme sowjetischer Juden: »Bei den sogenannten ›russischen Juden‹ handelt es sich nicht um Sozialfälle. Sie wollen vom deutschen Staat weder Geld haben noch ihm zur Last fallen. Diese russisch-jüdischen Intellektuellen, Ärzte, Ingenieure, Techniker möchten keineswegs einen Platz an der Sonne geschenkt haben. Sie suchen lediglich eine neue Heimat, wo sie überleben können.«[7]

Und was sollte mit den verfolgten nichtintellektuellen, kranken, alten sowjetischen Juden geschehen? Haben Deutsche *und* Juden ihnen gegenüber nicht die gleiche Verantwortung zu tragen wie im Falle der tüchtigen jüdischen »Ärzte, Techniker« etc.?

Quotierung

Die zunehmende öffentliche Kritik an der faktischen Zuzugssperre für sowjetische Juden ließ die grundsätzliche Übereinstimmung der Länderinnenminister in dieser Frage rasch zur Makulatur werden. Der als »großzügige Zuwanderung im Rahmen der Familienzusammenführung« getarnte Aufnahmestopp für die bedrängten Sowjetjuden wurde in Frage gestellt. Beim Treffen der Innenressortchefs am 14. und 15. Dezember in Dresden konnte von Übereinstimmung

---

[6] Bayerisches Staatsministerium des Innern, Meldung (720/90) vom 8. November 1990
[7] Süddeutsche Zeitung, 29. Dezember 1990

nicht mehr die Rede sein. Zwar war man sich nach wie vor prinzipiell einig, daß nur eine *Juden-Kontingent-Lösung* in Frage komme, aber über das Wie wurde heftig gestritten.

– Bayern stand mit seiner Haltung,»die Zuwanderung« auf einen Bezugspunkt im jeweiligen Bundesland, z. B. entfernte Verwandte«, zu beschränken, ziemlich allein da.

– Baden-Württembergs Innenminister Schlee dagegen hätte gegen eine begrenzte Erhöhung des Zuzugs sowjetischer Juden nichts einzuwenden gehabt, wenn sein Schwaben-Ländle im Gegenzug weniger Asylanten hätte aufnehmen müssen.[8] (Lieber Juden als Tamilen und Neger?)

– Dem sozialdemokratischen Innenminister Niedersachsens verursachte eine Quotierung zwar »einen schalen Geschmack«. In Hannover meinte man aber, nicht »für einen unbegrenzten (Juden-)Zuzug« plädieren zu können, »weil wir gar nicht in der Lage sind, allen Einreisewilligen wohnungsmäßige Unterbringung zu garantieren«.

– Sein schleswig-holsteinischer SPD-Genosse Hans Peter Bull wiederum sorgte sich um das Verständnis der Bevölkerung, sprich Wähler. Bei der Zahl der Zuwanderungswilligen seien »die begrenzten Aufnahmemöglichkeiten der Kommunen und die Aufnahmebereitschaft der Bevölkerung – auch für andere Flüchtlingsgruppen – zu berücksichtigen«.

– Rheinland-Pfalz' CDU-Innenminister Geil dagegen betonte, daß die Einwanderung von sowjetischen Juden dazu beitrage,»die jüdischen Gemeinden in der Bundesrepublik zu erhalten und zu stärken«. Daraus die historische Konsequenz zu ziehen und für eine Freigabe der Einwanderung einzutreten, lehnte der Mainzer allerdings ab.

– Sein SPD-Amtskollege aus Düsseldorf, Schnoor, plädierte für sofortige Maßnahmen und erhöhte die Judenquote des größten Bundeslandes, Nordrhein-Westfalen, zunächst auf 500 Menschen jährlich, nicht als»Präjudiz«, sondern um rasch zu helfen.

[8] Der Spiegel, 50/1990

– In der Berliner CDU, die sich anschickte, das Innenressort der Metropole zu übernehmen, vertraute man darauf,»daß sich der Standpunkt Navons (des israelischen Botschafters, R. S.) durchsetzt«.⁹ Also: Juden, ab nach Israel!

In bemerkenswerter Weise unterschied sich die Haltung der ehemaligen DDR-Länder von den geschilderten, kleinmütigen Positionen der meisten westdeutschen Bundesländer. Obgleich die östlichen Kantone im Gegensatz zu den früheren Bundesländern nahezu mittellos waren, erklärten sie sich, unabhängig von der Couleur ihrer Regierungen, zur Aufnahme sowjetischer Juden bereit. Auch bei den Gesamtquoten waren sich die Länderinnenminister uneinig. Während Bayerns Stoiber die Juden-Zuwanderung für die gesamte Bundesrepublik auf jährlich maximal 1000 (!) Personen begrenzen wollte, war Baden-Württemberg bereit, bis zu 2500 Menschen zu gehen. Nordrhein-Westfalens Innenminister Schnoor dagegen plädierte für die Aufnahme von bis zu 10 000 russischen Juden im Jahr.¹⁰ Da man sich weder über Kriterien noch über Zahlen einigen konnte, überließ man die Entscheidung dieser prekären Judenfrage den Ministerpräsidenten.

Die lebhafte Kritik von liberalen und grünen Kräften an der Einreisesperre sowie die eindeutige Befürwortung der Aufnahme sowjetischer Juden durch den »Zentralrat« führten trotz der Intervention Israels schließlich zu einem Klima, in dem der Zuzugsstopp für die russischen Juden, zumindest vorläufig, politisch nicht durchsetzbar war. So verständigten sich Anfang Februar 1991 die Ministerpräsidenten der Länder mit Bundesinnenminister Wolfgang Schäuble, die Zuwanderung sowjetischer Juden nach Deutschland nicht zu begrenzen. Die Auslegung des Bundesinnenministers macht jedoch sogleich die zeitlichen und quantitativen Grenzen dieses Beschlusses deutlich. Schäuble bestätigte, daß die Einwanderung »großzügig gehandhabt werde«. Allerdings, so der Minister, dürfe die Einwanderung »ein zumutbares Maß« nicht übersteigen. Als Maßstab nannte der CDU-

⁹ Die Welt, 31. Dezember 1990
¹⁰ Allgemeine Jüdische Wochenzeitung, 13. Dezember 1990

Politiker die vom nordrhein-westfälischen Innenminister avisierte Zahl von jährlich 10 000 Emigranten. Schäubles Formeln – wie »großzügige Handhabung« und »zumutbares Maß« – ließen jedoch ahnen, daß die Bundesregierung darum bemüht war, die Einwanderung sowjetischer Juden so weit zu beschränken, wie es die öffentliche Meinung zuließ. Wer gemeint hatte, nun könnten einige tausend bedrohte sowjetische Juden ungehindert nach Deutschland einwandern, sah sich bald eines Schlechteren belehrt. Nur einen Monat nach dem prinzipiellen Beschluß der Ministerpräsidenten, die Immigration sowjetischer Juden *vorläufig* zu erlauben, entschied die Konferenz der Ausländerreferenten von Bund und Ländern, daß vom 16. Februar 1991 an nur jene Einwanderer aufgenommen werden sollten, die zuvor von den deutschen Konsulaten in der Sowjetunion eine Aufenthaltsgenehmigung erhalten hatten.

Da dieses Verfahren umständlich und zeitraubend ist, wird auf diese Weise die Einwanderung sowjetischer Juden nach Deutschland erheblich reduziert. Zudem wird sowjetischen Juden, die mit einem Touristenvisum oder illegal nach Deutschland eingereist waren – was bei den meisten der Fall war –, ein Bleiberecht verweigert. Sie werden Deutschland über kurz oder lang verlassen müssen. Statt mehr Juden aufzunehmen, wie dies der Beschluß der Ministerpräsidenten auszusagen schien, werden erneut Juden aus Deutschland abgeschoben oder zum illegalen Aufenthalt verurteilt. Die deutschen Behörden begründeten ihre Maßnahme nach gewohntem Muster mit einer Intervention Jerusalems. Die Wünsche der sowjetischen Juden, um die es dabei geht, scheinen weder für Deutsche noch für Israelis von Belang.

Nur eine Woche nach dieser koordinierten Bund-Länder-Zuzugsbeschränkung verkündete die Berliner Sozialsenatorin Ingrid Stahmer, daß Juden aus der Sowjetunion zukünftig in Berlin nur noch in Härtefällen aufgenommen würden. Sie begründete dies mit der »großen Anzahl«[11] der bereits in Berlin lebenden jüdischen Flüchtlinge. Die »große Anzahl« betrug Mitte 1991 sage und schreibe 3000 Perso-

[11] Süddeutsche Zeitung, 22. Februar 1991

nen; im übrigen Bundesgebiet leben noch einmal etwa 4000 geflüchtete Juden aus der UdSSR. Ob diese praktischen Versuche, die theoretische Aufhebung der Einreisesperre durch die Chefs der Länderregierungen zu unterlaufen, Erfolg haben werden, bleibt abzuwarten. Auf Dauer werden sie wohl den Zuzug sowjetischer Juden nach Deutschland reduzieren – was ihr Zweck ist. Dennoch bleibt die Tatsache hervorzuheben, daß durch den Beschluß der Länderministerpräsidenten, die Immigrationsblockade aufzuheben, zumindest eine *prinzipielle* Zuzugsmöglichkeit für sowjetische Juden nach Deutschland besteht. Dies ist ein begrenzter Erfolg aller jüdischen und nichtjüdischen Kräfte, denen Menschlichkeit und historische Verantwortung mehr sind als ein moralisches Alibi oder ein entsprechendes Lippenbekenntnis.

Eine neue Chance?

Das Ringen um eine Einwanderungsmöglichkeit für die bedrängten sowjetischen Juden hat das Bestehen von antisemitischen Vorurteilen bestätigt, gibt aber gleichzeitig auch Grund zur neuen Hoffnung. Die faktische Verhängung einer Einreisesperre für Juden aus der UdSSR durch Bonn enthüllte zum wiederholten Male die mangelnde Menschlichkeit, Verantwortungslosigkeit und Perspektivlosigkeit der deutschen Regierung, die von sich behauptet, christlich-humanen und liberalen Grundsätzen verpflichtet zu sein, und ständig von ihrer historischen Verantwortung redet. Menschen in Not aufzunehmen, ist ein Gebot christlicher Nächstenliebe und ein Postulat des Grundgesetzes, dessen Asylbestimmung so mancher sich christlich gebende Politiker lieber heute als morgen verschwinden lassen möchte.

Eine deutsche Regierung, der die Verantwortung für die jüngste Geschichte ihres Landes mehr bedeutet als ein Lippenbekenntnis, hat zudem die Pflicht, den vor deutscher Verfolgung Davongekommenen und ihren Angehörigen Schutz zu gewähren. Und zwar *ohne* Einschränkung. Das »zumutbare Maß« überschreiten nicht Tausende bedrohter sowjetischer Juden, die nach Deutschland einwandern könnten, sondern Politiker, die vorgeben, christlich und sozial zu handeln, indem sie ihre Hartherzigkeit als »Großzügigkeit« bezeichnen. Auf diese Weise belügen sie die Bevölkerung und nicht zuletzt sich selbst.

Der Vorwurf der Verantwortungslosigkeit ist im Fall der ausreisewilligen sowjetischen Juden im gleichen Maß auch an Jerusalem zu richten. Der Staat Israel hat gemäß seiner zionistischen Ideologie in Vergangenheit und Gegenwart Millionen verfolgter Juden, aus Europa, den arabischen Ländern und aus der Sowjetunion Asyl geboten und sie so gut wie möglich in seine Gesellschaft integriert. Dieses humanitäre Verdienst ist unbestritten. Dennoch sollten sich die Regierung in Jerusalem und die Zionistische Weltorganisation eingestehen, daß nicht jeder Jude, nicht einmal jeder Verfolgte, ein Zionist ist. Dies gilt auch für das jüdische »Menschenreservoir« der UdSSR. Viele, wenn nicht die Mehrheit der sowjetischen Juden hat, bei aller Sympathie für den jüdischen Staat, *nicht* die Absicht, dort zu leben – aus politischen, wirtschaftlichen, klimatischen Gründen oder schlicht aus Angst.

Wenn Jerusalem den jüdischen Flüchtlingen in Israel eine neue Heimat bieten will und bei den sowjetischen Juden dafür wirbt, ist dies legitim. Aber Israel hat keinen, nicht einmal einen zionistischen *Anspruch* auf die Juden der Sowjetunion oder anderer Länder. Denn Herzl propagierte ein Judenstaat-Modell auf *freiwilliger* Basis. Israels Perspektive ist der Aufbau eines Judenstaates, der den Juden aus aller Welt eine sichere Heimat bieten soll. Die sowjetischen Juden können, müssen aber nicht dazu beitragen und davon profitieren.

Die Haltung der Bundesregierung dagegen ist in dieser wie in ähnlichen Fragen perspektivlos. Der Mannschaft um Helmut Kohl ist offenbar kaum bewußt, welchen entscheidenden Beitrag die Juden an Deutschlands Kultur, Wissenschaft, Wirtschaft und Politik hatten. Die Formel von der »begrenzten Zumutbarkeit« einer Einwanderung von Juden, die wohlweislich *nicht* für *deutsche* Übersiedler gilt, die in unbegrenzter Zahl willkommen sind – zumindest tut man so –, beweist, daß man von seiten der christlich-liberalen Bundesregierung bestenfalls bereit ist, eine begrenzte Zahl von Juden in Deutschland zu *dulden*. Die angestrebte Aberkennung der deutschen Staatsbürgerschaft eines Juden durch die ehemalige christlich-liberale Regierung Niedersachsens, da »jüdische Volkszugehörigkeit« dem Vertriebenenstatus, also dem Deutschtum widerspreche, beweist, daß führenden Politikern von CDU und FDP Judentum und Deutschtum unvereinbar scheinen. Diese christlich-liberalen Repräsentanten unseres Volkes sehen die Juden, ebenso wie jeder gemeine Antisemit, als Fremdkörper, nicht als Teil Deutschlands und seiner Gesellschaft – allen anderslautenden Beteuerungen zum Trotz! So können sie »bestenfalls« aus geheuchelter christlicher Nächstenliebe oder aus Angst vor der Meinung des Auslands eine jüdische Minderheit akzeptieren.

Die Vorstellung, daß Juden ein Element des deutschen Volkes sein könnten, daß eine durch die Integration sowjetischer Zuwanderer quantitativ und qualitativ gestärkte jüdische Gemeinde als Teil der Gesellschaft befruchtend für Deutschland, seine Kultur, Wissenschaft, Politik und Wirtschaft wirken könnte, ist diesen Politikern fremd. Ihr latenter Antisemitismus blockiert jeglichen Versuch konstruktiven Denkens.

Der Streit um die Zuwanderung sowjetischer Juden berechtigt aber auch in doppelter Weise zur Hoffnung. Zum einen hat sich der »Zentralrat« unter der Führung Heinz Galinskis von seiner traditionellen, fast ausschließlichen Angstverbreitung gelöst und erstmals in einer die Juden betreffenden Frage offensiv in der nichtjüdischen Gesellschaft und Politik agiert. Dieses Wirken blieb nicht ohne Echo. Trotz der Obstruktion der Bundesregierung und gleichgesinnter Ländervertreter gelang es Juden sowie humanen und verantwortlich denkenden Nichtjuden mit historischer Perspektive, gemeinsam die Regierung zumindest zur temporären und quantitativen Rücknahme ihrer unmenschlichen und dummen Politik zu zwingen. Dies berechtigt bei allem Vorbehalt über die blockierenden Ängste der Juden und die Unsicherheit der Liberalen zu einem vorsichtigen Zukunftsoptimismus. Daß es auch weiterhin gelingen wird, jüdische und nichtjüdische Interessen zu verbinden und öffentlich dafür einzutreten.

Diese hoffnungsvolle Aussicht wird gewiß um so realer, je besser es gelingt, eine möglichst große Anzahl sowjetische Juden in die jüdischen Gemeinden Deutschlands zu integrieren. Deutschlands Judentum ist hoffnungslos überaltert. Allein durch eine massive Einwanderung und Einordnung sowjetischer Juden kann die jüdische Gemeinde Deutschlands *langfristig* ihr Bestehen sichern und damit auch an ihrer historischen Rolle als Teil der deutschen Gesellschaft anknüpfen.

AN STELLE EINES NACHWORTS
DEUTSCHE JUDEN
STATT JUDEN IN DEUTSCHLAND

Dieses Buch wollte keine großen Wahrheiten entdecken und endgültige Patente zur »Bewältigung« des deutsch-jüdischen »Sonderverhältnisses« liefern. Absicht des Autors war es vielmehr, seinen Lesern und damit sich selbst größere Klarheit über diese Beziehung zu verschaffen. Das wesentliche Instrument hierzu waren unvoreingenommene Fragen. Dadurch konnte eine Reihe von Phrasen entlarvt werden, die das Verhältnis von Deutschen und Juden nach Auschwitz kennzeichnen. Das meistgebrauchte Schlagwort heißt *Bewältigung der Vergangenheit*. Die Funktion dieser Platitüde ist: von der notwendigen *Bewältigung der Gegenwart* abzulenken.

Ein anderes Anliegen des Autors ist es, die unergiebigen, weil unlösbaren Fragen: Wer ist Jude? Was ist die Ursache des Antisemitismus?, beiseite zu lassen und sich statt dessen mit dem realen Auswahlkriterium der Antisemiten zu befassen: Wer Jude ist, bestimme ich!

Die entscheidende Aufgabe dieses Buches aber lautet: Einblick in die seelische und gesellschaftliche Situation der »jüdischen Mitbürger« – eine weitere gebräuchliche Phrase – im heutigen Deutschland zu gewähren. Nur die wenigsten Nichtjuden, auch nicht die sogenannten Philosemiten, machen sich die Mühe, das Angst- und Schuldghetto (als Davongekommener im Land der Mörder zu leben) der Juden Deutschlands kennenzulernen. Dies aber ist unabdingbar für das gegenseitige Verständnis. Voraussetzung hierfür ist die Bereitschaft der deutschen Bevölkerung, Verantwortung für ihre Geschichte und deren Opfer, unter anderem die Juden, zu übernehmen: im täglichen Leben und in der sogenannten großen Politik – statt davon zu reden und nichts zu tun. Das erfordert viel Mut, denn es bedeutet die ständige Auseinandersetzung mit den Überlebenden, statt sich und ihnen Betroffenheit vorzumachen.

Den Juden dieses Landes muß geholfen werden, mit ihren Ängsten und den daraus entspringenden Aggressionen umzugehen. Nur so kann die Furcht bei vielen, nicht bei allen, allmählich verkleinert werden, um in Zukunft – niemand weiß, wann dies sein wird – schließlich überwunden zu werden. Die Juden können von ihren Ängsten allerdings nur befreit werden, wenn sie selbst dazu bereit sind. Wenn ihre Repräsentanten, ausländische Diasporafunktionäre und israelische Politiker endlich aufhören, die Ängste von Deutschlands Juden zu vertiefen, um sie für ihre Zwecke zu instrumentalisieren, statt die Furcht zu reduzieren.

Auf diese Weise werden Deutschlands Juden wieder das Selbstvertrauen und den Mut finden können, um nach einem halben Jahrhundert inneren Exils sich wieder als Teil der uralten Geschichte ihres Volkes in Deutschland zu begreifen und damit allmählich aus Juden *in* Deutschland wieder zu *deutschen* Juden zu werden. Diese beschränkte Hoffnung zu verwirklichen und damit Adolf Hitlers Streben nach einem »judenreinen« Deutschland zunichte zu machen, sind Deutsche *und* Juden aufgerufen.

Ingeborg Hecht

ALS UNSICHTBARE MAUERN WUCHSEN

Eine deutsche Familie unter den
Nürnberger Rassengesetzen

156 Seiten, gebunden

VON DER HEILSAMKEIT DES ERINNERNS

Opfer der Nürnberger Gesetze
begegnen sich

198 Seiten, gebunden

»Für mich und viele Zeitzeugen, die auf Lesungen und Vorträgen unterwegs sind, ist eine bestimmte Generation von *Lehrern* unendlich wichtig. Indem sie uns erzählen lassen, helfen sie, einen Schutzwall aufzubauen gegen neue Anfänge. Sie geben uns die Möglichkeit, die Vergangenheit erkennbarer zu machen, als es Bücher, Berichte und Statistiken vermögen. Sie wissen, daß wir, die wir das Tausendjährige Reich selbst erlebt und erlitten haben, nicht mehr lange da sein werden.

Die Schüler hören uns zu. Eines Tages wird es als Mittler nur noch die Lehrer geben und aus ihren Schülern werden wieder Lehrer, die sich an unsere Berichte erinnern . . .

Das erste Buch ›Als unsichtbare Mauern wuchsen‹ *mußte* ich schreiben. Das Buch ›Von der Heilsamkeit des Erinnerns‹ *wollte* ich schreiben.«

Hoffmann und Campe

Lea Rosh
Eberhard Jäckel

DER TOD IST EIN MEISTER
AUS DEUTSCHLAND

Deportation und Ermordung der Juden
Kollaboration und Verweigerung in Europa

318 Seiten, gebunden

»Vierzig Jahre lang habe ich gewartet.
Gewartet, daß jemand kommt und meine Geschichte hören will.«

Abraham Gerson 1988 in Riga

Zusammen mit dem Historiker Eberhard Jäckel begab sich Lea Rosh auf ihre bisher umfangreichste Spurensuche auf der dunklen Seite europäischer Vergangenheit, die in Hitlers Verantwortung lag. In mehrjährigen Recherchen entstand eine erschütternde Dokumentation zur Deportation und Ermordung der Juden in Europa, die in einer Folge von vier Fernsehfilmen ausgestrahlt wurde. Gleichzeitig erschien ein Begleitbuch, das neben der eigenständigen Dokumentation des Geschehens die Betroffenheit, Scham, Wut und Trauer der Autoren widerspiegelt.

Hoffmann und Campe